Christian Baron / Britta Steinwachs

Faul, Frech, Dreist

edition assemblage

Der Erwerbslose Arno Dübel hat es in den vergangenen Jahren zu einer auffälligen medialen Berühmtheit gebracht, indem sein "Arbeitslosen"schicksal durch BILD in einer groß angelegten Kampagne aufgegriffen wurde – bis hin zu einer Unterstützung durch einen eigenen Manager, der die „Marke Arno Dübel" sicherte. Dübel verkörpert hier einen "Arbeitslosen", der sich dem Leistungsdiskurs bewusst entzieht, um es sich in der „sozialen Hängematte" gemütlich zu machen. Grund für die große mediale Aufmerksamkeit war jedoch nicht die professionelle Vermarktung eines typischen "Arbeitslosen"schicksals, sondern die Überzeichnung von Grundhaltungen, die die (Vor-)Urteilsstruktur der BILD-Leser*innen bedienen. In diesem Zusammenhang untersuchen die Autor*innen Leser*innenkommentare zur Berichterstattung über den von BILD als „Deutschlands frechster Arbeitsloser" Bezeichneten und verknüpfen die empirischen Befunde mit der Klassismus-Theorie, mit der sozialstatusbedingte Diskriminierungsstrukturen offengelegt werden.

Die Autor*innen

Christian Baron ist freier Journalist und Soziologe. Er promoviert mit einem Stipendium der Rosa-Luxemburg-Stiftung an der Universität Trier.

Britta Steinwachs studiert im Master-Studiengang Soziologie mit dem Schwerpunkt "Wohlfahrt – Arbeit – Profession" an der Friedrich-Schiller-Universität Jena.

Christian Baron / Britta Steinwachs

Faul, Frech, Dreist

Die Diskriminierung von Erwerbslosigkeit durch BILD-Leser*innen

Reihe: Kritische Wissenschaften – Klassismus, Bd. 1

edition assemblage

Bibliografische Information der Deutschen Bibliothek
Die Deutsche Bibliothek verzeichnet diese Publikation in der Deutschen Nationalbibliografie; detaillierte bibliografische Daten sind im Internet über http://dnb.ddb.de abrufbar.

Gefördert durch die Projektförderung der *Rosa Luxemburg Stiftung* und des *Referat für finanziell und kulturell benachteiligte Studierende* im Asta der Universität Münster, *fikuS*.

Christian Baron / Britta Steinwachs: Faul, Frech, Dreist
Die Diskriminierung von Erwerbslosigkeit durch BILD-Leser*innen
Reihe: Kritische Wissenschaften – Klassismus, Bd. 1

1. Auflage, 2012
ISBN 978-3-942885-18-8

Postfach 27 46
D-48014 Münster
Telefon: 0251 - 149 12 56
info@edition-assemblage.de | www.edition-assemblage.de

Mitglied der Kooperation *book:fair*
Mitglied der *assoziation Linker Verlage* (aLiVe)

Lektorat: edition assemblage
Umschlag: Klaus Viehmann, Berlin
Satz: bi, Münster
Druck: CPI Clausen & Bosse, Leck
Printed in Germany 2012

Inhalt

Für Benno und Resi

Abbildungsverzeichnis

Tabellenverzeichnis

Vorwort und Danksagung

Das vorliegende Werk beruht auf der Bachelor-Arbeit von Britta Steinwachs, die am 03. Juni 2011 beim Lehrstuhl für Wirtschaftssoziologie an der Universität Trier vorgelegt wurde. Für die Publikation wurde die empirische Analyse weitgehend unverändert beibehalten und von Christian Baron um die theoretische Basis des Klassismus ergänzt sowie durch die Einordnung der Ergebnisse in den diskursiven Kontext weiterentwickelt. Den Entstehungsprozess von der ersten Idee der Abschlussarbeit bis hin zum fertigen Büchlein haben aber außer dem hier als Autor*innen firmierenden Duo noch einige weitere Menschen wesentlich begleitet, denen ganz herzlich zu danken ist. An erster Stelle Prof. Dr. Ulrich Brinkmann, der nicht nur die Bachelor-Arbeit betreute, sondern auf dessen Anregung auch die Veröffentlichung zurückgeht. Ebenso sei Jens Zimmermann herzlich gedankt, der sich für das Projekt sofort interessiert und den Kontakt zur *Edition Assemblage* hergestellt hat. Willi Bischof zeigte sich von Verlagsseite direkt begeistert von unserem Vorhaben und hat uns ebenso sachkundig wie geduldig beraten. Für die großzügige finanzielle Unterstützung, ohne die dieses Buch nicht hätte erscheinen können, gilt unser Dank den Mitarbeiter*innen von der Projektförderung der Rosa-Luxemburg-Stiftung und des Referat für finanziell und kulturell benachteiligte Studierende im Asta der Universität Münster, fikuS.

Aus gutem Grund achten wir Menschen genau darauf, wem wir in unsere kleine Welt Einlass gewähren. So dürfen auch wir uns glücklich schätzen, einen kleinen Kreis ganz besonderer Menschen im Leben zu wähnen, die das eigene Dasein maßgeblich bereichern. Unschätzbaren Rückhalt in schweren Momenten schenkten Britta Steinwachs vor allem Alexandra Hees, Jano Herrmann sowie Polly Pane und Katja Fragemann. Für die Unterstützung während der bisherigen meist wundervollen, bisweilen aber auch herausfordernden Zeit des Studiums sei an dieser Stelle besonders Christian von Styp sowie Gabi, Theo, Maite, Coffee und Earnie Steinwachs zu danken. Ohne die wertvolle Wegbegleitung durch Oliver Dikowinkin, Andreas Jager, Sophie Wahl sowie Petra und Gerd Sader hätte wiederum Christian Baron der Arbeit niemals jene große Aufmerksamkeit widmen können, die sie letztlich erhielt. Sie alle haben ihren ganz persönlichen Anteil am Entstehen dieses Buches, das sich als Teil jenes Diskurses versteht, der die Rückkehr der Kritik in die Soziologie als wesentliches Ziel formuliert und versucht, dieser so wichtigen Wissenschaftsdisziplin endlich wieder einen Platz in dieser Gesellschaft einzuräumen, aus der die außerhalb von Normalitätskonstruktionen angesiedelte kritische Reflexion vor vielen Jahren verdrängt wurde.

Jena, im Januar 2012 Christian Baron, Britta Steinwachs

1. Einleitung

> »Menschen miteinander gibt es nicht. Es gibt nur Menschen, die herrschen, und solche, die beherrscht werden.«
>
> Kurt Tucholsky (1995: 129).

Arno Dübel war 2010 eine der meist genannten und thematisierten Personen in der *Bild*-Zeitung. Tituliert wurde er dort als »Deutschlands frechster Arbeitsloser«, dessen Geschichte im Zusammenhang mit der Debatte um *Hartz IV* und der Legitimität von Erwerbslosigkeit im aktivierenden Sozialstaat steht. Seit mehr als drei Jahrzehnten am Stück ist er laut *Bild*-Berichterstattung ohne Job gewesen. In allen Texten, die sowohl in der Printausgabe, als auch im Internet erschienen sind, wird Dübel als stark überzeichnetes Musterbeispiel für lang anhaltende Erwerbslosigkeit vorgeführt, während sprachlich ein gleichbleibender Duktus vorherrscht, der eine Mischung aus moralischer Empörung, beißendem Spott und sozialer Abwertung darstellt. Erleichtert wurde das Aufziehen einer großen Kampagne für *Bild* dadurch, dass der Mittfünfziger selbst in der Öffentlichkeit exakt jene Attitüde (u.a. *arbeitsscheu; kein Schuldbewusstsein; Alkohol ebenso wie Tabak und TV im Übermaß konsumierend*) pflegte, über die sich das Boulevardblatt anschließend echauffieren konnte. Das Medium schwang sich dabei stets zum Stellvertreter der Leserschaft auf und diskriminierte Dübel im Namen der *Leistungsträger*innen*, die einer Erwerbsarbeit nachgehen und den wesentlichen Teil der Sozialleistungen hierzulande finanzieren. Hypothetisch lässt sich vermuten, dass die Leser*innen jene Meinung über Arno Dübel, welche von *Bild* serviert wurde, weitgehend vorbehaltlos teilen. Wäre *Bild* nicht inhaltlich umgeschwenkt, wenn eine Mehrheit ihrer Leser*innenschaft sich mit Dübel solidarisch gezeigt hätte? Eine reine Vermutung, und für Mutmaßungen ist in der Welt der Wissenschaft aus gutem Grund kein Platz.

Doch wie wirkt eine solch tendenziöse Berichterstattung tatsächlich auf die Leser*innen? Was bisher für die Sozialforschung nur schwer zu untersuchen war, ist mit der zunehmenden Bedeutung partizipativer Elemente im Online-Journalismus besser denn je möglich, indem die Rezipient*innen an der Kommentierung von Medieninhalten aktiv teilnehmen können. Online-Leser*innenkommentare haben dabei gegenüber den im Print-Bereich üblichen Leser*innenbriefen den entscheidenden Vorteil, dass sie einerseits unmittelbar sowie anonym und damit ohne jede wahrheitshemmende Barriere einer klarnamentlich gekennzeichneten Zurschaustellung von Meinungen erfolgen können; andererseits auch in aller Regel kein

Platzmangel herrscht, sodass die Menge der Reaktionen auf einen Artikel potenziell höher ist als bei Print-Zeitungen. Bislang wurde eine Studie zur Untersuchung von Online-Kommentaren in Bezug auf die Begleitung der Berichterstattung über Erwerbslosigkeit nicht vorgenommen. Ebenso wenig wurde der mediale Umgang mit dem Status der Erwerbslosigkeit bis dato im Lichte einer klassengebundenen Diskriminierung durch die lohnarbeitende Bevölkerung selbst erkundet. Zur Untersuchung solcher Phänomene erscheint die *Bild*-Kampagne um Arno Dübel geradezu ideal. Hier soll es daher um die Frage gehen, wie die *Bild.de*-Leser*innen im Hinblick auf Legitimationssemantiken von Erwerbslosigkeit in der Debatte um Arno Dübel argumentieren. Dabei bezieht sich die Untersuchung dementsprechend auf einen Teil der Online-Leser*innenkommentare, die zu den Artikeln über Arno Dübel verfasst wurden. Ziel ist es, dominante Argumentationsmuster *für* und *gegen* die Legitimität der staatlichen Hilfe Dübels herauszufiltern, die daraus erwachsenden Forderungen der Leser*innen gegenüberzustellen und entsprechend ihrer Diskursrelevanz zu gewichten sowie Schlussfolgerungen daraus zu ziehen. Als Untersuchungszeitraum wurde das Kalenderjahr 2010 festgelegt. Zwar tauchte Arno Dübel nach einer sehr kurzen Karriere als Schlager-Sänger (Song-Titel: *Der Klügere kippt nach*, *Ich bin doch lieb*) auch 2011 ebenso hin und wieder in *Bild* als Objekt der Berichterstattung auf, wie es bereits vor 2010 gelegentlich der Fall war. Dies alles geschah allerdings bei weitem nicht so umfassend wie 2010. So erscheint dieses Jahr als jenes, in welchem die Debatte um Arno Dübel ihren bisherigen Höhepunkt fand. Zumal hier auch Debatten hineinfielen wie jene um das den deutschen Sozialstaat scharf kritisierende Buch *Deutschland schafft sich ab* von Thilo Sarrazin sowie die Diskussion um die gegen Ende des Jahres umgesetzte Reform der Regelsatzberechnung des Arbeitslosengeldes II.

Das Buch gliedert sich grob in einen theoretischen (Kapitel zwei und drei) und einen empirischen Teil (Kapitel vier und fünf), wobei Letzterer sich an den im ersten Teil entwickelten Konzepten orientiert. Im zweiten Kapitel werden nach einer Vorstellung des Phänomens des Klassismus die Legitimationssemantiken von Ungleichheit nach Ute Volkmann vorgestellt und auf das Erwerbsarbeitstopos angepasst. Im dritten Kapitel werden methodische Grundlagen der *Kritischen Diskursanalyse* und die konkrete Forschungsfrage im Hinblick auf die Untersuchung des *Falls Arno Dübel* thematisiert. Dabei werden die Ergebnisse aus dem vorhergehenden Kapitel schematisiert und als methodische Untersuchungsgrundlage für den empirischen Teil verwendet. Der Schwerpunkt liegt auf der empirischen Analyse der Legitimationsfiguren von Arno Dübels staatlicher Unterstützung als Erwerbsloser im Online-Portal der *Bild*-Zeitung. Dieser Part umfasst zunächst die ausführliche Diskussion einzelner zuvor entwickelter Legitimationssemantiken (Leistungsgerechtigkeit, Bedürfnisgerechtigkeit, Gleichheit, wohlverstandenes Eigeninteresse und Naturalisierung von Erwerbsarbeit), um dann im fünften Kapitel die Ergebnisse zu verdichten und theoretische Schlussfolgerungen zu ziehen, bevor ein knappes Fazit mit Ausblick folgt. Eingenommen wird hier explizit der Standpunkt der *Kritischen Sozialwissenschaft*, deren Antrieb wesentlich darin liegt, gesellschaftliche Missstände aus Sicht der am wenigsten Mächtigen nicht nur offen zu legen, sondern auch Wege für deren restlose Überwindung auszuloten.

2. Theoretischer Hintergrund

> *»Das blödsinnige System, das wir ertragen, erzeugt nichts als Streikbrecher, die sich in die eigene Tasche lügen und davon sogar manchmal wirklich leben können (was man so leben nennt).«*
>
> Dietmar Dath (2008: 28).

2.1 Klassismus: Ein vernachlässigtes Forschungsfeld

Folgendes Gedankenexperiment: In der *Frankfurter Allgemeinen Sonntagszeitung* erscheint ein Artikel mit dem Titel *Sieben Gründe, warum Türken früher sterben*. Der*die Autor*in zählt darin Argumente auf, welche die Lebenserwartung von *Türk*innen* als kürzer nachweist als jene von *Deutschen*. Die Kernthese lautet: »Können Türken so lange leben wie Deutsche, wenn sie sich – in den Grenzen ihrer Herkunft – genauso verhalten? Einiges spricht dafür«. Wie würde wohl die mediale Reaktion ausfallen? Wahrscheinlich gäbe es völlig zu Recht zahlreiche Rassismus-Vorwürfe gegen den*die Autor*in. Tatsächlich jedenfalls erschien in besagter Zeitung am 18. Dezember 2011 ein solcher Artikel, der jedoch nicht zwischen *Deutschen* und *Türk*innen*, sondern zwischen Armen und Reichen unterscheidet. Die Lebenserwartung, so der Autor, sei bei Menschen mit geringem Einkommen niedriger als bei jenen mit hohem Einkommen, was für ihn jedoch nicht auf die ungleiche Verteilung von Ressourcen zurückzuführen ist, sondern auf das bewusste Fehlverhalten von Armen. Demnach sind sie selbst schuld an ihrer geringen Lebenserwartung (vgl. Bernau 2011: 50). Ein medialer Aufschrei, der die pauschale Diskriminierung armer Menschen anprangert, blieb jedoch aus. Diese Diskrepanz dürfte wesentlich darin begründet liegen, dass die Diskriminierung[1] von Menschen (allein) aufgrund des Sozialstatus im Gegensatz zum Rassismus in der sozialwissenschaftlichen Debatte hierzulande bisher allzu wenig berücksichtigt wird und in der deutschen Gesellschaft noch kein wirkliches Bewusstsein für klassenbedingte Diskriminierung existiert. Die vor

1 Von Diskriminierung soll hier gesprochen werden, wenn »aus dem Handeln individueller Akteure nachteilige Folgen für andere Akteure eintreten, weil sie diese aufgrund wahrgenommener sozialer oder ethnischer Merkmale als ungleich bzw. minderwertig ansehen […]. Ihre Möglichkeiten werden im gesellschaftlichen Zusammenhang beschränkt und diese Beschränkung wird als ›natürliche‹ begründet und gerechtfertigt« (Pates et. al. 2010: 27). Darüber hinaus soll jene Diskriminierung auch als über Strukturen und Institutionen vermittelt verstanden werden.

allem in den USA dafür gebräuchliche Bezeichnung *Classism*[2] hat sich hier noch nicht durchgesetzt. Dabei ist dieses Konzept geeignet, Sensibilitäten für sozial bedingte Diskriminierungsstrukturen zu schaffen und damit die Herausbildung eines subjektiven Klassenbewusstseins zu fördern.

Klassentheorie Reloaded

Die lohnarbeitende Bevölkerungsmehrheit ist sich hierzulande nicht bewusst, dass sie in einer Klassengesellschaft lebt und in erster Linie aufgrund ihres Standpunktes im Produktionsprozess objektiv die gleichen politischen und ökonomischen Interessen teilt, gleich welchen rassistischen, sexistischen und sonstigen Diskriminierungsformen sie ansonsten ausgesetzt sind – oder welche Privilegien sie genießen, weil sie es eben nicht sind. Der wesentliche Grund für das Fehlen dieses subjektiven Klassenbewusstseins dürfte darin bestehen, dass eine diskursprägende Allianz aus Politik, Wirtschaft und Wissenschaft seit Bestehen der Bundesrepublik Deutschland die Klassenförmigkeit der Gesellschaft bestreitet. Insbesondere die Soziologie hat ihren nicht zu leugnenden Anteil an dem Verschwinden der Klassen und der damit verbundenen, primär auf die ökonomischen Ressourcen zielenden Determiniertheit der Sozialstruktur aus dem allgemeinen Sprachgebrauch, indem sie zwar die Existenz gesamtgesellschaftlicher Ungleichheiten und sozialer Konflikte einräumt, andererseits jedoch behauptet, dass der Klassenbegriff zur Analyse der Sozialstruktur aufgrund einer sich weiter ausdifferenzierenden Gesellschaft nicht ausreiche und daher auch nicht mehr zeitgemäß sei[3]. Ein Dogma, das erst seit wenigen Jahren wieder erkennbar bröckelt.

---

2 Chuck Barone definiert *Classism* als »systematische Unterdrückung einer Gruppe durch eine andere, basierend auf ökonomischen Unterscheidungen oder genauer formuliert: basierend auf der Position einer Person innerhalb des Produktions- und Distributionssystems« (Barone o. J.: 8). Die ökonomische Distributionslinie ist dabei stets mit anderen verbunden. So werden Menschen z.B. nach Kinderzahl, ihren Jobs oder ihrem Bildungsniveau kategorisiert und hierarchisiert (vgl. Kemper/Weinbach 2009: 12-14).

3 Die Versuche, den Klassenbegriff zugunsten anderer Termini (Schichten, Milieus etc.) aus den wissenschaftlichen und gesellschaftlichen Debatten zu verbannen, waren seit dem Ende des Zweiten Weltkrieges vielfältig und können hier nicht angemessen behandelt werden. Zu den wichtigsten zählen Helmut Schelskys These von der *nivellierten Mittelstandsgesellschaft* (vgl. Schelsky 1963), Ulrich Becks *Individualisierungsthese* (vgl. Beck 1986) oder Gerhard Schulzes Konstrukt der *Erlebnisgesellschaft* (vgl. Schulze

Mit Paul Nolte war es ausgerechnet ein sich dem liberal-konservativen Zeitgeist verpflichtet fühlender – und nicht zuletzt deswegen massenmedial viel beachteter Forscher, der dem Klassenbegriff zu einem Comeback verhalf. In dem Beitrag *Unsere Klassengesellschaft* (2001) für die Wochenzeitung *Die Zeit* diagnostiziert der Historiker im digitalen Zeitalter des beginnenden 21. Jahrhunderts »ein getreues Abbild der alten Klassengesellschaft« (Nolte 2001: 7). Und nicht nur das: Es gäbe neben größer werdenden Abständen in Einkommen und Teilhabe auch »subtile Mechanismen der sozialen Differenzierung« (ebd.), die im kollektiven Bewusstsein verdrängt würden. Als Konsequenz spricht er schließlich sogar ein »Plädoyer für mehr Klassenbewusstsein« (ebd.) aus. Nun ist es nicht so, dass Nolte damit gleichsam eine in emanzipatorischer Weise gemeinte Radikalisierung des Klassenkampfes auf dem Weg zu einer Revolution der lohnarbeitenden Bevölkerungsmehrheit verknüpft. Nein, ihm geht es schlichtweg darum, den spätestens seit Karl Marx sozialistisch zu verstehenden Klassenbegriff als »Projekt bürgerlicher Aufklärung« (ebd.) zu vereinnahmen. Das wird umso deutlicher, je genauer er seine Andeutungen ausformuliert. Jene neuen »subtilen Mechanismen der sozialen Differenzierung« verortet Nolte jenseits der Arbeitssphäre in den Bereichen Konsum und Alltag. So suggeriert er beispielsweise pauschal, Menschen mit geringem Einkommen würden »viel fernsehen und wenig Bücher lesen« (ebd.) und ausschließlich in Discountern einkaufen, während besser Betuchte an der Bildungs- und Informationsflut aktiv partizipierten und kein Mineralwasser unter einem Euro anrührten (vgl. ebd.). Ohne empirische Grundlage spricht er zudem davon, dass »RTL und SAT.1 ein spezielles Unterschichtenfernsehen« (ebd.) seien, während sich 3sat und arte »für die gehobenen Schichten etablierten« (ebd.).

Ihren Ausgangspunkt findet diese neue Thematisierung des Klassenbegriffs von unvermuteter Seite in der im US-amerikanischen Raum bereits in den 1980er Jahren entbrannten *Underclass*-Debatte. Charles Murray, dessen Arbeit von neoliberalen »Think Tanks« aus dem Umfeld des damaligen US-Präsidenten Ronald Reagan finanziert wurde (vgl. Katz 1989: 152), platzierte 1984 in dem Buch *Losing Ground* mit der *Underclass* eine heterogen zusammengesetzte soziale Gruppe in den Mittelpunkt der öffentlichen Diskussion um den Wohlfahrtsstaat, die sich bewusst von den innerhalb der Gesellschaft bestehenden Werten zurückgezogen und ein eigenes Wertesystem ausgebildet habe. Hierzu wurden Drogen- und Alkoholabhängige, Prostituierte, entlassene Strafgefangene, psychisch Kranke, Obdachlose, Wohlfahrtsbezieher*innen, Schulschwänzer*innen und illegalisierte Migrant*innen gerechnet. Eine

1992). Einen groben Überblick zu den Abschaffungsversuchen der sozialen Klassen bietet Jürgen Ritsert 1998: 88-118.

Zusammenstellung, die Karl August Chassé »wegen der unterschiedlichen Problem- und Lebenslagen« (Chassé 2010: 162) zu Recht als »abenteuerlich« (ebd.) bezeichnet. Trotzdem gab es in der Folgezeit immer mehr Wissenschaftler*innen, die sich dem anschlossen. Hierzulande fand diese die ökonomischen Unterschiede wieder stärker betonende, zugleich aber alle Ärmeren diskriminierende Debatte ihren Ausdruck in Begriffen wie »Neue Unterschicht« (vgl. ebd.: 7), »Abgehängtes Prekariat« (vgl. Neugebauer 2007) oder »Überflüssige« (vgl. Bude 2008), die von den Medien begierig aufgegriffen und reproduziert wurden.

Auch wenn es *den* Klassenbegriff nicht gibt, so sind mit seinem empirischen Nachweis und seiner alltagssprachlichen Verwendung doch ursprünglich tatsächlich keinerlei diskriminierende, sondern offensiv propagierte emanzipatorische Ziele verknüpft. Obwohl sein *Manifest der Kommunistischen Partei* mit dem Satz »Die Geschichte aller bisherigen Gesellschaft ist die Geschichte von Klassenkämpfen« (Marx/Engels 2005: 48) beginnt, hat mit Karl Marx der prominenteste Vertreter der Klassentheorie kein einheitliches Klassenmodell hinterlassen[4]. Vielmehr muss es aus seinem Werk erschlossen werden. Als Fundament firmiert für Marx »die Bestimmung des Werts durch die Arbeitszeit« (Marx, MEW 26,2: 163). Diese Fixierung ergibt Sinn, weil der Kapitalismus bis heute »durch den Aufwand für die materielle Reproduktion gesteuert wird [...]. Die Basis für den ökonomischen Klassengegensatz ist die produktive, d.h. Mehrwert schaffende Arbeit einerseits und der Kapitalist andererseits« (Bischoff et. al. 2002: 38). Mit den Arbeiter*innen und den Kapitalist*innen stehen sich demnach zwei Klassen unversöhnlich gegenüber, weil sie jeweils antagonistische Interessen verfolgen (vgl. Marx/Engels 2005: 49). In diesem Zusammenhang hat sich die Unterscheidung zwischen *Klasse an sich* und *Klasse für sich* etabliert. Erstere »Individuen bilden nur insofern eine Klasse, als sie einen gemeinsamen Kampf gegen eine andere Klasse zu führen haben; im übrigen stehen sie einander selbst in Konkurrenz wieder feindlich gegenüber« (Marx, MEW 3: 54). Damit ist zweierlei ausgesagt: Zunächst impliziert Marx hier ein objektives Interesse, wonach die Lohnarbeiter*innen – d.h. jene Mehrheit, die nichts besitzt als ihre Arbeitskraft und diese daher in einem Ausbeutungsverhältnis zur Selbsterhaltung verkaufen muss – zur Verbesserung der eigenen Lebenschancen einen Klassenkampf führen müssen gegen die in allen Spielarten des Kapitalismus mit einem Machtmonopol in wirtschaftli-

4 Er beanspruchte auch nicht die »Entdeckung« der Klassen für sich: »Bürgerliche Geschichtsschreiber hatten längst vor mir die historische Entwicklung dieses Kampfes der Klassen, und bürgerliche Ökonomen die ökonomische Anatomie derselben dargestellt« (Marx, MEW 28: 507).

chen und politischen Fragen ausgestatteten Kapitalist*innen – d.h. jene Minderheit, welche die Produktionsmittel besitzt. Damit die Arbeiter*innen dies erreichen, müsste diese *Klasse an sich* jedoch zu einer *Klasse für sich* werden, die ein *subjektives Klassenbewusstsein* besitzt, sich also dieser Interessen vollständig bewusst ist und sie gemeinsam gegen die Kapitalist*innen durchzusetzen trachtet. Mithilfe ihrer Machtstellung gelingt es den Kapitalist*innen hingegen immer wieder – und das ist die zweite Dimension des oben angeführten Marxschen Zitats – ihre Interessen und Vorstellungen (Ideologien) als nicht hinterfragbare Normen im Gesellschaftssystem zu etablieren und zugleich zur Aufrechterhaltung dieser Normen innerhalb der Arbeiter*innenklasse selbst Spaltungen und Konkurrenzen hervorzurufen, die zwischen (vermeintlichen) *Ausländer*innen* und *Deutschen* ebenso auftreten können wie zwischen *Alten* und *Jungen*, *Männern* und *Frauen* etc. – und eben fast nie zwischen der eigentlichen Konfliktlinie *Arm* und *Reich* bzw. *Arbeiter*innen* und *Kapitalist*innen*. Dieses Prinzip wird häufig mit dem treffenden Slogan *Teile und herrsche* bezeichnet.

In Anschluss an Marx wurden im Windschatten der ungleich schärfer vorgetragenen Grabgesänge auf soziale Klassenunterschiede immer wieder Aktualisierungen des Klassenbegriffs vorgenommen, welche den sich stetig verändernden und weiterentwickelnden Bedingungen des kapitalistischen Wirtschafts- und Gesellschaftssystems Rechnung tragen, hier jedoch nicht detailliert nachgezeichnet werden können[5]. So viel sei jedoch angemerkt: Bei Marx geht es um einen strukturellen Klassenbegriff, der nicht direkt berücksichtigt, dass die Arbeiter*innenklasse (bereits zu Marx' Lebzeiten) wesentlich heterogener beschaffen ist, als es in seinem auf die rein ökonomischen Unterschiede schielenden Modell scheint. Im Zusammenhang mit dem oben erwähnten Phänomen des *Klassismus* wird an Marx aber vor allem dies kritisiert: Die Dimension der sozialen Anerkennung sowie kulturelle, institutionelle, politische und individuelle Ebenen würden gänzlich vernachlässigt. Ein Einwand, dem nur teilweise zuzustimmen ist, denn Marx ging es nicht darum, kulturell zu zeigen, dass manche Arbeiter*innen nach der Revolution streben, während andere lieber einen Kriminalroman lesen oder ins Theater gehen; sondern darum, nachzuweisen, dass sie alle durch den schieren Zwang geeint sind, für ihr eigenes (Über-)Leben ihre Arbeitskraft zu für sie äußerst ungünstigen Bedingungen verkaufen zu müssen. Marx war eben kein Kulturkritiker, sondern ein Kritiker der politischen Ökonomie. In bisherigen Klassismus-Debatten gilt deshalb zwar der Marxsche Klassenbeg-

---

5 Überblicksdarstellungen gibt es bei Ritsert 1998, Hradil 2001 sowie mit dem besonderen Fokus auf neuere Ansätze der Schicht- und Klassentheorie bei Groß 2008.

riff als wichtige Grundlage, es wird aber zugleich auf die Verwendung eines entsprechend erweiterten Klassenterminus' viel Wert gelegt, der Menschen beschreibt, »die ökonomisch und kulturell in der Gesellschaft verortet sind bzw. werden und daraus resultierend Diskriminierungs- und Unterdrückungserfahrungen machen« (Kemper/Weinbach 2009: 13). Dem in der Antidiskriminierungsarbeit gebräuchlichen US-Terminus *Class*, der nur unzureichend zwischen *Klasse* und *Schicht* unterscheidet, liegt demgemäß vorwiegend folgende Klasseneinteilung zugrunde: Mit der *Ruling Class* ist die herrschende politische Klasse gemeint. Die *Owning Class/Rich* ist die besitzende Klasse, zu der vor allem Wirtschaftseliten gehören. Eine *Middle Class* bilden Menschen mit hohen Einkommen sowie einem hohen formalen Bildungsgrad. In der *Upper-Middle-Class* tummeln sich gut Qualifizierte mit höheren Einkommen, während die *Lower-Middle-Class* von jenen gebildet wird, die über geringe und weniger stabile Einkommen verfügen sowie weniger qualifizierte, instabile Jobs ausüben. Als in abhängiger Lohnarbeit befindliche Klasse firmiert die *Working Class*, deren Einkommen aus einer nach Stunden entlohnten Arbeit besteht. Am Ende der Skala befindet sich schließlich die *Lower Class/Poor People*, zu der Menschen gezählt werden, deren Einkommen kaum ausreicht, die materiellen Grundbedürfnisse des Lebens abzudecken (vgl. Weinbach 2006: 89f.). Diese Einteilung stellt kein eigenes, ausgereiftes Konzept dar, sondern eine Orientierung, welche als grobes Band in der international heterogenen Antiklassismus-Forschung gelten kann und zugleich die Grundlage für die vorliegende Studie ist[6].

Klassismus – Skizze eines Konzepts

Erstmals wird der Begriff des Klassismus 1974 erwähnt. Die *Furies*, eine Lesbengruppe aus den USA, in der Arbeiter*innentöchter ihre Diskriminierung aufgrund der sozialen Herkunft anprangerten, verfolgten damit das Ziel, das kapitalistische Credo *Vom Tellerwäscher zum Millionär* als Mythos zu entlarven, wonach in einer Marktwirtschaft alle alles erreichen können, wenn sie sich denn nur genug anstrengen[7]. In den Folgejahren wurde Klassismus – z.B. durch das im Vergleich zu den *Furies* pro-kapitalistische Karriereförderungs-

---

6 Je nach theoretischer Ausrichtung nehmen Untersuchungen zum Klassismus meist Bezug entweder auf den neoweberianischen Klassenbegriff von John Goldtorpe 2004 oder den neomarxistischen Klassenbegriff von Erik Olin Wright 1979; 1989; 1994. Diese Arbeit versteht sich als in der Tradition Wrights stehend.

7 Eine ausführliche Beantwortung der Frage nachzugehen, ob und wenn ja, welcher Zusammenhang besteht zwischen der Herkunft des Klassismus-Konzepts und seiner geringen Beachtung in den Sozialwissenschaften, muss hier unterbleiben. Ebenso kann die Dimension der Verschränkung klassistischer Diskriminierung mit Rassismen und

netzwerk der *Working-Class-Akademikerinnen* (*WCA*) – immer wieder mit den Phänomenen des Sexismus und des Rassismus in Verbindung gebracht, um auf die *Multiple Oppression* hinzuweisen (vgl. Kemper/Weinbach 2009: 33-51). Hier wurde auch der Grundstein gelegt für einen Klassenbegriff, der über Marx hinausgehen soll:

> »Klasse bedeutet weit mehr als die marxistische Definition von Beziehungen im Spiegel der Produktionsverhältnisse. Klasse schließt dein Verhalten und deine fundamentalen Überzeugungen mit ein; wie du gelernt hast, dich zu verhalten; was du von dir und von anderen erwarten darfst; deine Ideen von der Zukunft; wie du Probleme verstehst und löst; wie du denkst, fühlst, handelst« (Rita Mae Brown, zit. n. ebd.: 36).

Die Klassengesellschaft ist im Verständnis des Klassismus also nicht nur über die ökonomischen Produktions- und Eigentumsverhältnisse determiniert, sondern auch über die Reproduktion von Ideologien, Vorstellungen und Handlungen, die in einer Diskriminierung münden, welche biologistische Annahmen über Arme naturalisiert (z.B. die Behauptung, Intelligenz sei überwiegend erblich), soziale Vorurteile kulturalisiert (z.B. die Vorstellung, Erwerbslose seien faul) sowie institutionalisiert (z.B. Gesetze, Bildung, Politikfelder), dichotome Oben-Unten-Konstruktionen erzeugt (z.B. Noltes »Unterschichtenfernsehen«) und sprachliche Zuschreibungen wie »sozial schwach« auf alle armen Menschen bezieht (vgl. ebd.: 23-30). Davon ausgehend, werden vonseiten der Antiklassismus-Forschung vor allem diese gesellschaftlichen Konstruktionen angeprangert. Dazu gehören neben dem vollständigen Fehlen des Kriteriums der »sozialen Herkunft« in den EU-Antidiskriminierungsrichtlinien auch die geringe Repräsentanz von Arbeitnehmer*innen in Politik und Wirtschaft, verschiedene Formen der sozialen Aberkennung und Ausgrenzung sowie fehlende ökonomische Lebenschancen für Menschen aus der Arbeiter*innenklasse – kurz, eine gesamtgesellschaftliche Unterdrückung armer Menschen (vgl. ebd.: 19-23; 30-32).

Von marxistischer Seite wurde an diesem Konzept wiederholt berechtigte Kritik geäußert. Torsten Bewernitz etwa bemängelt, dass die Konzentration auf die Unterdrückung bei gleichzeitiger Vernachlässigung des den Kapitalismus wesentlich kennzeichnenden Ausbeutungsmechanismus die Arbeiter*innenklasse »durch einen entmächtigenden Opferstatus« (Bewernitz 2010: 58) bestimme. So stelle man den Marxschen Klassenbegriff auf den Kopf, denn im antiklassistischen Verständnis werde

> »den ArbeiterInnen keine kulturelle Identität oder Stigma auf den Leib geschrieben, weil sie arbeiten, sondern die Zugehörigkeit zur Arbeite-

---

Sexismen nicht näher beleuchtet werden, weil hier – dies ist sicher eine Besonderheit – ein dezidiert *weißer* Sozialstaatsdiskurs empirisch beleuchtet wird.

rInnenklasse ist eine kulturelle Identität, aufgrund derer sie erst zur Arbeit gezwungen werden, indem ihnen keine andere Tätigkeit zugetraut wird und z.B. eine entsprechend darüber hinaus gehende Bildung verweigert« (ebd.).

Ein weiterer Kritikpunkt bezieht sich auf die Entwicklung des Konzepts. Peter Nowak stört sich an der unklaren Definition des Klassismus und der daraus resultierenden mehrschichtigen Bedeutung. Geht es im Antiklassismus nun darum, den Ausschluss bestimmter Menschen von materiellen Ressourcen und Partizipation anzuklagen oder nur darum, mehr Respekt und Anerkennung für die Arbeiter*innenkultur bei gleichzeitigem Zugang zu den Fleischtöpfen des kapitalistischen Eigentums für diesen Bevölkerungsteil einzufordern? Gesellschaftsveränderung oder Karriereförderung? Nowak erscheint es zudem problematisch, dass bisherige Analysen auch Vorurteile von Arbeiter*innen gegenüber Reichen als Klassismus bezeichneten: »Könnte es vielleicht einmal so kommen«, so seine rhetorische Frage, »dass streikende ArbeiterInnen, die sich über Ausbeutung und Lohndrückerei beschweren, des Klassismus geziehen werden, weil sie der ›Kultur‹ der Reichen und Besitzenden nicht den gebührenden Respekt zollen?« (Nowak 2011). Tatsächlich scheint bei dem bestehenden Verständnis von Klassismus die Gefahr der Eindimensionalität und Inkonsequenz groß, sodass die Kritik an der Diskriminierung eines Arbeitermilieus sich reduziert auf den »berechtigte[n] Wunsch nach einer sozialen Deklassierung nach oben: gleiche Ausgangschancen für alle bei anschließender Ausdifferenzierung des ökonomischen Kapitals« (Bewernitz 2009: 9).

Quantitativ sind dies sicher nicht übermäßig viele Kritikpunkte. Aber sie treffen ins Schwarze. Denn in der Tat macht sich das Konzept des Klassismus bereits durch seine Weigerung, sich zu einer bestimmten Tradition des Klassenbegriffs klar zu bekennen, unnötig angreifbar. Verweilt es in der Dimension der Unterdrückung und presst die Arbeiter*innenklasse damit einseitig in eine passive Opferrolle statt in eine Position des mündigen Subjekts, wird es als Kategorie für die politische Praxis wenig taugen oder sogar den gegenteiligen Effekt bringen, als es erreichen zu wollen vorgibt, nämlich eine Zementierung der bestehenden Mechanismen von Diskriminierung, Entwürdigung und Ausgrenzung. Trotzdem soll hier die Position vertreten werden, dass der Klassismus-Begriff besser geeignet ist als jeder andere, zur Herausbildung eines im marxistischen Sinne subjektiven Klassenbewusstseins beizutragen, indem systemimmanente Diskriminierungsstrukturen offengelegt und kritisiert werden, die Menschen aufgrund ihrer sozialen Klassenzugehörigkeit als logische Konsequenz der kapitalistischen Ausbeutung nicht nur unterdrücken und kleinhalten, sondern auch geschickt gegeneinander aufwiegeln. Nötig ist hierfür zunächst die klare Definition der Arbeiter*innenklasse als politisch mündiges und durch ein objektives Interesse verbundenes, aber innerhalb des Kapitalismus im Zwang zur erduldeten Ausbeutung festsitzendes historisches Subjekt. Darüber hinaus darf Antiklassismus – wie Sebastian Friedrich fordert – »nicht als bloße Lobbyarbeit verstanden werden, sondern muss auch das System in Frage stellen, das Klassismus hervorbringt. Es geht ebenso wenig nur um Anerkennung, wie es nur um Diskriminierung geht« (Friedrich 2011: 7). Dazu gehören notwendig die Kritik des Konstrukts der Leistungsgesellschaft und seine Bekämpfung, weil der Antiklassismus ansonsten »in das wesentlich von sozialdemokratischer Seite geschaufelte Loch der Leistungsideologie« (ebd.) falle. Auch dürfen verschiedene Diskriminierungsformen nicht gegeneinander ausgespielt werden. Schließlich soll es Antiklassismus-Analysen natürlich auch darum gehen, die der Arbeiter*innenklasse kulturell zugeschriebenen negativen Attribute (»faul«, »dumm«, »dekadent«) als durch die herrschenden Klassen erzeugte Konstruktionen zu entlarven und zu dekonstruieren. Dies muss aber stets mit einem antikapitalistischen Anspruch verknüpft werden, denn die bis heute nicht widerlegten ökonomischen Grundannahmen von Karl Marx geben eines eindeutig vor: »Die Identität der ArbeiterInnenklasse zu dekonstruieren, kann nur die Abschaffung des Kapitalismus bedeuten« (Bewernitz 2010: 60).

Wirklich angesetzt werden muss bereits beim Ursprung, denn in der breiten wissenschaftlichen und gesellschaftlichen Diskussion in Deutschland ist der Begriff des Klassismus bislang derart unbekannt, dass es schon ein Euphemismus wäre, ihm ein Schattendasein anzudichten. Woran das liegt, lässt sich nicht zweifelsfrei erklären. Marxisten würden argumentieren, die Nicht-Beachtung rühre daher, dass die Diskriminierung aufgrund der sozialen Klassenzugehörigkeit im Kapitalismus ein systemimmanentes Problem sei und ausschließlich mit der Überwindung dieses Systems beseitigt werden könnte. Da mag gewiss etwas dran sein, doch sollte nicht vergessen werden, dass einige Studien einen ebenso klaren Zusammenhang von Kapitalismus und (dem immer wieder breit thematisierten) Rassismus nachgewiesen haben[8]. Damit kann dieser Punkt nicht den Kern treffen. Wahrscheinlich gibt es einen ganz anderen Grund dafür, dass unsere Gesellschaft auffällig »klassenblind« (Kemper 2011) ist: Linke Widerstandskulturen sind seit Jahrzehnten überwiegend

---

8 Dieser Zusammenhang ist keineswegs nur ein Mythos aus der DDR-Staatsdoktrin. Zum geflügelten Wort ist in diesem Zusammenhang eine Sentenz von Max Horkheimer am Vorabend des Zweiten Weltkrieges geworden: »Wer aber vom Kapitalismus nicht reden will, sollte auch vom Faschismus schweigen« (Horkheimer 1988: 308f.). Besonders aufschlussreich haben Etienne Balibar und Immanuel Wallerstein die Verbindung zwischen Kapitalismus und Rassismus analysiert (vgl. beispielhaft Balibar/Wallerstein 1990).

dominiert von Menschen, die materiell weitgehend abgesicherten Verhältnissen entstammen. Ihre eigene Lebenswirklichkeit kennt keine unmittelbaren Klassenkonflikte, weil sie als Kinder des Bürgertums das Gymnasium und später die Universität besucht haben, ohne dort mit vielen Menschen aus realen Armutsverhältnissen in intensiveren Kontakt gekommen zu sein. Über schulische und mediale Zusammenhänge, manchmal auch über postmateriellen Werten zugeneigte Eltern, wurden ihnen als vorrangige gesamtgesellschaftliche Diskriminierungsformen Rassismus und Sexismus vermittelt, die es engagiert zu bekämpfen gelte. So avancierten vor allem der Antirassismus, der Antisexismus sowie der Kampf gegen Atomkraft und den menschlich erzeugten Klimawandel zu den zentralen *issues* heutiger Protestbewegungen. Dass Aktivist*innen, deren primäre Problemlagen im Ökonomischen liegen, innerhalb dieser Bewegungen kaum präsent waren und/oder kaum Gehör fanden, lag daran, dass sie den akademischen Habitus nicht von klein auf gelernt haben wie die ungleich besser ausgestatteten Bürger*innenkinder. In linken Milieus herrscht meist ein akademisierendes Verhalten vor, das auf einem entsprechend vom Elternhaus vermittelten Selbstbewusstsein fußt und Menschen aus bildungsbürgerfernen und materiell armen Verhältnissen damit (wenn auch meist unbewusst) ausschließt. Die Folge bringt Torsten Bewernitz auf den Punkt: »Solange die Sozialen Bewegungen die Themen der anderen ArbeiterInnen aufgrund kultureller Differenzen nicht erfassen können, so lange werden sie dort auch keine Bewegung wahrnehmen können« (Bewernitz 2009: 13). Mit der Zunahme prekärer Beschäftigung auch in akademischen Kreisen beginnt sich der Klassenkonflikt in den Sozialen Bewegungen erst ganz allmählich Bahn zu brechen und dem Umstand Einhalt zu gebieten, dass es daraus resultierend noch immer große »Übersetzungsprobleme zwischen dem Antidiskriminierungsdiskurs und dem Ungleichheitsdiskurs« (Lutz/Vivar/Supik 2010: 16) gibt.

So kann nicht verwundern, dass auch die allzu häufig nur auf gesamtgesellschaftliche Diskurse reagierende deutsche Sozialwissenschaft den Klassismus bis heute vernachlässigt. Ein Blick in den recht aktuellen Sammelband von Ulrike Hormel und Albert Scherr (vgl. Hormel/Scherr 2010) beispielsweise zeigt sogar, dass die kontextuelle Diskriminierungsforschung insgesamt in Deutschland noch in den Kinderschuhen steckt. Es existieren zahlreiche Studien zu geschlechter- und sexualitätsbezogener Diskriminierung, ebenso zu Rassismus allgemein, zu psychisch kranken Menschen, zu *ableism* sowie zur Altersdiskriminierung. Diese jedoch stehen isoliert und werden selten in einen gesamtgesellschaftlichen Zusammenhang gestellt. Der kleine, aber feine Einführungsband von Andreas Kemper und Heike Weinbach (vgl. Kemper/Weinbach 2009) war die bisher einzige deutschsprachige Monographie zum Thema.

Gleichwohl gibt es ein Konzept, das vor zehn Jahren entwickelt wurde und eine multidimensionale Perspektive einnimmt, welche die Diskriminierung von (Langzeit-)Erwerbslosen, Obdachlosen und armen Menschen allgemein ausdrücklich einschließt. Eine Gruppe um den Bielefelder Konfliktforscher Wilhelm Heitmeyer schuf 2002 jenen Terminus, der nicht auf individuelle Feindschaftsbeziehungen abzielt, sondern auf sogenannte *schwache Gruppen*: »Werden Personen wegen zugewiesener Gruppenzugehörigkeit als ungleichwertig markiert und feindseligen Mentalitäten ausgesetzt, dann sprechen wir von *Gruppenbezogener Menschenfeindlichkeit*« (Heitmeyer/Mansel 2008: 18). Diskriminierung bedeutet bei diesem »Syndrom« (Heitmeyer 2002: 22) in erster Linie den Verlust von sozialer Anerkennung, im Zuge dessen bei armen Menschen semantisch die Kategorie der Ungleichwertigkeit ihr Übriges zu deren Herabstufung beiträgt, denn »neben die soziale Erniedrigung tritt das Urteil der moralischen Unterlegenheit« (Heitmeyer 2008: 41). Das auf zehn Jahre angelegte Projekt erforschte dieses Phänomen und publizierte die Resultate in einem jährlich neuen Band unter dem Titel *Deutsche Zustände*. Es entstand in Zusammenarbeit mit verschiedenen privaten Stiftungen sowie dem *Suhrkamp*-Verlag und der *Zeit*. Letztere kündigte die Zusammenarbeit jedoch 2007 auf mit der Begründung, die Forschergruppe sei zu kritisch (vgl. Hild 2011) – und das just in jenem Jahr, in welchem Heitmeyers Team mit Langzeiterwerbslosen erstmals[9] klassenbedingte Diskriminierungsadressat*innen in seine Studien einbezog und explizit herausbekam, dass Erwerbslose von ihren Mitmenschen zunehmend unter dem Gesichtspunkt der mangelnden Nützlichkeit bewertet werden (vgl. Heitmeyer/Mansel 2008: 20). Der im Dezember 2011 erschienene zehnte und letzte Band der Reihe wurde in den Medien überwiegend mit starker Zustimmung aufgenommen (vgl. beispielhaft Hofmann 2011; Lachmann 2011; Bax 2011; Berth/Conradi 2011). Der Grund liegt jedoch weniger in einer sich plötzlich zur Gesellschaftskritik gewandelten Medienwelt, als vielmehr in dem zentralen Problem des Konzepts: Die Befunde sind viel aussagekräftiger, als es die Schlussfolgerungen vermuten lassen. So verdienstvoll die Arbeit Heitmeyers und seiner Mitarbeiter*innen auch ist, es wird kein Bezug dazu hergestellt, dass fast alle der untersuchten Diskriminierungsphänomene ihre Ursachen in sozial bedingten Unterschieden finden. Immerhin treffen die Autor*innen bemerkenswerte Aussagen wie jene, dass sich inmitten der Finanz- und Wirtschaftskrise Tendenzen zu einem

9 Bereits im ersten Band wurde über den Umgang mit Obdachlosen reflektiert (vgl. Fichtner 2002), was allerdings lose unter dem Anknüpfungspunkt *Heterophobie* geschah, die Heitmeyer definiert als »auf Angst basierende Abwertung all jener, die Gruppen angehören, die von der »Norm« abweichen« (vgl. Heitmeyer 2002: 20). Dazu zählt er Homosexuelle ebenso wie Muslime oder eben Obdachlose.

»Klassenkampf von oben« (Heitmeyer 2012: 35) sowie eine »rohe Bürgerlichkeit« (ebd.: 34f.) zeigen, die sich – »befeuert von politischen Entscheidungen – durch Tendenzen eines Rückzugs aus der Solidargemeinschaft« (ebd.: 35) auszeichnen. Einen Zusammenhang zum Klassismus findet sich aber ebenso wenig wie ein Verweis auf das Prinzip *Teile und herrsche*, welches die Grundlage für die Entstehung dieser Spielarten der Diskriminierung darstellt. Darüber hinaus besteht bei dem allzu akademischen Begriff *Gruppenbezogene Menschenfeindlichkeit* die Gefahr, dass die tatsächlich weiterhin völlig unterschiedlich beschaffenen Diskriminierungsformen verwässert werden, statt sie klar zu benennen und ihre gegenseitige Verschränkung zu verdeutlichen. Vereinfacht gesagt, suggeriert Heitmeyers Konstrukt, man könne durch die Hilfe von Sozialarbeiter*innen und Antidiskriminierungsgesetzen die Feindschaft gegen sogenannte schwache Gruppen wegtherapieren, ohne an den Grundfesten des gesellschaftlich-politischen Systems rütteln zu müssen.

Inhaltlich geeigneter (wenn auch terminologisch noch akademischer als Heitmeyers Begriff) ist dagegen der Ansatz der *Intersektionalität* einzuschätzen. Gemeint ist damit die Überschneidung verschiedener Diskriminierungsformen in einem Individuum. So wäre demnach beispielsweise eine »türkischstämmige Frau und Arbeitertochter gleich drei Diskriminierungsformen ausgesetzt, die sich multiplizieren« (Andreas Kemper; zit. n. Wernicke 2010): Rassismus, Sexismus und Klassismus. Auch bei diesem Konzept waren es zuerst feministische Bewegungen, die es auf die Agenda hoben. Neben Untersuchungen zum Zusammenhang zwischen kapitalistischer Vergesellschaftung und Geschlechterverhältnissen (vgl. beispielhaft Barrett 1983) gab es anfangs im englischsprachigen Raum auch Studien, die Verbindungen zwischen *gender* und *ableism* erforschten (vgl. beispielhaft Morris 1989). Erst zu Beginn des 21. Jahrhunderts schwappte die Debatte auf die deutsche Wissenschaft über. Ihr wissenschaftliches oder gar gesellschaftsveränderndes Potenzial wird auch aufgrund der bei uns noch recht dürftigen empirischen Lage bisher zurückhaltend bewertet. Bezogen auf die klassengebundene Unterdrückung vermögen intersektionale Analysen etwa durch die Herleitung mehrdimensionaler Strukturen von Diskriminierung zwar zu zeigen, »wie vielfältig das Leistungsprinzip in die vier Herrschaftsverhältnisse Klassismen, Heteronormativismen, Rassismen und Bodyismen eingebunden ist« (Degele/Winker 2011: 48). Das Bestreben, »sämtliche im Prozess gesellschaftlicher Reproduktion und Transformation zusammenwirkenden Aspekte gleichermaßen im Blick« (Axeli-Knapp 2008: 160) zu halten, ist freilich sehr ambitioniert und muss sich die Kritik gefallen lassen, es mit der Komplexitätsreduktion so weit zu treiben, dass Intersektionalität als Begriff für die politische und gesellschaftliche Praxis in der bestehenden Form nicht zu gebrauchen ist.

Als deutlich sinnvoller könnte es sich erweisen, mit dem Begriff des Klassismus nicht nur einen aufgrund der theoretischen Fundierung in seiner emanzipatorischen Absicht eindeutigen, sondern zudem gesamtgesellschaftlich sowie politisch anschlussfähigen Terminus zu verwenden, zumal so einerseits nicht die Gefahr einer Verwässerung anderer Diskriminierungsformen entsteht und andererseits zugleich die Verwendung eines Begriffes sichergestellt wäre, der nicht undifferenziert deren umstandslose gegenseitige Verbindung impliziert. Soll der Klassismus-Begriff künftig größere wissenschaftliche und gesamtgesellschaftliche Aufmerksamkeit erhalten, wird es nötig sein, ihm ein klares Profil zu verleihen, das nicht bei der Analyse von dezidiert *weiß* dominierten Diskursen stehen bleibt. Dass diese Profilierung nicht einen Bedeutungsverlust anderer Diskriminierungsformen bedeuten darf, ist in der kritischen Diskriminierungsforschung bislang nicht Konsens. Allzu häufig werden – mal beabsichtigt, mal versehentlich – Diskriminierungshierarchien errichtet, die dazu führen, beispielsweise Klassismus- gegenüber Rassismus- oder Sexismus-Analysen als wichtiger zu erachten und sie so gegeneinander auszuspielen. Einerseits wird hier ebenfalls ausdrücklich die Auffassung vertreten, dass die Bedeutung der Klassismus-Forschung zunehmen muss. Gleichwohl darf und soll aber auch nicht in Zweifel gezogen werden, wie viel Klassismus-Analytiker von der Rassismus- und Sexismus-Forschung lernen können, denn diesen ist es gelungen, ein heterogenes Forschungsfeld zu entwickeln, das Kategorien wie *Rasse* und *Geschlecht* als soziale Konstruktionen entlarvt, zugleich aber auch die objektive Gegebenheit offen legt, wonach rassistische und sexistische Zuschreibungen ihre Ursache in einer objektiv vorhandenen gesellschaftlichen Realität finden, die sich auf vorhandene Macht- und Interessenstrukturen zurückführen lassen.

Klassismus und Sozialstaat

So ist es dann auch möglich, Verbindungslinien zwischen klassenbedingter Diskriminierung und der historischen Genese des Wohlfahrtsstaates zu ziehen. Das fällt besonders in dessen Vorläuferform nicht schwer. Arbeitshäuser wurden in Europa als armenpolitische Maßnahme bereits im 16. Jahrhundert eingeführt. Hier wurden Menschen interniert, um sie einerseits aus dem öffentlichen Bild zu entfernen und andererseits ihre Arbeitskraft ausbeuten zu können. Schon damals herrschte die Auffassung, dass Armut (zumindest zum Großteil) selbstverschuldet sei und daher eine Disziplinierung von *Arbeitsscheuen* erreicht werden müsse. So kam es, dass darin sehr verschiedene Gruppen (Obdachlose, Waisen, Bettler*innen, Prostituierte, Straffällige, Erwerbslose) zusammenfanden, die ihr Arbeitspotenzial bei gleichzeitigem fehlendem Erwerbsstatus einte (vgl. Sachße/Tennstedt 1980). Dass es sich hier um lupenreinen Klassismus handelte, bedarf gewiss keiner eingehenderen Erörterung mehr.

Weniger eindeutig ist hingegen, dass der klassische westliche Wohlfahrtsstaat zwischen 1871 und den 1980er Jahren ebenfalls systematische Diskriminierungsstrukturen erzeugt hat. Auch wenn es seit der zweiten Hälfte des 19. Jahrhunderts zu einem massiven Ausbau des Wohlfahrtsstaates gekommen ist, so muss beachtet werden, dass dies nicht deshalb geschah, weil die Mächtigen plötzlich ihr Herz für Arme entdeckt hätten. Nicht von ungefähr hat mit Lorenz von Stein ein ausgewiesener Konservativer erstmals den Begriff *Sozialstaat*[10] verwendet und mit Otto von Bismarck ein Gesinnungsgenosse die ersten staatlichen Sozialversicherungen (1883 Krankenversicherung, 1884 Unfallversicherung, 1889 Alters- und Invalidenversicherung) eingeführt (vgl. Pilz 2004: 23-26). Damit sollte inmitten der zunehmenden Massenverelendung des Industrieproletariats (Pauperismus) den Sozialist*innen der Wind aus den Segeln genommen und das bestehende Herrschaftssystem durch eine Zunahme legitimatorischer Komponenten vor einer Revolution geschützt werden. Darüber hinaus sind sozialstaatliche Leistungen seit jeher ein Instrument der Kapitalist*innen, um die Arbeitskraft der Arbeiter*innenklasse effektiver ausbeuten zu können, denn nur Arbeiter*innen, die einen ausreichenden Zugang zu den Ressourcen der Selbsterhaltung haben, können ihrer Erwerbstätigkeit produktiv nachgehen. Seine umfassendste Ausgestaltung erreichte der Sozialstaat aber erst im 20. Jahrhundert, nachdem zuvor die Bürger*innenrechte und die politischen Rechte institutionalisiert werden konnten[11]. In der Bundesrepublik Deutschland wird gemeinhin zwischen 1949 und 1966 von einer Phase der Konsolidierung und Weiterentwicklung des Sozialstaates gesprochen. Die Zeit der ersten Großen Koalition im Bund war von 1966 bis 1969 von Sanierungsbemühungen geprägt, die jedoch nicht zu einem generellen Abbautrend führten. In der sozialliberalen Koalition von 1969-1982 folgte eine weitgehend auf Expansion und Erweiterung von

---

10 Der Begriff *Wohlfahrtsstaat* wird heutzutage häufig in negativer Konnotation verwendet, um Systeme der sozialen Absicherung zu diskreditieren. Hier soll deshalb nach Gerhard A. Ritter vom *Sozialstaat* die Rede sein, der definiert wird als »Antwort auf den steigenden Bedarf nach Regulierung der im Gefolge von Industrialisierung und Urbanisierung immer komplizierter gewordenen sozialen und wirtschaftlichen Verhältnisse, auf die geringere Bedeutung von traditionellen Formen der Daseinsvorsorge vor allem in der Familie und auf die Zuspitzung von Klassengegensätzen« (Ritter 1991: 19f.).

11 T.H. Marshall datiert in seinem berühmten Dreistadiengesetz die Kodifizierung von zivilen Bürgerrechten in unseren Gefilden auf das 18. Jahrhundert, jene der politischen Rechte auf das 19. Jahrhundert und die hier thematisierten sozialen Rechte auf das 20, Jahrhundert (vgl. Marshall 1992: 40-52).

Sozialleistungen dominierte Ära der Sozialpolitik. Seit dem Amtsantritt der CDU/FDP-Regierung 1982 ist ein zunächst schleppender, spätestens ab dem Beginn des 21. Jahrhunderts durch Rot-Grün dann rasant durchgesetzter Kurs zum restriktiven Umbau des Sozialstaates erkennbar (vgl. Ziegelmayer 2001: 65f.). Bis in die 1980er Jahre hinein galt der deutsche Sozialstaat gemeinhin als Schlaraffenland, in dem jede*r die gleichen Chancen auf soziale Teilhabe hatte und Armut kein Massenphänomen war. Das ist jedoch nicht nur faktisch falsch, sondern lässt überdies völlig außer Acht, wie die kapitalistische Wachstumsdynamik – deren Nebenwirkung ja die sozialstaatliche Expansion ist – neue Formen des Pauperismus in Gang setzte. Jürgen Habermas hat dies anschaulich erklärt:

> »Die rapiden Wachstumsprozesse spätkapitalistischer Gesellschaften haben das System der Weltgesellschaft mit Problemen konfrontiert, die sich nicht als systemspezifische Krisenerscheinungen verstehen lassen, wenngleich die Möglichkeiten der Krisenverarbeitung systemspezifisch begrenzt sind. Ich denke dabei an die Störung des ökologischen Gleichgewichts, an die Verletzung des Persönlichkeitssystems (Entfremdung) und an die explosive Belastung internationaler Beziehungen« (Habermas 1973: 61).

Überdies legt das sozialstaatliche Arrangement offen, wie unfähig jede Marktwirtschaft darin ist, lohnabhängige Menschen mit einem Verdienst zu versorgen, das sie entsprechend gegen die wichtigsten Lebensrisiken absichert. So muss der Staat als Vermittlungsinstanz zwischen den Klassen einspringen und den Konflikt moderierend befrieden. Verschont werden mit den kapitalistischen Betrieben zugleich die eigentlichen Verursacher*innen dieser finanziellen Notlagen. Finanziert wird der Sozialstaat nämlich größtenteils über die Sozialabgaben und damit paradoxerweise genau über jenen Lohn, der den abhängig Beschäftigten zur Aufrechterhaltung ihrer (Über-)Lebensfähigkeit im Falle von Krankheit, Pflegebedürftigkeit, Unfall, Arbeitsunfähigkeit, Erwerbslosigkeit oder Alter nicht ausreicht: »Mit seinem Versicherungssystem zwingt der kapitalistische Staat folglich die Arbeiter dazu, selbst untereinander und gegenseitig die Haftung für jene Notlagen zu übernehmen, die das Kapital regelmäßig an ihnen herstellt« (Huisken 2003). Dieses jedem kapitalistischen Sozialstaat wesentliche Merkmal – ganz gleich, ob über Beiträge oder Steuern finanziert und ganz gleich, wie stark er ausgebaut ist – stellt nichts anderes dar als eine innerhalb der Gesellschaft akzeptierte Form des Klassismus. Dass es alles andere als en vogue ist, dies klar zu benennen, liegt an der klassenspaltenden Funktion dieser Institution selbst: Aufgrund der dem Sozialstaat innewohnenden Tendenz, durch die selektive Gewährung von Sozialleistungen zwischen *würdigen* und *unwürdigen Bedürftigen* zu unterscheiden, werden die in Lohnarbeit befindlichen Menschen gegen die meisten derer aufgebracht, die auf jene Sozialleistungen angewiesen sind, welche von den abhängig

Beschäftigten selbst überwiegend finanziert werden und eben nicht – wie es korrekt wäre, wenn der menschenfreundliche Anspruch des Sozialstaates tatsächlich bestünde – von den Verursacher*innen der Bedürftigkeit: den Kapitalist*innen bzw. von den institutionellen Ausformungen des Kapitals.

Anhand des Wandels der Arbeitsmarktpolitik lässt sich auch die aktuelle Ausprägung klassistischer Strukturen nachzeichnen. Ausgehend von den USA breitet sich spätestens seit den 1990er Jahren in westlichen Kapitalismen das Konzept der *aktivierenden Arbeitsmarktpolitik* aus. Nach dem vor einem Vierteljahrhundert geplatzten »Traum immerwährender Prosperität« (Lutz 1984) hat sich international eine Hegemonie des *Neoliberalismus*[12] etabliert, im Zuge derer den nationalen Regierungen ein so genannter *Globalisierungsdruck* auferlegt wurde. Dieser implizierte vereinfacht ausgedrückt, dass die Unternehmen zur Stabilisierung der heimischen Wirtschafts- und Arbeitsmarktlage verstärkte Investitionsanreize benötigen, was primär durch die Senkung von (vor allem Spitzen- und Unternehmens-)Steuern und Lohnnebenkosten[13] durchgesetzt werden sollte. Es geht also um ein Modell, das die Gewährung von Sozialleistungen mit einer Arbeitspflicht verknüpft. Abgelöst wurde damit der klassische *welfare state*, der im Bereich der Sanktionen (z.B. in Form von Leistungskürzung) noch zwischen unverschuldet und verschuldet in Armut geratenen Menschen unterschied und Ersteren im Falle der Bedürftigkeit noch einen Rechtsanspruch auf Sozialleistungen gewährte.

In den USA ist der Begriff *workfare* gebräuchlicher als die *aktivierende Arbeitsmarktpolitik*, zumal Letztere im theoretischen Anspruch über *workfare* hinausgeht. Die Elemente aus dem angelsächsischen Raum sollen darin für den europäischen Kontext aufgenommen werden, indem sie das Ziel der Vollbeschäftigung durch Arbeitszwang zu revitalisieren trachtet, um dem diesem Verständnis zufolge lasterhaften Status der Erwerbslosigkeit Einhalt zu gebieten und den Betroffenen Hilfe zur Selbsthilfe zu leisten. So sollen sie sich besser in das Erwerbsleben (re-)integrieren können. Ergänzt wird *workfare* durch *enabling*, womit all jene Maßnahmen gemeint sind, die das individuelle Humankapital steigern und die Erwerbslosen an die neuen Ar-

---

12 Dabei handelt es sich um ein heterogenes gesellschaftspolitisches Paradigma, welches im Wesentlichen das Menschenbild des *Homo Oeconomicus* voraussetzt, die Ökonomisierung möglichst vieler Lebensbereiche (u.a. Privatisierung der öffentlichen Daseinsvorsorge, Deregulierung, radikale Kürzung von Sozialausgaben, steuerliche Entlastung von Unternehmen) zum Ziel hat und den Staat als Manager des Wettbewerbs definiert (vgl. Baron 2010: 46f.). Weiterführendes findet sich bei Harvey 2007 und Ptak 2004.

13 Dieser Terminus verschleiert, worum es sich wirklich handelt: den ohnehin geringen Anteil der Unternehmen an den Sozialversicherungsbeiträgen ihrer Beschäftigten.

beitsmarktbedingungen anpassen (vgl. Dingeldey 2007: 190). Alex Callinicos diagnostiziert hier eine Mischung aus Kommunitarismus und methodologischem Individualismus, weil die Rechte Einzelner dieser Logik zufolge dann eingeschränkt werden müssen, wenn davon die Gemeinschaft als Ganze profitiert (vgl. Callinicos 2001: 58-63). Im konkreten Fall heißt dies, dass ein staatlich garantiertes Wohlfahrtsminimum ausdrücklich an die individuelle Beteiligung der Leistungsnehmer*innen gekoppelt ist. Geschickt setzte der damalige Bundeskanzler Gerhard Schröder dieses Paradigma in Deutschland um, indem seine Argumentation jene Alternativlosigkeit predigte, mithilfe derer es in je leicht verschärfter Form schon in den USA unter Ronald Reagan (1981-1989) und in Großbritannien unter Margaret Thatcher (1979-1990) seine erfolgreiche Durchsetzung fand: »Entweder wir modernisieren, und zwar als soziale Marktwirtschaft, oder wir werden modernisiert, und zwar von den ungebremsten Kräften des Marktes, die das Soziale beiseite drängen« (Schröder 2005: 27). Sein wichtigster sozial- und wirtschaftspolitischer Berater Bodo Hombach arbeitete bereits Jahre zuvor daran, der Regierungspartei SPD ein »sozialpolitisches Godesberg« (Sturm 2009: 17) zu verpassen: »Wir müssen den Sozialstaat wieder vom Sicherheitsnetz zum Trampolin machen, von der Hängematte zum Sprungbrett, das den Einzelnen zurückfedert« (Hombach 1998: 18). Ihren zentralen realpolitischen Ausdruck fand diese Politik Ende 2003 in der Durchsetzung des Gesetzespakets *Moderne Dienstleistungen am Arbeitsmarkt*, den so genannten *Hartz-Gesetzen*, die den wichtigsten Teil der *Agenda 2010* bilden[14]. Besondere Berühmtheit erlange das Gesetz *Hartz IV*. Dessen wesentlicher Inhalt besteht in der Kürzung sowie an strikte Zwangsmaßnahmen gekoppelte Zusammenfassung von Arbeitslosen- und Sozialhilfe. Der Bezug von *Arbeitslosengeld II* (ALG II), welches nach zwölf- bzw. bei über 55jährigen nach achtzehnmonatiger Erwerbslosigkeit eintritt, ist an Kontrollmechanismen gebunden (regelmäßige Meldung bei dem*der zuständigen *Fallmanager*in* im *Jobcenter* mit Bewerbungsnachweisen, Annahme jedes einseitig von der Behörde als zumutbar definierten Arbeitsangebots), die bis zur Streichung aller monetären Leistungen führen können (vgl. BMWA 2004).

Anhand dieses Beispiels lässt sich anschaulich zeigen, wie klassistische Strukturen im Sozialsystem mit teilweise verblüffend offenen Begründungszusammenhängen verfestigt wurden. Schröders Berater Wolfgang Streeck etwa plädierte schon 1998 für die »Anerkennung wirtschaftlichen Zwangs als charakterbildende Kraft« (Streeck 1998: 42). Institutionell schlägt sich das bei *Hartz IV* in der Erwartung an Erwerbslose nieder, ein Fremdhilfe vermeidendes Verhalten an den Tag zu legen. Jeder Bezug von Sozialleistungen

---

14 Auf die Inhalte der drei ersten Einzelgesetze kann hier nicht im Einzelnen eingegangen werden. Näheres dazu siehe Baron 2010 (105f.).

wird demnach als unterlassene Hilfeleistung sich selbst gegenüber verstanden und erscheint hierbei »als nicht nur irrationales, sondern zudem noch unmoralisches Verhalten« (Lessenich 2009: 164). So gilt »jedes Anzeichen fehlender oder mangelnder Aktivitätsbereitschaft nicht bloß als unwirtschaftlich, sondern als asozial« (ebd.). Eine solche klassistische Neudefinition des Gemeinwohlbegriffs, den Claus Offe nurmehr als Werkzeug zur »Verbreitung von Ressentiments und Diskriminierungen« (Offe 2001: 472) betrachtet, wird etwa in der auf Eigenverantwortung setzenden *Kund*innenorientierung* in der Arbeitsvermittlung evident, wie Wolfgang Ludwig-Mayerhofer mit seinem Team in Interviews herausfand. Wer regelmäßig im *Jobcenter* vorsprechen muss, hat dann große Nachteile, wenn zuvor eine Erwerbsarbeit ausgeübt wurde, die nur einen begrenzten Grad an verwaltungsbezogener Kompetenz erfordert:

> »Bereits eine Überforderung durch organisationale Veränderungen (etwa die Praxis der Terminierung), aber auch durch Informationen über neue Instrumente (wie den Vermittlungsgutschein) kann man als deutlichen Nachteil bezeichnen, da die Partizipationsmöglichkeiten in den Interaktionen – im Sinne von: die richtigen Fragen am richtigen Ort zu stellen – deutlich eingeschränkt werden und ein unfreiwilliger Verstoß gegen die Spielregeln der Institution von den Fachkräften als renitentes und damit bewusst widerständiges Verhalten gedeutet werden kann. Die Interviews zeigen, dass eine solche Überforderung die Krise der Arbeitslosigkeit und den Eindruck, von der Arbeitsverwaltung ‚einfach nichts' erwarten zu können, oftmals verstärkt« (Ludwig-Mayerhofer et.al. 2009: 272).

Es müssen sich darüber hinaus nicht mehr alleine die angeblich *faulen* Erwerbslosen rechtfertigen, sondern in zunehmendem Maße auch jene Bevölkerungsgruppen, die bisher durchaus als berechtigte Nutznießer*innen öffentlich finanzierter Daseinsvorsorge galten – etwa Rentner*innen, nicht erwerbstätige Elternteile oder *working poor*-Betroffene (vgl. Lessenich 2008: 119f.). Subjektivität und Individualismus werden also durch die Aktivierungspolitik »im Geiste des Sozialen programmiert« (ebd.: 122). *Wer* für die Herstellung der Gesellschaftlichkeit verantwortlich ist, verschiebt sich auf die Individualebene. Das ist der Kern des aktuellen Klassismus im deutschen Sozialstaat: Die Öffentlichkeit erwartet nicht mehr vom Staat, dass er die Rahmenbedingungen für Normalarbeitsverhältnisse schafft. Vielmehr geht es mittlerweile ausschließlich darum, im Sinne der von Stephan Lessenich als »neosozial« (ebd.: 14) bezeichneten Vorstellung der *Doppelverantwortung* des Einzelnen gerecht zu werden, bei der Erwartungen an den Staat kaum mehr eine ernsthafte Rolle spielen. Wer nicht von seinem Einkommen leben kann, ist selbst schuld und liegt diesem Verständnis nach zugleich der Gemeinschaft *auf der Tasche*. Wo es vorher eine gewisse Mitverantwortung für (unverschuldet *und* verschuldet) in Not geratene Menschen gab und Verunglimpfungen *fauler* Erwerbsloser in eindeutiger Abgrenzung zu den *ehrlichen* Erwerbslosen stattfanden, so gilt die Ablehnung jetzt nahezu allen Formen des Transferleistungsempfangs. Dieser wird seinerseits zu einer Projektionsfläche der ausgeprägten Antipathie für all jene, die Angst vor ihrem eigenen sozialen Absturz verspüren, der in Zeiten der Globalisierung zur allseits vorhandenen Gefahr geworden scheint. Auch in der Verschärfung der Zumutbarkeitskriterien offenbart sich eine offene Klassendiskriminierung. Demnach sind jedem Erwerbslosen nunmehr alle seiner Arbeitsfähigkeit entsprechenden Beschäftigungen zumutbar, soweit *allgemeine oder personenbezogene Gründe* dem nicht entgegen stehen, selbst wenn die neue Beschäftigung unterhalb des ortsüblichen Tariflohns, des bisherigen Qualifikationsniveaus und/oder außerhalb des eigenen Wohnumfeldes angesiedelt ist (vgl. BMWA 2004: 87). Bereits der Begriff enthält eine unmerkliche Widerstandsschranke, weil man sich gegen Zumutbarkeiten generell nicht zur Wehr setzen kann, eben weil sie als zumutbar definiert worden sind (vgl. Legnaro/Birenheide 2008: 54).

Wo der strukturelle Klassismus der *Hartz-Gesetze* noch in einer durch gezielte Propaganda verpackten positiven Sprache verschleiert wird, traten in den medial kommunizierten Begründungen für den sozialpolitischen Paradigmenwechsel partiell erstaunlich offen klassistische Statements zutage. Der damalige Wirtschaftsminister Werner Müller (1998-2002) etwa sprach bereits 1999 von einer »unsozialen Anspruchsinflation« gegenüber dem Staat (zit. n. Flassbeck 2000: 196). Solcherlei Schuldzuweisungen gründen auf der Auffassung, dass die Bundesregierungen allzu lange darauf gesetzt haben, dass der ökonomische Strukturwandel über die bestehenden sozialen Sicherungssysteme abgefedert werden könne. Die dadurch gestiegenen Ausgaben haben demnach die Sozialbeiträge in die Höhe getrieben und insbesondere wenig qualifizierte Arbeit zu teuer gemacht (vgl. Strünck 2005: 41f.). In der zweiten rot-grünen Legislaturperiode war es aus Regierungskreisen vor allem Wirtschafts- und Arbeitsminister (2002-2005) Wolfgang Clement, der unerlässlich die Notwendigkeit betonte, Arbeit billiger zu machen, um Wachstum zu generieren (vgl. Rossum 2004: 47). Unterstützt wurde die Regierung von einflussreichen Wirtschaftswissenschaftler*innen wie dem *Ifo*-Präsidenten Hans-Werner Sinn, der ebenfalls die Senkung der Lohnnebenkosten als Voraussetzung für die Bekämpfung der Erwerbslosigkeit ansieht (vgl. Sinn 2003: 145). Auch die Lohnkosten selbst wurden als zu hoch betrachtet, was sich vor allem in einem zu geringen Lohngefälle bemerkbar mache (vgl. Lessenich 1999: 413). Zielscheibe der Kritik waren zudem die Lohnersatzleistungen (vgl. Sinn et. al. 2002: 3). Deutschland – so Wolfgang Streeck – halte »einen Sozialstaat am Laufen, der vieles vernichtet: Eigeninitiative, Jobs, den Spielraum des Staates für Investitionen« (Streeck/Heinze 1999: 30). Die Bundesregierung nahm diese Argumentation auf und bezeichnete das grundgesetzlich garantierte *soziokulturelle Existenzminimum* als *Sozialhilfefalle* (vgl. Schatz 2002: 160). Florian Gerster (SPD) – ehemals Präsident der Bundesanstalt für Arbeit – forderte eine Abkehr von vermeintlichen Alimentierungstendenzen im Sozialstaat: »Aktivierende Maßnahmen beinhalten zwangsläufig die Abkehr von Versorgungsmentalität, der Abbau negativer Arbeitsanreize ist ohne Leistungseinschränkungen nicht möglich« (Gerster 2003: 236). Wolfgang Clement stimmte im August 2005 gar einen *Klassenkampf-von-oben-Ton* an und bezeichnete Menschen, welche die unter seiner Ägide beschlossenen Gesetze in Anspruch nehmen, als *Sozialbetrüger* und verwendete dabei in einem suggestiven Vergleich den biologischen Begriff *Parasiten* (vgl. BMWA 2005: 10), während der Kanzler in einem Interview mit *Bild* schon 2001 in dieselbe Richtung kampagnierte: »Es gibt kein Recht auf Faulheit in unserer Gesellschaft« (zit. n. Buhr 2003: 157).

Damit ergibt sich in der sozialstaatlichen Institution ein doppelter Klassismus. Einerseits ist der kapitalistische Sozialstaat in sich selbst klassistisch, weil er die Ausbeutung und Unterdrückung der Lohnabhängigen mit einer diffusen Klassenspaltung kombiniert, die zu einer weiteren Diskriminierungsquelle avanciert. Andererseits entsteht im Zuge des neosozialen Sozialstaats-Umbaus der Klassismus sozusagen sozialstaatsintern primär aus dem Bestreben zur Kostensenkung heraus und bedeutet in seiner Konsequenz eine *Enthumanisierung*: Der Mensch wird zum Kostenfaktor reduziert, dem die totale Eigenverantwortung obliegt.

2.2 Delegitimation von Erwerbslosigkeit

Was sich im neuen deutschen Sozialstaatsmodell wesentlich verändert hat, sind damit die Legitimationssemantiken zur Gewährung von Sozialleistungen. Gemeinsinn wird suspendiert und an dessen Stelle treten ökonomische Kategorien wie Kosten, Nützlichkeit, Leistungsgerechtigkeit und Individualismus. Da nach wie vor sämtliche sozialstaatlichen Ausprägungen in der Erwerbsarbeit ihren Fixpunkt finden, lässt sich mithilfe ihrer Thematisierung am ehesten nach Formen der Klassendiskriminierung fahnden. Auch wenn es Darstellungen gibt, die den Abschied von der Arbeitsgesellschaft[15] attestieren, scheint es evident, dass die Rolle der Erwerbsarbeit trotz steigender Arbeitsproduktivität, Pluralisierung und Flexibilisierung von Arbeitsverhältnissen (vgl. Beck 2000: 20ff.) sowohl auf persönlicher, als auch auf struktureller Ebene im Zuge der

15 »Die innere Dynamik der Arbeitsgesellschaft [ist] selbst dafür verantwortlich […], dass ihr die Arbeit ausgeht und sie am Ende zu ihrer Aufhebung führt« (Dahrendorf 1982: 29).

Ökonomisierung keinesfalls an Relevanz verliert. Die Erwerbsarbeit ist als ein Produkt der Industrialisierung

> »grundsätzlich ökonomisch ausgerichtet und ihre Verteilung und Bezahlung regelt der Markt. Sie gilt als Quelle des Wohlstandes und der Zivilität, als Kern menschlicher Existenz und Selbstverwirklichung, als Inbegriff menschlicher Naturbeherrschung und tugendhaften Zusammenlebens« (Hirsch-Kreinsen 2008: 268).

Uwe Schimank und Ute Volkmann konstatieren eine Intrusion[16] der wirtschaftlichen Orientierungslogik in fremde gesellschaftliche Teilsysteme, die damit unter Umständen sogar deren *Eigen-Sinn* in Frage stellen kann (z.B. Kunst, Philosophie) (Schimank/Volkmann 2008: 383f.). Die dominierende wirtschaftliche Logik, aus der die Löhne und die gesellschaftliche Wertschätzung von Arbeit resultieren, scheint sich nicht abzuschwächen. Arbeit bleibt damit ein zentrales Integrations- und Anerkennungsmedium[17], das mit dieser Ökonomisierung noch an Bedeutung gewinnt.

Wenn Arbeit als bedeutender Integrationsmechanismus wirkt, dann muss sie auch das Potenzial für Desintegrations- bzw. Exklusionstendenzen in sich bergen. Wie schon die Marienthalstudie von Jahoda, Lazarsfeld und Zeisel zeigte, folgen aus längerer Erwerbslosigkeit größerer Gruppen verschiedenste Formen der sozialen Verunsicherung und »psychischer Deformation« (Kutsch/Wiswede 1978: 3), die von Resignation bis hin zur Apathie reichen (vgl. ebd.: 2). Für Günter Krehan werden Erwerbslose dabei »als Randgruppe einem Nützlichkeitskriterium unterworfen, das sie als ‚brauchbar' oder ‚nicht-brauchbar' stigmatisiert« (Krehan 1978: 156), welches wiederum in Abhängigkeit zu den vorherrschenden Machtstrukturen steht (vgl. ebd.). Die betroffene Gruppe der Erwerbslosen ist nicht in der Lage, dieser negativen Bewertung dauerhaft Stand zu halten, da die Gruppe in sich dissoziiert und institutionell unterrepräsentiert ist. Die Definition dieses sogenannten ‚Nützlichkeitskriteriums' hängt wesentlich von der gesellschaftlichen Wahrnehmung der Gruppe der Erwerbslosen ab, z.B. in Form von Vorurteilen oder Zuschreibungen und enthält vielschichtige moralische Implikationen. Um diese zu ergründen, sollen im Folgenden drei Legitimationssemantiken für Ungleichheit nach Volkmann eingeführt und erweitert werden. Es gilt also die Frage zu stellen, wie (Erwerbs-)Ungleichheiten (insb. Erwerbslosigkeit) gesellschaftliche Legitimation erfahren und auf welche Weise sie sich im

16 Im Bourdieuschen Verständnis bezeichnet eine Intrusion das (teilweise) Übergreifen der Logik eines sozialen Feldes (etwa: Subsystem) auf ein anderes soziales Feld (vgl. Schimank/Volkmann 2008: 382).

17 Siehe dazu: Honneth 2003 sowie Simmel 1890.

gesellschaftlichen Miteinander in Zuschreibungen, Erwartungen bzw. Erwartungserwartungen[18] gegenüber der Gruppe der Erwerbslosen manifestieren.

Es geht nun um die Frage, nach welchen Kriterien gesellschaftliche Grundressourcen an wen und in welcher Menge verteilt werden. Bei diesen Ressourcen handelt es sich nach John Rawls entweder um Rechte, Chancen bzw. Optionen oder um Vermögen bzw. Verdienst, die sich zudem dadurch auszeichnen, dass sie: *Erstens* von jedem*jeder Gesellschaftsteilnehmer*in für ein sicheres und gutes Leben als vorteilhaft angesehen werden, *zweitens* nicht unbegrenzt verfügbar sind und, *drittens*, der Besitz dieser Güter mit steigender Quantität die erfolgreiche Verfolgung seiner Interessen und Ziele begünstigt (vgl. Boshammer 2005: 48). Zusammen mit den Legitimationssemantiken, also der Frage nach dem *Wie* – den legitimen *Verteilungsregeln* und Wertmaßstäben – der Zuteilung von gesellschaftlichen Gütern und Lasten, bildet die Ordnungssemantik, d.h. die Frage danach, *wer* diese verteilen soll, den Kern der gesellschaftlichen Legitimation und damit indirekt der Institutionalisierung von Ungleichheit (vgl. Volkmann 2006: 50). Soziale Ungleichheit muss also in diesem Sinne als ein strukturelles Phänomen verstanden werden, das die »Besser- bzw. Schlechterstellung von Individuen oder sozialen Gruppen im Hinblick auf die Möglichkeiten des Zugangs zu erstrebenswerten Ressourcen und/oder begehrten sozialen Positionen« (ebd.: 49) impliziert. Per Legitimations- und Ordnungssemantik werden diese Ungleichheiten dann explizit konstituiert und reproduziert (vgl. ebd.: 50).

Die Legitimationssemantiken sind in Abbildung 1 schematisch dargestellt. Auf sie wird im Folgenden im Detail eingegangen. Sie basieren auf Argumentationsweisen, deren bedeutsamste in der modernen kapitalistischen Gesellschaft in die *normativen* und *evaluativen* Legitimationsmuster differenziert werden können. Anhand der Erwerbsarbeitsthematik wird dieses Konzept erweitert und im Hinblick auf das Untersuchungsinteresse angepasst.

---

18 Im Sinne Talcott Parsons' beschreibt die das Prinzip der doppelten Kontingenz die Erwartungserwartung, d.h. die Akteure (Alter und Ego) sind darauf angewiesen, ihr eigenes Handeln von dem zu erwartenden Handeln des Gegenübers abhängig zu machen. Damit ergibt sich Ego stets die Notwendig sein eigenes Verhalten zu reflektieren (vgl. Parsons/Shills 1951: 16).

Abbildung Legitimationssemantiken nach Volkmann

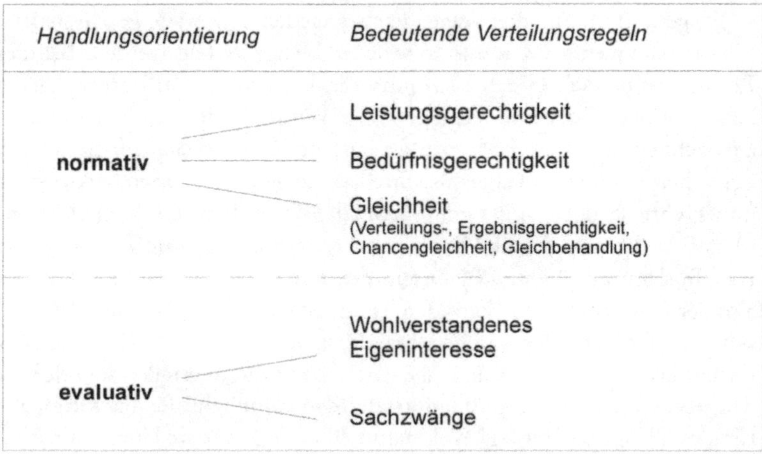

Quelle: Eigene Erstellung nach Volkmann 2006.

Moralisierung von Erwerbslosigkeit

> »*Was mich im Moment am meisten beschäftigt, gut ich bin jetzt seit August Ein-Euro-Jobber, aber wir müssen ja richtig arbeiten und es wird von sehr vielen Leute nicht anerkannt, die sagen uns, was wollt denn ihr, verdient das dicke Geld wir haben gar nichts, wir sind Hartz-IV-Empfänger.*«
>
> Günter aus der Studie von Claudia Schulz (2007: 44).

Die normativen Legitimationssemantiken beziehen sich allesamt auf das *Sollen* der Akteur*innen. Diese Soll-Vorgaben manifestieren sich in der modernen (kapitalistischen) Gesellschaft vor allem in den drei dominanten Verteilungsregeln von *Leistungs-*, *Bedürfnisgerechtigkeit* und *Gleichheit*. Die Maßstäbe dieser Soll-Ansprüche sind abhängig von vorherrschenden Moralvorstellungen, im Besonderen dem sozial vermittelten Gerechtigkeitsempfinden. Es kann hier nicht von einem objektiven und starren Moralkonstrukt ausgegangen werden, weil Inhalt und Relevanz einzelner Wertmaßstäbe stark variieren und in sich eine Emergenz aufweisen. Der Politologe Patrick Sachweh weist in diesem Zusammenhang darauf hin, dass

> »Gerechtigkeitsprinzipien […] notwendigerweise plural [sind], das heißt sie können verschiedene Vorstellungen zum Inhalt haben. Diejenigen Prinzipien, die in der normativen Philosophie wie auch in der empirischen Gerechtigkeitsforschung die größte Aufmerksamkeit erfahren haben, sind Leistung, Bedarf und Gleichheit« (Sachweh 2009: 232).

Diese drei genannten Verteilungsregeln nach *Leistung*, *Bedürfnis* und *Gleichheit* nehmen für die Konstitution von Gerechtigkeitsvorstellungen in modernen Gesellschaften eine zentrale Rolle für die Legitimation von Ungleichheit ein (vgl. Volkmann 2006: 53).

Die *Leistungsgerechtigkeit* fokussiert die individuelle Leistungserbringung als »Zuteilungskriterium für Ressourcen und soziale Chancen« (ebd.). Das Äquivalenzprinzip steht dabei im Vordergrund: Nur wer ein gewisses – entsprechend der gesellschaftlichen Wertmaßstäbe geartetes – quantitatives und qualitatives Leistungsniveau erbringt, habe das legitime Recht auf ein entsprechendes, äquivalentes Pendant in Form von gesellschaftlicher Anerkennung (z.B. Lob, Lohn, Prestige). Die Äquivalenzbeziehungen, die in der kapitalistischen Gesellschaft wirtschaftliche Größen grundlegend konstituieren, erschöpfen sich in ihrer Funktion nicht in reinen Tauschbeziehungen und -medien (vgl. Buß 1985: 105), sondern können vielmehr als »eine Art intersubjektiv verbindliche[...] Norm[19]« (Ganßmann 1996: 165) verstanden werden. Der Wirtschaftswissenschaftler Erich Kosiol bezieht dieses Prinzip auf die erstrebenswerte Entsprechung der Leistung und des Lohns, wobei die ‚gerechte' Lohnhöhe sich sowohl anhand dem qua Leistung erwirtschafteten gesellschaftlichen Ertrag (Output), als auch der persönlichen Anstrengung (Input) bemisst (vgl. Schnellinger 1969: 43). Ersteres steigere somit die Effizienz und Letzteres die »Tendenz zur Leistungsförderung und Arbeitssteigerung« (Kosiol 1962: 39). Das meritokratische Prinzip des äquivalenten Tauschs zwischen Leistung und Belohnung ist also ein wesentliches Konstitut moderner Gerechtigkeitsvorstellungen, auf deren Basis Ungleichheit gesellschaftlich legitim wird: der, der wenig oder gar nichts dessen erbringt, was die Gesellschaft als *Leistung* definiert, sollte aus Gründen des Leistungsprinzips auch entsprechend weniger bzw. keine sozialen Chancen zugeteilt bekommen oder entsprechend mehr soziale Lasten tragen müssen (vgl. Volkmann 2006: 53).

Diese Thematik findet sich schon in dem zweiten Brief Paulus' an die Thessalonicher: »Denn auch als wir bei euch waren, geboten wir euch dieses: Wenn jemand nicht arbeiten will, so soll er auch nicht essen« (Paulus o.A.: Kap. 3). Als Franz Müntefering diese Sätze in klassistischer Wendung (vgl. Schuler 2006) tausende Jahre später in die Arbeitsmarktdebatte einbringt, verlieren sie nicht an Bedeutung, denn nur eine eigens erbrachte Leistung erlaubt die Befriedigung *äquivalenter* (d.h. gesellschaftlich als eben diese definierte) Bedürfnisse und Wünsche. Während die (Arbeits-)Leistung nicht mehr primär der Deckung von Grundbedürfnissen (Essen, Schutz, usw.) dient, äußert sich die äquivalente Gegenleistung – die soziale Belohnung für wertgeschätzte Arbeit – immer öfter auch im Recht und der Option auf Konsum. Die geleistete Arbeit hält das Versprechen für Konsum bereit. Betrifft dies Luxus- oder Prestigegüter, greift diese Logik umso mehr.

Bei der *Bedürfnisgerechtigkeit* richten sich die Verteilungsregeln gesellschaftlicher Ressourcen nach den »sozial zugeschriebenen Bedürfnisse[n], die ein Individuum zur Sicherung eines menschenwürdigen Lebens benötigt« (Volkmann 2006: 53). Die Frage, was ein ‚menschenwürdiges Leben' definiert, steht wiederum im direkten Zusammenhang mit gesellschaftlichen Werten und Normen. Im Mittelpunkt der Bemühungen steht hier insgesamt die legitime Hilfestellung für Bedürftige, die unverschuldet in ihre Lage geraten sind (vgl. ebd.: 54). Bezogen auf die Beziehung zwischen individuell angebotener Erwerbsarbeit und ihrer entsprechenden sozialen Gegenleistung in Form von

---

19 Eine Norm kann in diesem Zusammenhang definiert werden als »sozial sanktionierte reziproke Forderung, auf eine bestimmte Art und Weise zu handeln oder nicht zu handeln« (Tugendhat 1984: 113).

Geld wird dies beispielhaft an der Äußerung Gerhard Schröders im September 2004 deutlich: »Es gibt in Ost wie in West eine Mentalität bis weit in die Mittelschicht hinein, dass man staatliche Leistungen mitnimmt, wo man sie kriegen kann, auch wenn es eigentlich ein ausreichendes Arbeitseinkommen in der Familie gibt«[20]. Diese Aussage impliziert sowohl Aspekte der Bedürfnis-, als auch der Leistungsgerechtigkeit. Erstens sollte bei ‚ausreichendem' Einkommen, d.h. einem den sozial zugeschriebenen, legitimen Bedürfnissen angemessenen Verdienst, das weitere Streben nur dann, zweitens, legitim sein, wenn es dem Äquivalenzprinzip entspricht; die Arbeitnehmer*innen eben keine Leistungen *mitnehmen*, ohne etwas Entsprechendes (d.h. Arbeit) dafür zu geben.

Unter den dominanten Formen der normativen Argumentationsmuster ist darüber hinaus das Prinzip der *Gleichheit* zu nennen. Als *gerecht* gilt eine Verteilungsregel hier, wenn sie gesellschaftliche Ressourcen in Bezug auf ihre tatsächliche Verteilung oder ihre Zugangsberechtigung *relativ* oder *im Ergebnis* gleich zuordnet. Geht es um die *konkrete* Güterverteilung, können sich Ungleichheiten weiter reproduzieren, wenn sie relativ, also im Verhältnis zu einer anderen gesellschaftlichen Größe (z.B. Bildungsstand), verteilt werden (*Verteilungsgleichheit*) oder sich aber nivellieren, wenn der Anspruch besteht, die gesellschaftlichen Gewinne und Verluste zukünftig im Ergebnis gleich zu verteilen (*Ergebnisgerechtigkeit*). Bei Betrachtung der *Zugangschancen* zu Ressourcen verhält es sich ähnlich: Auf der einen Seite steht die Forderung nach »gleichen Ausgangsbedingungen« für alle Menschen einer Gesellschaft zur Erlangung gesellschaftlicher Güter (*Chancengleichheit)*; auf der anderen der Gedanke, dass alle Menschen tatsächlich und im Ergebnis den gleichen Status innehaben sollten – und nicht bloß die gleiche *Chance* auf den Status (*Gleichbehandlung*) (vgl. Volkmann 2006: 54).

Im Hinblick auf das Arbeitstopos betrifft dies vor allem das Legalitätsargument. Die aktuell diskutierte Frauenquote für Führungspositionen verdeutlicht die Forderung nach gesetzlich verankerter Gleichheit in der Arbeitswelt. Vergleichbare Erwerbsleistungen sollten demzufolge nach gleichen Kriterien entlohnt werden oder Arbeitslosenunterstützung entsprechend formal-bürokratisch, personenunabhängig und sachlich erfolgen[21]. Oft gehen mit diesem idealtypischen Bild der (formalen) Gleichheit solche Vorstellungen einher, wie sie etwa in der folgenden Äußerung des Lufthansa-Personalchefs bezüglich der Chancen von Migranten bei der Bewerbung in dem Unternehmen deutlich wird: »Die Chancen sind hervorragend: Die Karrierewege sind identisch.

20 »SPD-Chef Beck löst Anstands-Debatte aus.« Die Welt, 09.06.2006.

21 Anknüpfend daran, siehe auch den Idealtypus der rationalen Herrschaft bei Max Weber. Näheres dazu siehe Rosa et.al. 2007: 57ff.

Jeder hat die gleichen Auswahlverfahren, die gleichen Leistungen im Profil zu erbringen. Deshalb gibt es da keine Ausnahmen« (zit. n. Schulz 2007: 87).

Der Wille zur Erwerbsarbeit

> *»Das habe ich Angst, meine Energie zu verloren. [...] Aber muss man selbst motivieren, weil wenn man diese Motivation verloren, kann der Ziel auch verloren. Und das ist ein bisschen gefährlich. Ich versuche mich zu motivieren immer.«*
>
> Joanna aus der Studie von Claudia Schulz (2007: 87).

Neben den hier skizzierten Formen der normativen Legitimationssemantik können Verteilungen auch qua *evaluativer* Legitimationsmuster gerechtfertigt werden. Evaluative Argumentationen berufen sich sowohl auf die Logik des *Wollens*, als auch auf die des *Könnens*. Darunter lassen sich die Verteilungsregeln zusammenfassen, die nach einer rationalen Komponente für die Legitimation einer Verteilungsentscheidung suchen. Mit dem Hinweis, dass die jeweilige Entscheidung letztendlich für alle – selbst für die Deprivilegierten – von Vorteil sei und indirekt zum Wohle aller beitrage oder in ihrer Alternativlosigkeit nicht diskutabel sei, begründet die evaluative Rechtfertigungslogik die Aufteilung von Ressourcen und die Chancen zu deren Zugang. Wie schon angedeutet, werden soziale Ungleichheiten vor allem durch die folgenden zwei Argumentationslogiken legitimiert, die auf den Rückgriff auf normative Vorstellungen gänzlich verzichten können.

Es kann also an das *wohlverstandene Eigeninteresse* des Einzelnen appelliert werden, bei dem die Handlung sich nicht am normativen Sollen, sondern am *Wollen* der Akteur*innen orientiert. Dieser Wille beinhaltet einerseits das Verfolgen des eigenen Interesses sowie das Erfüllen von Aufgaben im Sinne des Gemeinwohls. Während die Bezugnahme auf das Eigeninteresse nicht ausreicht, um Verteilungsansprüche zu erheben, kann das Gemeinwohl in seiner moralischen Dimension indirekt Eigenansprüche legitimieren mit dem Argument, dass eine bestimmte Verteilungsentscheidung für das Allgemeinwohl von Vorteil sei. Im Unterschied zum Argument der Leistungsgerechtigkeit steht hier jedoch im Vordergrund, dass das Individuum seine eigene Lebenslage durch das aktive Verfolgen eines allgemein anerkannten Ziels (z.B. Erwerbstätigkeit) entscheidend selbst verbessern kann. Wie schon in der theoretischen Hinführung in vorhergehenden Kapitel 2.1 deutlich wurde, knüpft diese allgemeine Legitimationslogik unmittelbar an den Aktivierungsdiskurs an. Die Verlagerung gesellschaftlicher Verantwortung vom Kollektiv hin zum Individuum und der daraus resultierenden impliziten Erwartung (und teils expliziten Aufforderung) an Erwerbslose, ihren Willen zur Erwerbsarbeit immer wieder *aktiv* zu demonstrieren, ist im Hinblick auf das Argument des *wohlverstandenen Eigeninteresses* dann im Sinne eines gut gemeinten Ratschlags (»Das ist das Beste für den Arbeitssuchenden selbst«) zu verstehen. Damit wird die Forderung nach einem tätigen, aus eigenem Willen resultierenden Bemühen um Erwerbsarbeitsaufnahme als gesellschaftlicher Wert etabliert, der per se als *gut und richtig* gilt und dessen Implementierung im Interesse eines jeden Einzelnen geradezu erstrebenswert sein *muss*.

Damit erhöht sich der Druck auf die Erwerbslosen nicht nur vonseiten der Politik und der formellen Instanzen, sondern er reicht weit hinein bis in Freundeskreis und Familie. Die wohlwollende Intention, die dieser Legitimationssemantik zugrunde liegt, stärkt damit paradoxerweise genau die Delegitimation des Phänomens, da den Erwerbslosen eine gewisse Selbstbestimmung aberkannt wird; die Anderen wissen grundsätzlich, was besser für die Erwerbslosen ist und haben auch *in ihrem Sinne* ein legitimes Recht darauf, zu erfahren, wie sie oder er sich aktuell um Arbeit bemüht und ggf. zu bewerten, ob dies den persönlichen *Beratungsstab* zufriedenstellt.

Die *Aktivierung* des*der Einzelnen verstärkt damit den disziplinierenden und subjektivierenden Charakter der kapitalistischen Erwerbsarbeit: Der Mensch muss sich selbst bzw. seine Ressourcen ‚effizienter verwalten'; er muss Unternehmer*in in eigener Sache werden, um Misserfolge zu meiden, weil im gesellschaftlichen Verständnis die Gründe immer weniger in systemischen Ursachen, sondern immer öfter als persönliches Versagen interpretiert werden. Um sich dieser Gefahr persönlicher Abwertung zu entziehen, sieht sich das Individuum einem Aktivierungszwang ausgesetzt, was im Falle der Erwerbslosigkeit besonders entfremdend sowie auch kraftraubend wirken kann. Das Magazin »Focus« schreibt dazu: »Es ist keine ‚soziale Grausamkeit', Menschen zum Tätigsein zu zwingen, sondern Hilfe zur Selbsthilfe« (Tutt/van Ackeren 2010).

Naturalisierung von Erwerbsarbeit

> *»Wenn andere mal über ihre Arbeit gesprochen haben und erzählt haben, was sie da erlebt oder so gemacht haben, konnte ich nie was sagen. Wenn die mich mal gefragt haben, was machst du denn, konnte ich immer nur sagen: gar nichts.«*
>
> Bernd Löffler / Jochen Mariß (1977: 25).

Darüber hinaus enthält die evaluative Logik den *Aspekt des Sachzwangs*, was die Akteur*innen anleitet, sich nach dem Orientierungskriterium des *Könnens* zu richten. Legitimationssemantiken des Sachzwangs beziehen sich auf Strukturen, denen unkritisch begegnet wird und die als unabänderlich gelten. Das Fundament dieser Vorstellung liegt in wissenschaftlich generiertem Wissen, das als *wahr* gilt. Alternativen gelten als undenkbar und würden automatisch und stillschweigend zu einer schlechteren Ausgangssituation führen: »Sich dem Sachzwang zu beugen, ist die beste Handlungswahl« (Volkmann 2006: 56). Die Umstände, die zu einer bestimmten Verteilungsentscheidung führen, erscheinen den Handelnden als naturgegeben und nicht beeinflussbar und rechtfertigen Verteilungsbeschlüsse im Sinne eines *Nicht-Anders-Könnens*. Dem Sachzwang-Argument wohnt dennoch ein defensiver Charakter inne, weil es alleine nicht ausreicht, um Verteilungsansprüche zu erheben (vgl. ebd.).

Auf diesem Wege kommt *dem Markt* im neoliberalen Paradigma ein quasi-natürlicher Charakter zu; eine Alternative ist per se nicht *denkbar*; dem Markt wohnt damit – losgelöst von Interessen und Umsetzung – eine unhinterfragbare Autorität inne. Die marktkoordinierte Erwerbsarbeit nimmt einen zentralen Stellenwert im gesellschaftlichen Leben ein und gilt in ihrer Alternativlosigkeit als *natürlich* und Konstitut für ein *normales* Leben (vgl. Fink 1994: 104). Die enorme Bedeutung von Erwerbstätigkeit für die Konstruktion eines als *normal* und *anständig* geltenden Lebenswegs verschärft sich durch die Gefahr des sozialen Absturzes. »Und je mehr Leute Angst haben, auch arbeitslos zu sein, desto mehr werden sie bereit sein, sich drücken zu lassen. Also sagt man, oh, die Welt ist schlecht, alles ganz gefährlich, pass auf Leute, sonst geht das hier den Bach runter. Und mit den Arbeitslosen hat man das Argument das weiter zu forcieren« (Gerd aus der Studie von Schulz 2007: 82f.). Die Exklusionsgefahr von prekär Beschäftigten wirkt sich nach Castel indirekt disziplinierend und verunsichernd auf die anderen »Gesellschaftsschichten« aus: »Das Risiko der Armut ist jetzt – zumindest gefühlt – auch für den Menschen aus der Mittelschicht eine realistische Bedrohung geworden« (Schulz 2007: 6). Denjenigen, die sich diesem naturgesetzartigen Dogma der Erwerbstätigkeit widersetzen, droht die soziale und materielle Ausgrenzung in Form von Stigmatisierung (z.B. Absprechung geistiger Gesundheit, Intelligenzmangel, Verschrobenheit).

3. Methodische Grundlage und Erkenntnisinteresse

> *»Die Bild-Zeitung ist ein gefährliches politisches Instrument – nicht nur ein stark vergrößerndes Fernrohr in den Abgrund, sondern ein bösartiges Wesen, das Deutschland nicht beschreibt, sondern macht. Mit einer Agenda«*
>
> Judith Holofernes (2011).

Der *Bild*-Zeitung kommt als Medium eine Thematisierungsfunktion zu, die die soziale Wirklichkeit in einer strukturierten Weise erfahrbar macht und den Rezipient*innen in eine medial konstruierte Scheinwelt entlässt, in der gewisse Streitfragen in der Wichtigkeitsagenda auf- und absteigen (Agenda Setting) (vgl. Jäckel 2008: 168f.). Daran anknüpfend, erscheinen die Diskursüberlegungen Michel Foucaults sehr fruchtbar für das Verständnis der Bedeutung von medialen Diskursen für die Konstruktion von Normalität und der sie konstituierenden Werte und Normen. Den Massenmedien kommt eine besondere Macht zu, da sie einen wesentlichen Einfluss auf die öffentliche Meinungsbildung ausüben. Somit wird deutlich, welche gesellschaftliche Relevanz implizite Äußerungen über Legitimationsvorstellungen in den Massenmedien einnehmen.

3.1 Diskurstheoretische Grundlage

Die Kritische Diskursanalyse (KDA) der Duisburger Schule dient dieser Arbeit als methodisches Fundament. Allgemein gründet die KDA auf der neomarxistischen Ideologiekritik im Sinne Louis Althussers und Antonio Gramscis[22]. Kern der Überlegungen ist es, ein kritisches Verhältnis zu Ideologien zu entwickeln und deren Strukturen sowie Meinungshegemonien transparent zu machen (vgl. Titscher et.al. 1998: 179). Auf den Punkt gebracht, versucht jede Kritische Diskursanalyse herauszubekommen, »mit welchen sprachlichen und sonstigen propagandistischen Mitteln Kommunikatoren versuchen, welche Botschaften mit welchen ideologischen Inhalten welchen Zielgruppen möglichst effektiv zu kommunizieren« (Bonfadelli 2002: 56). Es wird davon ausgegangen, dass gesellschaftliche Eliten Ideologien meist über die Massenmedien in Form von Texten und Diskursen nutzen, um ihre privilegierte Position aufrecht zu erhalten und soziale Kontrolle, Dominanz und Macht zur Durchsetzung ihrer eigenen Interessen auszuüben, indem Realitätsvorstellungen geprägt werden, die ihrerseits im Sinne eines sozialen Konstruktivismus wieder das Handeln der Menschen leiten (vgl. ebd.).

---

22 Näheres dazu: Althusser 2010 sowie Gramsci 1986.

Die erkenntnistheoretischen Implikationen dieser Couleur der Kritischen Diskurstheorie verbinden sich zudem mit Foucaults Vorstellung der Macht-Wissen-Beziehung. Foucaults Überlegungen wenden sich gegen ein individualistisches Gesellschaftskonzept, jedoch nicht gegen die Anerkennung des Subjekts. Ihm schwebt vielmehr eine dia- und synchrone geschichtliche Analyse des Subjekts in seinem sozio-historischen Kontext vor (vgl. Jäger/Jäger 2007: 22). Das Individuum agiert durchaus aktiv und schöpferisch, aber mit hoher Wahrscheinlichkeit tut es dies »im Rahmen eines wuchernden Netzes diskursiver Beziehungen und Auseinandersetzungen« (ebd.). Foucaults Schrift *Archäologie des Wissens* aus dem Jahr 1969 legt dabei den Grundstein für die Vorstellung der diskursiven Etablierung von Wissen. Darin wendet er sich entschieden gegen eine lineare Ideengeschichte und sieht das Vorherrschen einer gesellschaftlicher Struktur an »Wissensformationen von Praktiken, Diskursen und institutionellen Komplexen« (Keller 2005: 112) als Ergebnis stetiger gesellschaftlicher Machtkämpfe um die Etablierung des gesellschaftlichen ‚Rechts auf Wahrheit':

> »Es gibt einen Kampf ‚um die Wahrheit', oder zumindest, ‚im Umkreis der Wahrheit', wobei nochmals gesagt werden soll, daß ich unter Wahrheit [...] das ‚Ensemble der Regeln, nach denen das Wahre vom Falschen geschieden und das Wahre mit spezifischen Machtwirkungen ausgestattet wird' [verstehe]; daß es nicht um einen Kampf ‚für die Wahrheit' geht, sondern um einen Kampf um den Status der Wahrheit und um ihre ökonomisch-politische Rolle« (Foucault 1978: 53).

Ein Text stellt dabei keineswegs einen »Schlüssel zu einer dahinter-liegenden bzw. darin beschriebenen historischen Realität« (ebd.: 112f.) dar, sondern ist selbst als Material und Gegenstand der Erzeugung von Wissen zu verstehen. Im Mittelpunkt der Diskursanalyse steht dabei nicht die Anhäufung von Einzelaussagen, sondern die Rekonstruktion sich wiederholender, typischer Diskurselemente (vgl. ebd.: 113). Foucaults Abänderung seines Konzepts zur *Genealogie des Wissens* betont vor allem die Prozesshaftigkeit der gesellschaftlichen Wechselspiele und den Entfaltungsprozess spezifischer Wissenskonstellationen. Der Autor betont die gesellschaftliche Macht, die von Diskursen als Wissensträgern ausgeht (vgl. Jäger/Jäger 2007: 20): Für Foucault gleicht das Macht-Wissen-Verhältnis einem vielschichtigen und unsteten Spiel,

> »in dem der Diskurs gleichzeitig Machtinstrument und -effekt sein kann, aber auch Hindernis, Gegenlager, Widerstandspunkt und Ausgangspunkt für eine entgegengesetzte Strategie. Der Diskurs befördert und produziert Macht; er verstärkt sie, aber er unterminiert sie auch, er setzt sie aufs Spiel, macht sie zerbrechlich und aufhaltsam« (Foucault 1983: 122).

Hier zeigt sich die zugrunde liegende verschränkte Beziehung zwischen Macht und Diskurs, in der Macht durch die langfristige *Anwesenheit* gewisser Inhalte und Argumentationsstrukturen in Diskursen zum Ausdruck kommt, sowie durch das *Fehlen* komplementärer bzw. alternativer Lösungen (vgl. Jäger 2000: 2). Die vermittelten Eindrücke werden sodann institutionell gelenkt und verstärkt (bzw. das Bewusstsein über die *Existenz* alternativer Denkweisen entsprechend geschwächt), sodass sich das Individuum, ausgerüstet mit diesem diskursiv vermittelten und erzeugten Wissensstock, sozial verortet und entsprechend (wenngleich auch nicht deterministisch) agiert (vgl. Jäger/Jäger 2007: 22f.). Diskursen wohnt also eine materielle Eigenschaft inne; sie fungieren als eine soziale »Applikationsvorgabe für Realität« (Jäger 1992: 24) und schaffen dabei selbst eine eigene, manifeste Form von Wirklichkeit.

Die Aufgabe der KDA besteht nun darin, gesellschaftliche Diskurse systematisch und qualitativ im Hinblick auf ihre Erzeugungs- und Repräsentationsmechanismen gesellschaftlicher Machtbildung in Form von Handeln, Denken und Sprache mithilfe eines kritischen linguistisch-sozialwissenschaftlichen Forschungsansatzes zu erklären (vgl. Bluhm et.al. 2000: 5). Durch qualitative Analyse und Positionierung des »Sagbarkeitsfeldes« (Jäger 1992: 8) lassen sich Rückschlüsse auf die zugrundeliegenden Macht- und Hegemonialstrukturen einer Gesellschaft ziehen. Siegfried Jäger, einer der Begründer der Duisburger Schule der KDA, bezieht sich stark auf Jürgen Links Ansatz und verwendet dessen Diskursdefinition. Unter einem Diskurs versteht man demnach »eine institutionell verfestigte Realität, insofern eine solche Redeweise schon Handeln bestimmt und verfestigt und auch schon Macht ausübt« (Link 1983: 60). Diskurse werden »durch das Handeln von sozialen Akteuren ‚real'« (Keller 2010: 205), machen ein bestimmtes Wissen relativ dauerhaft verfügbar; können aber auch der Verfestigung von Wissensinhalten entgegenwirken und dazu führen, dass sich sozial bewährte Deutungsschemata und Ideologien auflösen und als gesellschaftliche »Handlungs- und Deutungsprobleme« offenbaren. Damit Diskurse zur sozialen Realität werden können, müssen Kommunikator*innen auf die zuvor geprägten *Kollektivsymbole* zurückgreifen. Nach Jürgen Link sind Kollektivsymbole »die Gesamtheit der sogenannten ›Bildlichkeit‹ einer Kultur, die Gesamtheit ihrer am weitesten verbreiteten Allegorien und Embleme, Metaphern, Exempelfälle, anschaulichen Modelle und orientierenden Topiken, Vergleiche und Analogien« (Link 1997: 25). Sie enthalten damit das Archiv an Bildern, mit dem sich Menschen ein kollektiv geteiltes Gesamtbild von der Gesellschaft machen, »wie wir sie deuten und – insbesondere durch die Medien – gedeutet bekommen« (Jäger 2009: 133). Ein konkretes Beispiel wäre etwa das Bild *Das Boot ist voll*, welches insbesondere in den 1990er Jahren im Asyl-Diskurs innerhalb von Deutschland symbolisieren sollte, dass das Land aus Sicht der Kommunikator*innen keine weiteren Asylbewerber*innen aufnehmen könne. Bisweilen wurde diese Kollektivsymbolik auch mit dem Bild der *Flut* von Asylsuchenden verwendet, welcher nur mithilfe von *Deichen* in Form von Auffanglagern begegnet werden könne. Ein synchrones System von Kollektivsymbolen bezeichnet Link als »Sysykoll« (Link 1982: 11). Dieses sei

> »*kitt* der gesellschaft, es suggeriert eine imaginäre gesellschaftliche und subjektive totalität für die phantasie. während wir in der realen gesellschaft und bei unserem realen subjekt nur sehr beschränkten *durchblick* haben, fühlen wir uns dank der symbolischen sinnbildungsgitter in unserer kultur stets zuhause. wir wissen nichts über krebs, aber wir verstehen sofort, inwiefern der terror *krebs* der gesellschaft ist. wir wissen nichts über die wirklichen ursachen von wirtschaftskrisen, begreifen aber sofort, daß die regierung *notbremsen* musste« (ebd.).

Diese Grundlage ist deshalb wesentlich, weil Siegfried Jäger davon ausgeht, dass der Diskurs durch ebenjenes Sysykoll überhaupt erst zusammengehalten wird und damit, für die ideologische Inhalte transportierenden Kommunikator*innen, deren Berücksichtigung absolut zentral erscheint.

Jäger erweitert das Konzept nun, indem er dafür plädiert, den Diskurs per se als geregelt zu verstehen, auch wenn der Grad der Strukturiertheit variiert; so enthält auch eine spontane Alltagsunterhaltung signifikantes gesellschaftliches Wissen (vgl. Jäger 2009: 158f.). Entscheidend ist zudem, dass die Entstehung und Bedeutung von Texten nicht auf individueller Ebene verortet wird, sondern vielmehr im Kontext eines »überindividuellen, soziohistorischen Diskurses« (Bluhm et.al. 2000: 3) zu suchen ist. Jäger spricht von *Diskursfragmenten*, die entsprechend ihrer Thematik verschiedenen *Diskurssträngen* angehören. Diese *Diskursstränge* (z.B. der »neoliberale Diskursstrang«) lassen sich wiederum einer *Diskursebene*, also ihrem Wirkungsort (z.B. Politik, Medien, Kunst), zuordnen. Insgesamt ergibt sich aus diesen unzähligen Diskurssträngen auf sozio-historischer Ebene ein »großes wucherndes diskursives Gewimmel« (Jäger 2009: 117) und damit die Richtung des allumfassenden Gesellschaftsdiskurses. Für Siegfried Jäger steht dabei die Frage im Vordergrund, wie in und durch aktuelle gesellschaftliche Diskurse Herrschaftsstrukturen legitimiert werden (vgl. Bluhm et.al. 2000: 2f.). Um die Diskursinhalte greifbar zu machen, sind empirische Untersuchungen von Diskursfragmenten vonnöten. Da es sich dabei um ein Konzept handelt, welches man nicht »einfach so übernehmen und (irgendwie mechanisch) anwenden kann« (Siegfried Jäger, zit. n. Diaz-Bone 2006: 11), wird die Analyse des Fallbeispiels in dieser Arbeit auch keinem statisch vorgegebenen Rahmen folgen.

Insbesondere von konservativer Seite gibt es nicht zuletzt deshalb eine Reihe von Argumenten gegen die KDA, die sich als *Unwissenschaftlichkeitsvorwurf* zusammenfassen lassen und exemplarisch in der Studie des *Instituts für Staats-*

politik (IfS) dargestellt werden können, das als Denkfabrik der sogenannten *Neuen Rechten* gilt und der rechten Wochenzeitung *Junge Freiheit* nahesteht (vgl. Wolf 2000). Unter dem Titel *Kritik als Ideologie* referierte das Kollektiv 2004 etwa, wie der KDA häufig ein Ideologieverdacht entgegengebracht werde, um sie als unwissenschaftlich zu disqualifizieren. Es stellt aber zugleich richtig dar, dass dies argumentativ ins Leere laufe, weil die Initiator*innen der KDA ihre Wertgebundenheit niemals geleugnet haben. Das IfS meint gleichwohl betonen zu müssen, wie wichtig es sei, auf den politischen Hintergrund von Siegfried Jäger und seinen Mitstreiter*innen zu verweisen, »da sowohl im öffentlichen als auch im wissenschaftlichen Diskurs, (vermeintlich) rechten oder gar rechtsextremen Autoren, eine personen- beziehungsweise intentionsunabhängige Kommunikationsbereitschaft mit reinem Themen- oder Sachbezug verweigert wird« (IfS 2004: 18). Eine Kritik, die jedoch in sich selbst den begründeten Verdacht aufkommen lässt, als handle das IfS mit einem Ziel, das hier wiederum nicht explizit benannt wird, nämlich der Durchsetzung einer Abwertung linker Wissenschaftler*innen nur deshalb, weil Forscher*innen (extrem) rechter Gesinnung vermeintlich mit einer Kommunikationssperre versehen werden.

Nicht fundierter ist auch ein weiterer IfS-Ansatz zur Kritik an der KDA. Detailliert wird versucht, den *Rassismus*-Begriff Margarete Jägers zu desavouieren. Was sich über mehrere Seiten erstreckt, entpuppt sich schließlich als einzelner Kritikpunkt, der überdies nicht nur in politisch sehr weit rechts stehenden Kreisen gegen die KDA vorgebracht wird:

> »Der ideologische Charakter der „Kritischen Diskursanalyse" [...] ergibt sich eben nicht aus dem Umstand, daß sie diskursanalytisch oder konstruktivistisch argumentiert, sondern aufgrund der Tatsache, daß hier Diskursanalyse mit neomarxistischem Kritik- und Emanzipationsanspruch amalgamiert wird [...]. Darüber hinaus wird einem naiven Humanismus- beziehungsweise Individualismusideal gehuldigt, welches, würde es ernst genommen, zu unhaltbaren Anforderungen an die Gesellschaft führen müßte« (ebd.: 27).

Ein häufiger Vorwurf gegen kritische Wissenschaftler*innen, dem sich auch die KDA stellen muss. Um für solcherlei Angriffe gewappnet zu sein, erscheint es für diese dementsprechend wichtig, aufgrund der gebotenen wissenschaftlichen Redlichkeit den eigenen Standpunkt immer klar zu benennen.

Kritiker*innen aus den »eigenen Reihen« haben hingegen durchaus berechtigte Einwände gegen die KDA vorgebracht. So soll beispielsweise Alain Sokal verlautbart haben: »Die Erkenntnis, dass alles Text und Konstruktion ist, nützt niemandem, der hungert« (zit. n. Ullrich 2008: 28). Damit wird ein sensibler Punkt der KDA angesprochen. Bisweilen nämlich könnte der Eindruck entstehen, als verfügten Diskursanalytiker*innen über den einzig aussagefähigen Zugang zur sozialen Wirklichkeit. Dem wäre zu begegnen, indem in der bewusst offen gehaltenen Methodik eine intersubjektiv nachvollziehbare quantitative Forschung etwa bei der konkreten Auswahl der Untersuchungsgegenstände angewandt wird, während die spätere Analyse qualitativ vonstatten gehen kann. Damit wäre auch der ebenfalls beliebte Vorwurf gegen die KDA entkräftet, wonach diese Methode allzu sehr auf qualitative Sozialforschung setze und quantitative Aspekte ausklammere.

3.2 Bild: Charakter, Verortung und Forschungsstand

Auch wenn all jene, die sich selbst als intelligent oder intellektuell sehen möchten, ihr stets mit Spott oder gar offener Ablehnung entgegentreten, ist eines ganz gewiss: jede*r, der*die sich in Deutschland nicht gerade im Waldhäuschen verschanzt, kennt *Bild*. Schließlich ist sie nicht nur die auflagenstärkste Tageszeitung der Republik, sondern auch meinungsstark. Aber wirkt sie auch diskursprägend und damit wirklichkeitsverändernd? Hierüber gibt es im Wesentlichen zwei Fronten, die einander deutlich widersprechen. Für die eine Seite ist *Bild* politisch nicht ernst zu nehmen, sondern eher »harmlos-lustig« (Arlt/Storz 2011: 81). Dem widersprechen jene, die in *Bild* eine »Gefahr für die Demokratie« (Jäger 1993: 9) sehen, die relativ erfolgreich »an der Integration (zumindest von Teilen) rechtsextremer Ideologie in die Mitte der Gesellschaft« (ebd.: 12) arbeite und als »fetter Parasit des Journalismus« (Arlt/Storz 2011: 44) bezeichnet werden müsse. Günter Wallraff hat einen erheblichen Anteil daran, dass die Arbeitsmethoden und realpolitischen Zielsetzungen von *Bild* 1977 offengelegt wurden. Damals arbeitete er mehrere Monate lang verdeckt als *Hans Esser* in der *Bild*-Redaktion. In dem Buch *Der Aufmacher* (vgl. Wallraff 1977) veröffentlichte der Journalist seine Recherchen und präsentierte, wie das Medium »lügt, fälscht und verdreht« (Jäger 1993: 14). Viele ziehen den Wert von Wallraffs Arbeit gleichwohl auch heute noch in Zweifel. Während Hans Magnus Enzensberger etwa meint: »Jede Aufklärung über die Bild-Zeitung ist vergeblich, weil es nichts über sie zu sagen gibt, was nicht alle schon wüssten« (Enzensberger 1983), wird der Herausgeber der Zeitschrift *Konkret* noch polemischer, indem er Wallraff unterstellt, er geriere sich mit seiner Enthüllung aus dem Innenleben der *Bild* wie jemand, »der herausgefunden hat, daß nass wird, wer einen Eimer Wasser übern Kopf kriegt, und dafür das Urheberrecht auf die Relativitätstheorie beansprucht« (Hermann L. Gremliza, zit. n. Süselbeck 2003). Eine solche Sichtweise verkennt in aller Gänze, dass es sehr wohl nach wie vor wissenschaftlicher und investigativer Tätigkeiten bedarf, weil *Bild*-Themen breit rezipiert werden und auch demgemäß »ernst zu nehmende« Medien darauf eingehen müssen. So erscheint es notwendig, die hegemoniale Stellung von *Bild* in politisch-gesellschaftlichen Diskursen nicht nur als Alltagswissen ad acta zu legen und jede neue empirische Erkenntnis diesbezüglich als alten Hut zu verspotten, sondern aktiv daran mitzuwirken, die zahlreichen *Bild*-Leser*innen darüber zu informieren, wie sehr es dem Boulevardblatt tagtäglich gelingt, die Hirne der Menschen zu prägen und als Leitmedium »immer wieder die Rolle einer rechtspopulistischen Partei, die im deutschen Politikbetrieb fehlt« (Brauck et. al. 2011: 132), einnimmt.

Bild ist das Aushängeschild des Axel-Springer-Verlages. Sie erschien erstmals 1952 in Hamburg und prägte seither die deutsche Presse wie kaum eine zweite Zeitung (vgl. Pürer/Raabe 1996: 174). Nach anfänglichen Jahren der Orientierung entwickelte die Boulevardzeitung rasch eine klar erkennbare politische Haltung – dem auf jeder Ausgabe unter dem Logo prangenden Selbstverständnis als *unabhängig* und *überparteilich* zum Trotz. Verleger Axel Springer betrachtete es Ende der 1950er Jahre als wichtiges Anliegen, den Dialog zwischen Ost und West über die Wiedervereinigung Deutschlands medial zu befeuern. Für den Verlag bedeutete dies fortan die Übernahme eines obligatorischen Antikommunismus, der mit aggressiven Kampagnen unters Volk gebracht werden sollte (vgl. Schirmer 2001: 51-54). Kombiniert wurde dies mit einer selbst formulierten journalistischen Anspruchslosigkeit. So schrieb Axel Springer 1959 über *Bild*: »Ich war mir seit Kriegsende darüber klar, daß der deutsche Leser eines auf keinen Fall wollte, nämlich nachdenken. Und darauf habe ich meine Zeitungen eingerichtet« (Axel Springer; zit. n. Straßner 2002: 23). Aus einer qualitativen Untersuchung der *Bild*-Zeitung aus den Jahren 1965/66 geht hervor, dass besonders unter *Bild*-Leser*innen das Verlangen »nach einer geordneten, durchschaubaren und begreifbaren Welt« vorherrscht. Die bestehende Angst vor Überforderung fange die *Bild*-Zeitung »in der Funktion von ,Bild' als ordnende und richtende Instanz [auf]. Dank ihrer Autorität nimmt die Zeitung dem Leser das Ordnen, Sichten und Bewerten der Ereignisse, welche die gegenwärtige Welt repräsentieren, ab« (Müller 1968).

Insbesondere während der Studierendenbewegung der sogenannten *68er* fungierte *Bild* in diesem Sinne als eine Art publizistische Gegenwehr zur emanzipatorischen Linken, die sich von den Universitäten aus anschickte, den Kapitalismus zu überwinden. Die sehr aggressive Kampagne gegen Rudi Dutschke beispielsweise fand ihren Höhepunkt Anfang 1968, als *Bild* eine Zielscheibe über ein Foto Dutschkes montierte und unter dem Titel *Stoppt den Terror der Jung-Roten jetzt* schrieb: »Man darf über das, was zur Zeit geschieht, nicht einfach zur Tagesordnung übergehen. Und man darf auch nicht die ganze Drecksarbeit der Polizei und ihren Wasserwerfern überlassen« (zit. n. Koch 2007: 101). Es bedarf wenig Interpretationsleistung, um dies als direkten Gewaltaufruf zu klassifizieren[23]. Als einige Jahre später die Rote Armee Fraktion (RAF) aktiv war, richteten sich die *Bild*-Kampagnen auch gegen bürgerliche Intellektuelle wie Heinrich Böll, den *Bild* mit dem Vorwurf des *Sympathisantentums der Baader-Meinhof-Bande* brandmarkte und gesellschaftlich kaltstellen wollte, weil er 1971 monierte, dass *Bild* in Bezug auf einen Banküberfall die RAF als Täter*innen vermeldeten (»Baader-Meinhof-Bande mordet weiter«), obwohl bis dahin keinerlei Beweise für deren Schuld bekannt waren[24] (vgl. Ibrügger 2008: 161f.). In den folgenden Jahrzehnten sorgten unterschiedliche Schwerpunktsetzungen der jeweils amtierenden Chefredakteure (z.B. *Sex and Crime*, Sport) dafür, dass sich das Blatt teilweise stark veränderte. Was konstant blieb, ist die politische Ausrichtung, welche sich in den 1990er Jahren jedoch durch eine geringfügige »Abkehr vom Haudrauf-Journalismus« (Schirmer 2001: 59) auszeichnete. In der jüngeren Vergangenheit fiel *Bild* politisch vor allem mit der heftigen Bejahung der ebenso klassistischen wie rassistischen Thesen Thilo Sarrazins (2010) und der Unterstützung des, aufgrund seiner in weiten Teilen plagiierten Dissertation, tief gefallenen Karl Theodor zu Guttenberg auf. Eine Konstante bildet das Reiten auf der sozialpolitischen Aktivierungswelle, von der später noch zu reden sein wird.

Die Analyse der Berichterstattung und Rezeption von *Bild* ist also eine wichtige Aufgabe für die Kritische Sozialwissenschaft. Zumal man es obendrein mit einem ökonomisch mächtigen Untersuchungsgegenstand zu tun hat. Der Springer-Konzern verlegt neben *Bild* noch rund siebzig weitere Zeitungen und Zeitschriften mit dazugehörigen Online-Portalen, womit er nach eigener Angabe »etwa 53,1% der Bevölkerung über 14 Jahre« (Axel Springer 2009: 36) erreicht. Allein *Bild* verfügte im dritten Quartal 2011 über eine Auflage von 2,9 Millionen (vgl. Bildblog 2011). Ihre Reichweite wird hingegen im zweistelligen Millionenbereich eingeschätzt, was sich durch die ansteigende Nutzung des Online-Version bestätigen lässt. Nach eigener Darstellung auf der Homepage präsentiert das Nachrichtenportal *Bild.de* »erstklassige[n] Journalismus und innovatives Webdesign« (Bild.de 2007). Mit durchschnittlich knapp über 140 Millionen Abrufen von Onlineinhalten innerhalb eines Monats (vgl. Abb. 2) sei *Bild.de* eine »führende printbasierte

---

23 Am 11. April 1968 schoss dann tatsächlich ein von diesen Kampagnen maßgeblich beeinflusster junger Rechtsextremist Rudi Dutschke mehrmals in den Kopf (vgl. Dutschke 1996: 197-199). Der Protagonist der Studentenproteste überlebte, starb jedoch elf Jahre später an den Spätfolgen des Attentats (vgl. ebd.: 479f.).

24 Eine Jahre währende, erbitterte Auseinandersetzung zwischen dem Literaten und dem Massenblatt entbrannte, aus dem auch Bölls Erzählung *Die verlorene Ehre der Katharina Blum* resultierte.

General-Internet-Site« (ebd.). *Bild.de* beschreibt seine Zielgruppe unter Berufung auf die Arbeitsgemeinschaft Online Forschung (AGOF) folgendermaßen: »66% sind Männer, 67% der User sind 20 bis 49 Jahre alt, 40% haben ein hohes Bildungsniveau (mind. Abitur/Fachabitur), 57% verfügen über ein HHNE[25] von 2.000 € und mehr« (Bild.de o.A.). Die Abbildung 2 zeigt die Jahresbilanz der Informationsgesellschaft zur Feststellung der Verbreitung von Werbeträgern (IVW), in der die durchschnittlichen Seitenbesuche pro Monat der unterschiedlichen Nachrichtenwebsites gemessen wurden. Es zeigt sich, dass *Bild.de* im Jahr 2010 mit 46,3% mehr Seitenbesuchen im Vergleich zum Vorjahr das beliebteste Online-Nachrichtenportal der deutschen Internetnutzer*innen darstellte (vgl. Schröder 2011).

Abbildung 2 Die zehn meistbesuchten Nachrichtenwebsites 2010

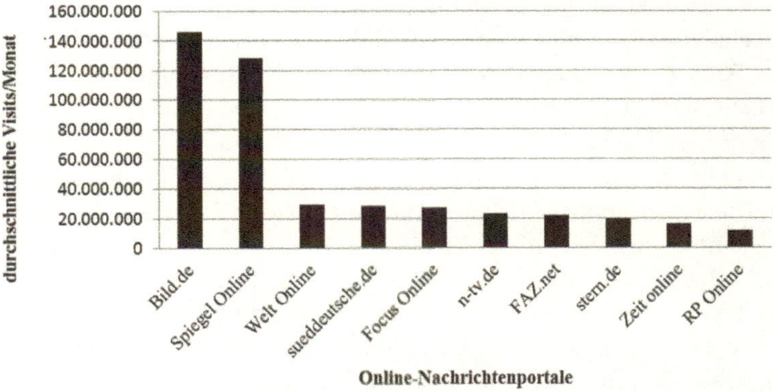

Quelle: Eigene Erstellung nach Schröder 2011.

3.3 Arno Dübel: »Deutschlands frechster Arbeitsloser«

Das Jahr 2010 gebar gleich mehrere medial omnipräsente Sozialstaats-Debatten, die allesamt um die (rhetorische) Frage kreisten, ob der Bezug von ALG II die Anreize zur Aufnahme einer Erwerbsarbeit zum Erliegen bringe. Erst entfachte der damalige FDP-Vorsitzende Guido Westerwelle mit dem Satz »Wer dem Volk anstrengungslosen Wohlstand verspricht, lädt zu spätrömischer Dekadenz ein« (zit. n. Jaschensky 2010) eine andauernde Debatte, bevor der bereits erwähnte damalige Bundesbank-Vorstand Thilo Sarrazin (SPD) mit dem Buch *Deutschland schafft sich ab* ein Werk vorlegte, das nach Einschätzung vieler Wissenschaftler*innen zahlreiche offen sozial-rassistische Passagen enthält (vgl. beispielhaft Foroutan 2010). Ihren realpolitischen Nie-

25 Haushaltsnettoeinkommen (HHNE).

derschlag fanden solcherlei Diskussionen in der Reform des ALG II, im Zuge derer der bis dato im Regelsatz vorgesehene Anteil für Alkohol und Tabak ersatzlos gestrichen wurde.

Inmitten dieses zunehmend rauer werdenden sozialen Klimas innerhalb der veröffentlichten Meinung zog *Bild* in der Print- und der Onlineausgabe gleichermaßen einen Langzeiterwerbslosen zum wiederholten Male über den Boulevard, der beharrlich als »Deutschlands frechster Arbeitsloser« bezeichnet und über das gesamte Kalenderjahr hinweg von dem Springer-Blatt als typischer Sozialleistungsbezieher vorgeführt wurde: Arno Dübel. Seit mehr als dreißig Jahren, so berichtete *Bild*, sei der damals 54jährige nun bereits *arbeitslos* – und das mit voller Absicht, denn, so teilte *Bild* mit, Dübel sei schlichtweg zu faul zum Arbeiten und mache sich mit dem in der *Bild*-Lesart sehr üppigen ALG II auf Kosten der Steuerzahler*innen ein schönes Leben. Eine ausnehmend große Wohnung, reichlich Fernseh-, Zigaretten- und Alkoholkonsum gehören zum von *Bild* gezeichneten Besitz und Charakter des Arno Dübel, ebenso wie wenig körperliche Bewegung, eine schlechte Ernährung, kaum soziale Kontakte, tiefe Augenringe, fehlende bürgerliche Bildung und keinerlei Sozialkompetenz. Der Hamburger, suggeriert *Bild*, verhöhnt obendrein all jene, die einer regelmäßigen Erwerbsarbeit nachgehen und damit auch für seinen diesem Verständnis zufolge unverdienten Lebensstil aufkommen müssen.

37 Artikel[26] veröffentlichte *Bild* im Laufe des Jahres 2010 über Arno Dübel. Ende Januar nahm die Berichterstattung ihren Ausgangspunkt mit einem zur Schlagzeile ausgeweiteten Zitat Dübels: »Ich werde so schnell müde, wenn ich arbeite«. Verbunden mit weiteren Texten wie »Deutschlands frechster Arbeitsloser – so gammelt er sich durch den Tag« (01.02.) stellte *Bild* den Norddeutschen als Mann vor, der »arbeitslos und sogar noch stolz darauf« sei. Was Mitarbeiter*innen der für das ALG II zuständigen *Arge* im Artikel bereits ankündigen, wird tags darauf erneut thematisiert: »Deutschlands frechster Arbeitsloser muss jetzt bügeln«. Widerwillig muss »Deutschlands frechster Faulpelz« nun mangels Krankschreibung eine Bügelkurs-Maßnahme der *Arge* besuchen. Nur einen Tag später, am 03.02., erfolgte ein abrupter Themensprung: »Gar nicht übel! Arno Dübel soll Popstar werden«. Demnach boten zwei Musikproduktionsfirmen dem Erwerbslosen einen Plattenvertrag an, um einen »Arbeitslosen-Rap« einzusingen. Mehrere Redaktionen von Fernsehsendungen wurden nun ebenfalls auf Dübel aufmerksam und luden ihn zu Gesprächsrunden ein. Von diesen Auftritten fertigte *Bild* wiederum Berichte an, die sich dann in Headlines äußerten wie »Arno Dübel: Ich kann

---

26 Alle nachfolgend erwähnten Artikel sind online abrufbar und erscheinen bei der Eingabe der Begriffe »Arno Dübel« in der Suchleiste der *Bild Online*-Homepage.

auf Kommando kotzen!« (12.02.), »Arno Dübel sogar zu faul zum Singen« (15.02.), »So buuuuuhten die Zuschauer Arno Dübel von der Bühne« (09.03.) oder »Arno Dübel verlost iPhone« (03.04.). Wirkung schien die Kampagne ab Ende Februar zu zeigen, als das Amt Arno Dübel laut *Bild* zunächst dreißig Prozent seines ALG II, dann sämtliche Bezüge strich (23.02.: »Schluss mit Freibier und Kippen für Arno Dübel«). Während zwischen März und August nur vereinzelt über Dübels Gesangsauftritte berichtet wurde, verbreitete *Bild* am 09.09. die Botschaft, Arno Dübel könne bald gar sein eigenes Bier verkaufen. Ein Musik-Produzent verlautbarte dabei seinen Plan, ein Dosenbier mit dem Titel »Arnos Dübel« herzustellen. Erst im November rückte wieder Dübels Langzeiterwerbslosigkeit in den Mittelpunkt der *Bild*-Berichterstattung. So wurde am 06.11. vermeldet: »Arno Dübel kassiert wieder volle Stütze«. Noch am gleichen Tag meldete *Bild* jedoch: »Schluss mit Stütze nach 36 Jahren«, worauf am 24.11. der vorläufige Tiefpunkt folgte: »Arno Dübel fliegt aus seiner Wohnung«. Als Konsequenz berichtete das Boulevardmedium zwei Tage darauf, der Erwerbslose sei sich zu schade für ein Ehrenamt und wolle nicht einmal Hundesitter im Tierheim werden. Als letzter Akt der Arno-Dübel-Kampagne durch *Bild* im Jahr 2010 firmiert im Dezember die Mallorca-Episode. Zunächst bot der bereits mehrfach in Erscheinung getretene Musik-Produzent dem Hamburger an, seine Schulden zu bezahlen, wenn dieser auf Mallorca kellnerte (01.12.). Berichten über einen tätlichen Angriff auf Dübel (09.12.) folgten weitere über seine Neben-Jobs auf der Insel (09.12.), seine Versuche, Auto zu fahren (10.12.), eine Kurzzeit-Liaison mit einer deutschen Kellnerin (13.12. und 14.12.) und eine Zusammenfassung seiner Woche auf Mallorca (16.12.).

In jedem der Artikel finden sich klassistische Äußerungen in unterschiedlicher Form. Wie bereits erwähnt, wird darin vorrangig versucht, einen *Arbeitslosen* zu konstruieren, der sich dem Leistungsdiskurs bewusst entzieht, um es sich in der so genannten *sozialen Hängematte* gemütlich zu machen. Eine Methode, die darauf abzielen könnte, über die moralische Komponente die Emotionen der Leser*innen anzusprechen und damit die Auflage bzw. die Klickzahlen zu steigern. Diese Darstellung durch die Artikel selbst wird hier jedoch außer einer kurzen Inhaltsangabe der untersuchten Texte nicht mehr näher thematisiert, sondern vorausgesetzt. Stattdessen geschieht im Folgenden eine Konzentration auf die Wirkung dieser Berichterstattung, die sich in den unterhalb der online verfügbaren Artikel befindlichen Leser*innenkommentaren untersuchen lässt. Denn das Erfolgsgeheimnis dieser *Bild*-Strategie besteht nicht in einer Professionalisierung der Vermarktung eines typischen Erwerbslosenschicksals, sondern in der Überzeichnung von Grundhaltungen, die die (Vor-)Urteilsstruktur der *Bild*-Leser*innen bedient. Demgemäß erscheint es interessant, einen genaueren Blick auf deren Kommentare zu werfen. Diese können bei *Bild.de* anonym abgegeben werden. Es ist jedoch eine Registrierung als User erforderlich, die über eine funktionierende Email-Adresse bestätigt werden muss. Als Richtschnur soll die *Netiquette* fungieren, die Regeln des Umgangstons festlegt. Demnach sollen sich die *Bild.de*-Nutzer*innen an »Respekt und Höflichkeit« (o.V. 2011) halten. Darüber hinaus kündigt die Redaktion hier an, diskriminierende Kommentare nicht zuzulassen: »Es werden keine Beiträge toleriert, die andere wegen ihres Geschlechts, ihres Alters, ihrer Sprache, ihrer Abstammung, ihrer religiösen Zugehörigkeit oder ihrer Weltanschauung diskriminieren oder gegen Gesetze verstoßen. Entsprechende Einträge und Userprofile werden umgehend gelöscht« (ebd.). Ebenso unerwünscht seien »Beschimpfungen« (ebd.) und »anstößige Inhalte« (ebd.). Die Frage, ob sich *Bild.de* an die selbst formulierten Richtlinien hält, soll nun am Fall Arno Dübel untersucht werden.

Zwei der drei in dieser Studie behandelten *Bild.de*-Artikel (»Schluss mit Stütze nach 36 Jahren« und »Arno Dübel fliegt aus seiner Wohnung«), die sowohl online, als auch in Printform erschienen sind, stammen von dem *Bild*-Redakteur Markus Arndt; bei dem dritten Artikel (»Arno Dübel auf Mallorca angegriffen«) fehlt die Angabe eines*einer Verfassers*Verfasserin (vgl. A7-A9). Die Header der drei ausgewählten Artikel sind in Abbildung 3 dargestellt.

Abbildung 3 Header Bild-Artikel zu Arno Dübel

Quelle: Bild.de 2010: Schluss mit Stütze nach 36 Jahren, Arno Dübel fliegt aus seiner Wohnung, Arno Dübel auf Mallorca angegriffen. Links: http://www.bild.de/news/2010/news/nach-36-jahren-schluss-mit-stuetze-14553482.bild.html,http://www.bild.de/regional/hambu rg/hamburg-regional/wegen-mietschulden-aus-seiner-wohnung-14774184.bild.html, http://www.bild.de/regional/hamburg/hamburg-regional/auf-mallorca-von-rentnerin-angegriffen-worden-14996180.bild.html, Abrufdatum: 15.04.2011.

Der erste Artikel »Schluss mit Stütze nach 36 Jahren« vom 06.11.2010 handelt von dem Beschluss der Arbeitsagentur, Arno Dübel sämtliche Bezüge aufgrund seines fehlenden Nachweises über Zusatzeinkünfte durch seine

Auftritte in TV-Shows und der Vermarktung seines neuen Liedes zu streichen. Dübel wendet ein, dass er nur wenig Geld (»bloß 47,96 Euro«: zit. n. Arndt 2010, Nr. 25) dazuverdient habe. An seine Arbeitshaltung wird durch Dübels Sprüche aus dem Frühjahr erinnert: »Arbeit ist doch scheiße. Wer das macht, ist blöd« (zit. n. Arndt 2010, Nr. 27).

Im zweiten Bild-Artikel »Arno Dübel fliegt aus seiner Wohnung« vom 24.11.2010 geht es um ein Räumungsurteil des Amtsgerichts Wandsbek, welches besagt, dass Arno Dübel wegen Mietschulden seine Wohnung aufgeben soll. Die Einstellung der Zahlung des ALG II aufgrund seiner fehlenden Auskünfte über Zusatzeinkommen (siehe Artikel »Schluss mit Stütze nach 36 Jahren«) stellt Dübel vor die Schwierigkeit, seinen Mietverpflichtungen nachzukommen. Zudem suggeriert der Artikel, dass Arno Dübel moralisch nicht integer sei, was sich in Begriffen wie »Gejammer, [...] falsche[n] Tränen« (Arndt 2010, Nr. 27) zeigt, und durch seine ablehnende Haltung zu jeglicher Form von Erwerbsarbeit keine Aussichten auf ernsthafte Jobbemühungen des Erwerbslosen bestünden: »[...] verweigert seit 36 Jahren jeden Job« (ebd.).

Um einen tätlichen Angriff auf Arno Dübel geht es in dem dritten behandelten Artikel »Arno Dübel auf Mallorca angegriffen« vom 09.12.2010. Nachdem sie Arno Dübel erkannt habe, attackierte eine Rentnerin Arno Dübel unter Beschimpfungen auf offener Straße: »Du Schwein, du verprasst hier mein Geld« (zit. n. Arndt 2010, Nr. 31). Dübels Musik-Produzent habe Arno Dübel vor den Tritten der Frau geschützt. Nachdem der Erwerbslose sich von der Aufregung (»Dübel geschockt und weinend«) erholt habe, stünden schon die nächsten Aufnahmen für sein Musikvideo auf dem Plan (vgl. ebd.).

3.4 Relevanz und methodische Überlegungen

Nachdem ein kurzer inhaltlicher Überblick über die den Leser*innenkommentaren zugrundeliegenden *Bild*-Artikel gegeben wurde, soll in diesem Kapitel die Artikelauswahl methodisch erläutert werden. Ausgegangen wurde von einem Datenkorpus mit insgesamt 37 Artikeln aus dem Zeitraum 01.01.2010 bis 31.12.2010. Der Untersuchungszeitraum von Januar bis Dezember soll dazu beitragen, saisonale Schwankungen (z.B. das journalistische *Sommerloch*) nicht zu stark ins Gewicht fallen zu lassen. Die Artikel wurden im Online-Archiv der *Bild*-Zeitung unter dem Suchbegriff »Arno Dübel« gefunden. Dabei wurde absichtlich auf andere Suchbegriffe verzichtet, die eine Wertung implizieren könnten. Es zeigte sich auch, dass Arno Dübel in jedem Artikel bei seinem vollen Namen genannt wird und somit eine weitgehend vollständige Auswahl nach dem genannten Suchkriterium gegeben ist. In der Abbildung 4 lässt sich erkennen, in welchen Monaten wie viele *Bild-Online*-Artikel über Arno Dübel mit welcher (Wort-)Länge erschienen sind. Es ist deutlich erkennbar, dass das Interesse an dem Fall in den Wintermonaten (Februar, Dezember) am höchsten ist und zum Sommer hin abflaut. Hier wäre es interessant zu untersuchen, inwiefern diese Schwankungen möglicherweise zeitlich mit Debatten zur Hartz-IV-Thematik in der Politik parallel auftreten.

Abbildung 4 Länge und Erscheinungszeitraum der Artikel

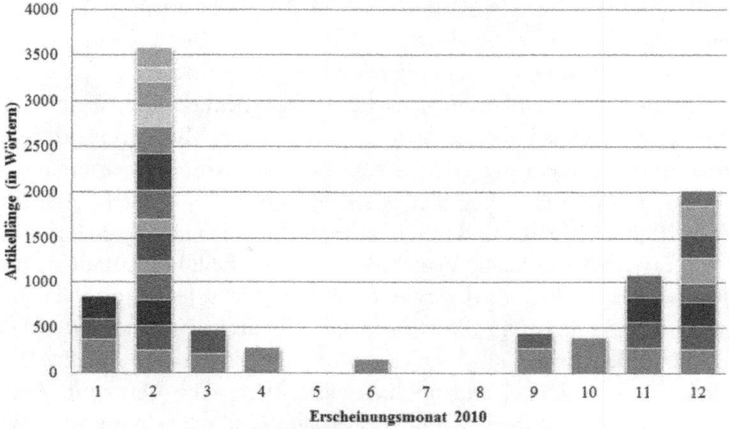

Quelle: Eigene Erstellung.

Zwecks quantitativer Eingrenzung des Datenmaterials wurde die Anzahl der Facebook-Likes[27] gezählt und verglichen. Da es hier nicht möglich ist, direkt auf die Klickzahlen der einzelnen Seiten zuzugreifen, soll dieses Kriterium als Anzeiger für die besondere Relevanz eines Artikels verstanden werden. Dabei ist klar, dass die Internetplattform nicht als Grundgesamtheit aller Internetnutzer*innen in Deutschland zu verstehen ist, da nur eine gewisse Zielgruppe dieses Forum nutzt. Dennoch soll dieses Kriterium hier annähernd verwendet werden. Zur Ermittlung der Anzahl der Facebook-Likes, die jeweils unten auf der Artikelseite vermerkt sind, wurde der Erhebungszeitraum auf einen Tag und einen kurzen Zeitraum[28] (eine Stunde) festgesetzt, um eine Vergleichbarkeit zu ermöglichen. In der Tabelle 1 sind alle Artikel mit ihren Facebook-Likes aufgelistet.

27 Bei dem sozialen Netzwerk *Facebook* besteht die Möglichkeit, einen »Gefällt-Mir-Button« (»Like«) zu betätigen.

28 Die Erhebung fand am 11.01.2011 von 14:00 Uhr bis 15:00 Uhr statt.

Tabelle 1 Auflistung der Arno Dübel-Artikel aus dem Zeitraum 01.01.2010-31.12.2010

Erhebungs-nr.	Datum	Nr.	Titel	Facebook-vermerke
1	29.01.10	1	„Ich werde so schnell müde, wenn ich arbeite“	345
2	30.01.10	1	Hartz IV soll die Schwachen schützen – auch vor den Faulen!	0
3	31.01.10	1	So gammelt er sich durch den Tag	309
4	01.02.10	1	Deutschlands frechster Arbeitsloser muss jetzt arbeiten	0
5	01.02.10	2	Deutschlands frechster Arbeitsloser wird Chef-Sache!	0
6	02.02.10	1	Deutschlands frechster Arbeitsloser muss jetzt bügeln	0
7	02.02.10	2	Wie krank ist Deutschlands frechster Arbeitsloser wirklich?	0
8	03.02.10	1	Arno Dübel soll Popstar werden	0
9	05.02.10	1	Schlimmer Pöbel-Anfall bei Kerner	88
10	06.02.10	1	Druck kann auch Hilfe sein	0
11	06.02.10	2	„Ein tödliches Beispiel für arbeitslose Jugendliche“	0
12	12.02.10	1	Arno Dübel: Ich kann auf Kommando kotzen	0
13	15.02.10	1	Arno Dübel sogar zu faul zum singen	22
14	18.02.10	1	Bringen Jacob Sisters Arno Dübel zum Singen?	0
15	19.02.10	1	Dübel übt für seinen ersten Auftritt	0
16	20.02.10	1	Amt kürzt Arno Dübel die Stütze um 30%	29
17	23.02.10	1	Schluss mit Freibier und Kippen für Arno Dübel	413
18	08.03.10	1	Deutschlands frechster Arbeitsloser singt jetzt	0
19	08.03.10	2	So buuuuuhen die Zuschauer Arno Dübel von der Bühne	0
20	03.04.10	1	Arno Dübel verlost iPhone	22
21	21.06.10	1	Staatsanwaltschaft ermittelt gegen Arno Dübel	71
22	06.09.10	1	Arno Dübel kassiert wieder volle Stütze	893
23	08.09.10	1	Verkauft er bald sein eigenes Bier?	772
24	29.10.10	1	Arno Dübel auf Geschäftsreise – er will Bier auf Malle verkaufen	578
(1) 25	**06.11.10**	**1**	**Schluss mit Stütze nach 36 Jahren**	**2122**
26	08.11.10	1	Jetzt bettelt Arno Dübel wieder um Stütze	564
(2) 27	**24.11.10**	**1**	**Arno Dübel fliegt aus seiner Wohnung**	**1911**
28	26.11.10	1	Wird Arno Dübel jetzt Hundesitter?	117
29	01.12.10	1	Mallorca-Manager will seine Schulden zahlen	536
30	08.12.10	1	Arno Dübel jetzt Gastarbeiter auf Mallorca	409
(3) 31	**09.12.10**	**1**	**Arno Dübel auf Mallorca angegriffen**	**1345**
32	10.12.10	1	Ohne Führerschein! Jetzt fährt Arno Dübel auch noch Auto	62
33	12.12.10	1	Arno Dübels heißer Flirt mit Kellnerin Katja auf Mallorca	421
34	13.12.10	1	Arno Dübel weint bei Abschied von Mallorca-Katja	126
35	15.12.10	1	So lief Arno Dübels irre Malle-Woche	50
36	16.12.10	1	Nachahmer wollen Kasse mit Arno Dübel machen	18
37	29.12.10	1	Arno Dübel soll beim Grand Prix für Österreich singen	328

Quelle: Eigene Erstellung,

Link: http://www.bild.de/suche.bild.html?type=article&query=arno+d%C3%BCbel Abrufdatum: 10.01.2011

Die drei meistbewerteten Artikel (Nummer 25, 27 und 31) verfügten zusammen über 934 Leser*innenkommentare. Um keine starre Auswahl zu treffen (z.B. nur die ersten 50 Kommentare), das Datenmaterial aber dennoch weiter zu reduzieren, wurden im Anschluss die Kommentare herausgefiltert, die noch am Erscheinungstag des entsprechenden Artikels von den Leser*innen veröffentlicht wurden. Somit reduzierte sich das Material noch einmal von 934 auf 572 Kommentare (-39%). In der Abbildung 5 sind die einzelnen Auswahlstufen noch einmal systematisiert dargestellt.

Abbildung 5 Methodisches Vorgehen

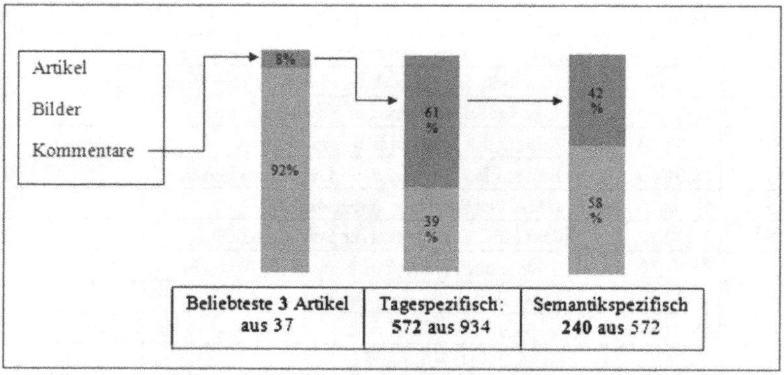

Quelle: Eigene Erstellung.

3.5 Empirisches Erkenntnisinteresse

Wie schon erläutert, soll es nun darum gehen, den Arbeitslosigkeitsdiskurs im Rahmen von Alltagsäußerungen (hier: Leser*innenkommentaren) in seinen Argumenten zu identifizieren und damit eine kritische Reflektion und Auseinandersetzung mit dem Phänomen zu ermöglichen. Im Folgenden soll das Forschungsinteresse konkretisiert und in der folgenden Forschungsfrage zusammengefasst werden: *Wie argumentieren Bild-Online-Leser*innen im Hinblick auf Legitimationssemantiken von Erwerbslosigkeit in der Debatte um Arno Dübel im Jahr 2010?*

Die bereits vorgestellten Legitimationssemantiken geben dabei Aufschluss darüber, in welcher Weise Erwerbslosigkeit und die damit verbundene Zahlung insbesondere von ALG II als legitim oder illegitim empfunden werden. Diese Entscheidung rekurriert auf normative und evaluative Vorgaben. Die Anerkennung der Legitimität der individuellen Erwerbslosigkeit erfolgt nach den in Tabelle 2 systematisierten Legitimationsgrundlagen. Es werden dort noch einmal die im zweiten Kapitel gewonnen Erkenntnisse zusammengetragen und durch Beispielsätze thematisch ergänzt.

Tabelle 2 Legitimationssemantiken

Handlungs-orientierung	Semantik	Anknüpfungspunkte	Arbeitslosigkeit (*Beispielsätze*)
Sollen	Leistungs-gerechtigkeit	Gerechte Lohnhöhe Arbeit soll entsprechend der Leistung entlohnt werden.	»Ohne triftigen Grund keiner Arbeit nachzugehen ist asozial.« »Wer nichts leistet, d.h. keiner Erwerbsarbeit nachgeht, der soll auch nichts bekommen.« »Leistungsverweigerer liegen der Allgemeinheit auf der Tasche.«
	Bedürfnis-gerechtigkeit	legitime Hilfe für unverschuldet Bedürftige »menschenwürdiges« Mindestmaß an Versorgung	»Jemandem, der nicht arbeitet, soll nur eine minimale Grundsicherung zustehen.«
	Gleichheit	Gerechtigkeit in Form von relativer oder ergebnisorientierter Verteilungs- oder Chancengleichheit	»Gleichartige Leistungen sollen qua relativ (bzw. absolut) gleichen Chancen (bzw. Verteilungen) anerkannt werden.« »Ressourcen sollen so verteilt werden, dass gleiche Leistungen verschiedener Personen nach gleichen Maßstäben belohnt werden.«
Wollen	Wohlverstanden es Eigeninteresse	Selbstschädigung vermeiden durch Aktivierung im Sinne des Gemeinwohls	»Das ist nur in ihrem/seinem eigenen Interesse, dass sie/er sich aktiv in den Arbeitsmarkt integriert.«
Können	Sachzwang	Erwerbsarbeit als ‚Normalitätsnorm' Naturalisierung von Erwerbsarbeit Projektion struktureller Ungleichheit auf persönliche Ebene	»Erwerbsarbeit gehört zum Leben.« »Es ist selbstverständlich und normal, einer Erwerbsarbeit nachzugehen. Wer dies ohne ‚legitime' Gründe (z.B. Kindererziehung, Krankheit) nicht tut, ist ein Sonderling.« »Wie, du arbeitest nicht?!«

Quelle: Eigene Erstellung in Anlehnung an Volkmann (2006: 64).

Die auf den Legitimationssemantiken basierenden Beispielaussagen sind nur zur Verdeutlichung der jeweiligen Kategorie zu verstehen und können jeweils auch an andere Thematiken anknüpfen oder in komplementärer Argumentation verwendet werden. Meist sind sie beispielhaft in ihrer negativen Form formuliert. So kann etwa zur Kategorie Leistungsgerechtigkeit parallel zum Beispielsatz »Jemandem, der nicht arbeitet, steht nichts zu, noch nicht einmal Wohnraum oder Nahrung« die Ansicht entgegen gehalten werden, dass jedem Menschen unabhängig von seiner Leistung eine Grundsicherung zustehe. Beide Ansichten lassen sich der Argumentationslinie der Leistungsgerechtigkeit zurechnen, führen aber zu entgegengesetzten Konsequenzen: Im ersten Fall stehen den Nicht-Erwerbstätigen keine staatliche Hilfe und Unterstützung zu; im anderen Fall ist es die Pflicht des Staates, jedem Menschen ein (zu definierendes) Existenzminimum zu ermöglichen.

4. Legitimationssemantiken für Arbeitslosigkeit

»Bei der ungeheuren Beschleunigung des Lebens wird Geist und Auge an ein halbes oder falsches Sehen und Urteilen gewöhnt, und jedermann gleicht den Reisenden, welche Land und Volk von der Eisenbahn aus kennenlernen.«

Friedrich Nietzsche (2000: 231).

Im Folgenden werden die *Bild-Online*-Leser*innenkommentare im Hinblick auf die vorgestellten Legitimationssemantiken (hier zusammengefasst in drei Kategorien) geprüft und analysiert. Exemplarisch werden dabei einzelne Aussagen vorgestellt, da eine erschöpfende Behandlung im Rahmen dieser Arbeit nicht möglich ist. Die Kommentare wurden dabei auf signifikante Argumentationsstrukturen sowohl hinsichtlich der Verteidigung Arno Dübels Lage (Legitimation), als auch bezüglich der Absprechung des legitimen Rechts auf staatliche Hilfe für Arno Dübel (Delegitimation) begutachtet.

4.1 Moralisierung von Erwerbsarbeit: »Wie die Made im Speck«

Leistungsgerechtigkeit »Hartz IV niemals ohne Gegenleistung«

Die meisten Zuordnungen (etwa ein Fünftel) der Legitimationssemantiken im untersuchten Material entfallen auf die Semantik *Leistungsgerechtigkeit*. Bei Betrachtung der legitimierenden Semantiken zeigt sich, dass diesen quantitativ eine viel größere Anzahl an delegitimierenden Semantiken gegenübersteht. Es handelt sich dabei um 110 Kommentare, die der Semantik der Leistungsgerechtigkeit zugeordnet wurden (vgl. A1). 10 Leser*innen (≈9 Prozent) sehen Arno Dübel in einer legitimen Position, während die große Mehrheit (96 Kommentare, ≈87 Prozent) seine staatliche Unterstützung als illegitim einschätzt (vgl. Abb. 6).

Abbildung 6 Leistungsgerechtigkeit

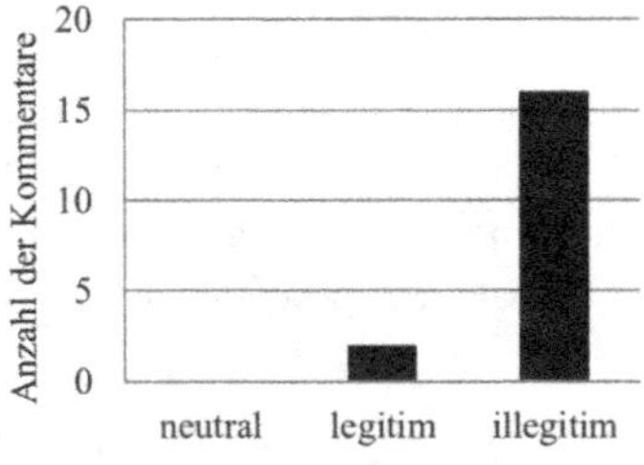

Quelle: Eigene Erstellung.

Legitimation von Arno Dübels staatlicher Unterstützung

Erstens wird argumentiert, dass durch viele Abgaben (Steuern, Krankenversicherung, Benzinpreis und Preissteigerungen von Nahrungsmitteln) der *kleine Mann* nichts sparen könne, und es daher nachvollziehbar sei, dass Arno Dübel nicht arbeiten möchte. Nur eine Verbesserung der Lebens- und Arbeitsbedingungen für die einfachen Arbeiter*innen könne dieser Misere Abhilfe verschaffen (vgl. 27, 273)[29].

> »Arbeit lohnt sich heut fast wirklich nicht mehr. Dass was der kleine Mann dann noch übrig hat, nimmt ihm der Staat dann auch noch. [...] Der Staat sorgt halt dafür, das der kleine Mann auch gar nicht dazu kommt, auch nur ein paar Märkerchen beiseite zu legen. Das Herr Dübel dann der Meinung ist, wenn sich arbeit nicht lohnt kann ich auch mit dem Bobbelszu hause bleiben, kann ich dann auch sehr gut nachvollziehen. Es ist eine Schande, was hier in Deutschland abgeht.Und gerade Menschen im Niedriglohnsektor sind dann wirklich die Deppen der Nation, die vom Staat auch nur so richtig vorgeführt werden« (27, 273).

Dem Staat wird wiederholt vorgeworfen, den *kleinen Mann* vorzuführen und die *Leistungsträger*innen* zu überlasten. Als Diagnose daraus folgt, dass sich Arbeit nicht mehr lohne (vgl. 27, 323; 27, 329; 27, 159; 27, 198) und daher die Gegenleistung – Lohn für erbrachte Arbeit – nicht angemessen sei, also dem Äquivalenzprinzip quantitativ nicht genüge. Arno Dübels offene Arbeitsverweigerung sei daher verständlich und beruhe auf dem Fehlverhalten der Regierung:

> »Arno hat Recht mit dem was er gesagt hat. Die Dummen sind die, die Arbeiten gehen und sich vom Staat ausnehmen lassen. Der Deutsche lässt sich halt viel zu viel von der Regierung gefallen« (27,323).

> »wo lohnt sich Arbeit noch? Wenn ich eine 40 Std Woche habe und dann noch mit H4 aufstocken muß , wenn ich Pech habe nur knapp 100€ mehr habe als ein H4ler, dann ist dies mehr als bedenklich. Das liegt dann aber keines Falls daran das die H4 Sätze zu hoch sein. Nein die Löhne sind zu niedrig. Der Mensch muß von seiner Arbeit leben können« (27, 198).

Neben der Klage über ein zu geringes Lohnniveau kommt zudem die Beschwerde auf, die Renten fielen zu gering aus (vgl. 27, 329). In diesem Zusammenhang wird auch die Forderung nach Mindestlöhnen erhoben (»Jeder muß einen gerechten Lohn erhalten, vom dem er auch leben kann«: 27, 159), damit die gegen Gehalt getauschte Erwerbsarbeit im Sinne des Äquivalenzprinzips *gerecht* entlohnt und damit Hartz IV als *soziale Hängematte* unattraktiv werde.

---

29 Ab hier wird folgende Zitierweise für die erhobenen Daten verwendet: Artikel, auf den sich der Kommentar bezieht, Nummer (siehe Anhang A2 bis A6).

Andere Leser*innen geben zu verstehen, dass der Fall Arno Dübel im Hinblick auf andere Akteur*innen zu vernachlässigen sei. Arno Dübel sei der »kleinste Fisch der Schmarotzer« neben den Banken, Politiker*innen, Beamt*innen und Manager*innen (vgl. 27, 295; 27, 303). Daher solle man Nachsicht walten und Arno Dübel gewähren lassen:

> »das, was an Herrn Dübel gezahlt wird [sind] Peanuts.Politiker, Beamte hängen auch ein Leben lang am Tropfe des Steuerzahlers. Im Gegensatz zum Otto-Normal-Bürger brauchen diese nicht für ihren Lebensabend vorsorgen. Bankmanger bekommen dafür, das sie Mist bauen, Milliionen als Abfindung in den Bobbels geschoben, alles auf Kosten des Steuerzahlers. Während der Otto-Normal-Bürger, wenn der in einer Firma Mist baut immer leer aus geht. Bei Arbeitslosigkeit auch noch eine Sperrre bekommt. Hier wird immer mit zweierlei Maß gemessen.Aber an die Großen Schmarotzer traut sich ja keiner ran. Man könnte ja das Nachsehen in der Gesellschaft haben« (27, 249).

Hier wird deutlich, dass zwar Arno Dübels Verhalten an sich dem Leistungsprinzip zuwider läuft, aber sich im Gegensatz zu den anderen Akteur*innen – besonders häufig genannt: Banken – in der unterlegenen Machtposition befinde und daher seine Position weniger negativ bewertet wird. Die Schuld wird hier auch dem Staat zugeschrieben, der nicht gegen diese »Großen Schmarotzer« (27, 249) vorgeht:

> »die Kleinen schnappt man und die Großen lässt man laufen !! Und die Kleinen sind fertig für ihr ganzes restliches, armseliges Leben, und die Großen kriegen noch Millionen-Abfindung und dürfen den Staat GANZ LEGAL bescheißen !!!« (27, 309).

Zudem tauchen noch zwei weitere Aspekte auf, mit denen im Hinblick auf das Leistungsprinzip Partei für Arno Dübel ergriffen wird. Einerseits werden Arno Dübels Leistungs*fähigkeit* und eine böse Absicht des konkreten Staatsbetrugs (siehe im nächsten Gliederungspunkt) in Frage gestellt, insofern als dass spekuliert wird, ob er körperlich und psychisch krank ist und »nicht mehr anders kann« (27, 122). Anknüpfend an den Aspekt der Bedürfnisgerechtigkeit solle daher nicht erwartet werden, dass er die vorgesehene Leistung in Form von Erwerbsarbeit erbringt und ihm keine Schuld für die Fehlentwicklungen auf dem Arbeitsmarkt zugeschrieben werden:

> »Schaut euch diesen armen Mann an, der einfach nur so dahinvegetiert, mit hoher Wahrscheinlichkeit alkoholkrank ist! Schaut in sein Gesicht! Sieht so ein glücklicher Mann aus, der unbedingt den Staat ausnutzen will oder jemand, der einfach nicht mehr anders kann? […] Wir reden hier von einem labilen Menschen, der sich wahrscheinlich mit seinen Äußerungen einen Schutzwall um sich baut. Mir tut er leid. Wer so einen Mann

verantwortlich macht für die erschreckenden Umstände in der Republik, der irrt gewaltig« (27, 122).

Andererseits wird die in Kapitel zwei angedeutete Leistungs*pflicht* in einem Kommentar als *Wert an sich* mit der Aufforderung an die anderen Leser*innen, sich mit ihren eigenen Problemen zu beschäftigen, in Zweifel gezogen (vgl. 27, 223).

Delegitimation von Arno Dübels staatlicher Unterstützung

Der weitaus größere Teil des Datenmaterials entfällt auf Kommentare, in denen sich unter Bezugnahme auf das Leistungsprinzip *gegen* die Legitimität von Arno Dübels Unterstützung ausgesprochen wird. Dübel wird in sechs der *Bild*-Artikel im Untersuchungszeitraum mit seinen Äußerungen bei der *Münchner Runde* des Bayerischen Rundfunks zitiert: »Arbeit ist doch scheiße. Wer das macht, ist blöd!« (zit. n. Arndt 2010, Nr. 25). Damit geht eine provokante Anspielung auf eine Umkehrung des Äquivalenzprinzips einher: gerade derjenige, der den gesellschaftlichen Leistungserwartungen (in Form von Erwerbsarbeit) nicht nachkomme, brüskiere noch die *leistenden* Erwerbstätigen. Bei den delegitimierenden Kommentaren konstruieren die Leser*innen auffallend häufig eine Dichotomie von *uns Arbeitenden* und dem *faulen Arno Dübel* (»Eine echte Frechheit uns arbeitender Bevölkerung gegenüber«: 25, 5; »wir Steuerzahler [finanzieren] seine Lustlosigkeit«: 25,6). Auf diesem Wege formt sich eine In- und Outgroup, d.h. die Sprecher*innen ordnen sich selbst der *Normalitäts-Referenzgruppe* zu und definieren, wer nicht dazu gehört. Durch diese Methode wird die Position der Leser*innen als Mehrheitsmeinung gestärkt und erzeugt ein Spannungsverhältnis zum erwerbslosen Außenseiter Arno Dübel. Diese Distanzierung des Erwerbslosen als Teil *unserer Gesellschaft* verleiht der In-Group zudem einen Freifahrtschein zur beliebigen persönlichen Erniedrigung Dübels.

In der am stärksten vertretenen Semantik wird Arno Dübel als unwilliger und fauler Mensch, der *dem Steuerzahler* zur Last fällt, charakterisiert und beleidigt: »Sozialschmarotzer« (z.B. 25, 30; 25, 43; 27, 7), »solche Subjekte« (25, 64), »dummdreist« (27, 92), »fauler Sack« (27, 238), »Faulenzer« (27,244), »Vogel« (27, 285), »primitiver Mensch« (27, 208). Die eindimensionale Charakterisierung von Arno Dübel, die nicht zuletzt auf die suggestive Darstellung in den zugrundeliegenden Artikeln zurückführbar ist, kristallisiert sich besonders deutlich im folgenden Kommentar: »Arno Dübel.... Mein neues Schimpfwort für Leute, die sich durchs Leben schmarotzen« (31, 38). In Kombination mit der Meinung, dass Arno Dübel nur »einer von tausenden wie viele Hartz 4 empfänger [ist, die] denken genau so und wir bezahlen drotzdemfür die« (25, 48), kann es zu einer Projektion der in den *Bild.de*-

Artikeln dargestellten Charakterzüge Arno Dübels auf die gesamte Gruppe der Erwerbslosen kommen.

Darüber hinaus kommt es zu einer Kriminalisierung des Phänomens der Erwerbslosigkeit (vgl. 27, 20; 25, 49; 27, 82), denn Arno Dübel wird in vielen Kommentaren vorgeworfen, er hintergehe den Staat und die Allgemeinheit (»Jahrelang uns Steuerzahler betrogen«: 27, 82); er betrüge sie also bewusst und tue dies ohne Reue und mit einem »hämische[n] Grinsen« (27, 207):

> »In anderen Ländern gehen solche Leute für Sozialbetrug in den Knast. Das schlimme ist, das es 100.000ende solcher Typen gibt. Kein Wunder das Deutschland Pleite ist« (25, 71).

Auch Mitleid sei hier nicht angebracht, da es sich bei Dübel um einen Kriminellen handele:

> »Mitleid ist hier völlig fehl am Platz, denn letztlich handelt es sich um kriminelle Machenschaften, wenn ganz bewusst unser Sozialsystem durch Tricks, Lügen, Schummeleien usw. ausgebeutet wird« (27, 237).

Insgesamt wird die Äquivalenzbeziehung zwischen Arbeitsleistung und Lohn bzw. aktiver Arbeitssuche und staatlicher Unterstützung in jenen Facetten thematisiert, die Tabelle 3 veranschaulicht:

Tabelle 3 Leistungssemantiken

1.	*Erwerbsarbeit berechtigt zu dem späteren Recht auf Unterstützung* (z.B. 25, 5; 27, 21) (dauerhafte Arbeitslosigkeit berechtigt zur Streichung der staatlichen Leistungen wie Rente, Arbeitslosengeld)
2.	*Aktive Beteiligung an ARGE-Maßnahmen berechtigt zu staatlichen Leistungen* (z.B. 25, 34; 25,86) (dauerhafte Arbeitsverweigerung berechtigt zur Streichung der staatlichen Leistungen)
3.	*Erwerbsarbeit berechtigt zu Freiheiten* (Selbstverdientes Geld berechtigt zu Konsum)
4.	*Dankbarkeit und Rechtschaffenheit berechtigen zu staatlicher Unterstützung* (z.B. 27, 235)

Quelle: Eigene Erstellung.

Bezüglich des erstgenannten Aspekts des Leistungsprinzips ist Folgendes festzustellen: Die Legitimation staatlicher Unterstützung qua (vorher) geleisteter Erwerbsarbeit bzw. umgekehrt, das entfallende moralisch-legitime Recht auf staatliche Unterstützung bei dauerhafter oder lebenslanger Erwerbslosigkeit, wird beispielhaft im folgenden Kommentar deutlich:

> »Endlich mal so etwas wie gerechtigkeit, für sowas müssen wir mitschuften. Na hoffentlich bekommt der keine Rente – dann kann er mal sehen wie verrückt das ist wenn man nicht gearbeitet hat. Nur der Hund..der tut mir leid« (27, 21).

Als Begründung dieser Semantik wird auf die entstehenden Kosten für Steuerzahler*innen und das Sozialsystem verwiesen, was Arno Dübel als (im Sinne des Äquivalenzprinzips) *Nicht-Konformen* und damit als *asozial* stigmatisiert (vgl. 25, 87).

> »Ich bin erschüttert, dass er so lange auf Kosten anderer leben konnte. Ich bin vor Jahren aus Deutschland weggegangen, weil es nur noch darum geht, geschröpft zu werden« (27, 285).

> »Nicht zuletzt aufgrund solcher Sozialschmarotzer, von denen es abertausende gibt, zahle ich Versicherungsbeiträge das mir schwindelig wird und, die machen unser Soziales System kaputt« (27, 36).

Seine Untätigkeit falle damit auf den Mittelstand zurück, der »bezahlt ohne Ende« (25, 11). Da Arno Dübel keine Leistung (im Sinne des kapitalistischen Prinzips der Veräußerung von Arbeitskraft) erbringt, steht ihm dieser Ansicht zufolge keine staatliche Unterstützung zu.

Wie im zweiten Punkt dargelegt, bleiben die staatlichen Leistungen im Falle der Erwerbslosigkeit nur dann legitim, wenn entweder eine Bedürftigkeit vorliegt oder eine *angemessene* Anstrengung des Erwerbslosen besteht, engagiert und selbstständig nach Arbeit zu suchen. Die Arno Dübel angedrohte Beendigung des Mietverhältnisses wird als gerechte Strafe für seine Verweigerung von Bildungsmaßnahmen der Bundesagentur für Arbeit verstanden.

> »dass haste nun davon wenn Du keine ARGE- Maßnahmen wie Bügeln oder Berwerbungstraining mitmachst« (25,34).

Nur, wer sich dahingehend engagiert, seine Attraktivität als Arbeitnehmer*in zu steigern, sei aufgrund dieser Leistung zu der äquivalenten Gegenleistung in Form von staatlicher Unterstützung berechtigt. Der Äquivalenzanspruch wird auch in dem folgenden Kommentar deutlich, in dem die Bildungsmaßnahmen der Arbeitsagentur abwertend mit »Papier im Park aufheben« pauschalisiert werden:

> »Wenn der Arbeitsunwillige anfängt im Park Papier aufzuheben, in Pflegeheimen Hilfsarbeiten zu übernehmen oder anderes, kann ihm Hartz IV erneut gezahlt werden. Aber niemals vorher und niemals ohne Gegenleistung!« (25, 35).

Im dritten genannten Aspekt der eingeschränkten (Konsum-)Freiheit wird darauf eingegangen, dass einem als »Sozialschmarotzer« stigmatisierten Arno Dübel der Konsum von *Luxusgütern* (im Sinne all dessen, was nicht zum reinen Überleben vonnöten ist) und insbesondere von Alltagsdrogen (Alkohol, Zigaretten) nicht freistehe. Die Gleichung *Erwerbsarbeit = Konsum* ist auf eine provokante Weise außer Kraft gesetzt, wenn Arno Dübels Konsum nahezu in jedem veröffentlichten Artikel zur Schau gestellt wird: »Freibier und Kippen für Arno Dübel« (17), »er will Bier auf Malle verkaufen« (24), oder »Arno Dübel verlost iPhone« (20). In diesem Kontext fallen die Kommentare entsprechend pikant im Hinblick auf den Arbeits-Konsum-Aspekt aus:

> »Endlich geht`s im an den Kragen und das Amt greift durch! Lebensmittelgutscheine braucht er ja nicht wie er sagt,da kann er sich ja nicht Bier und Zigaretten von kaufen ! Und arbeiten muss dieser Sozialschmarotzer ja nicht wie er meint,armes Deutschland !« (25, 30).

Hier zeigt sich der Wunsch danach, Arno Dübels Konsumentensouveränität, z.B. in Form von Lebensmittelgutscheinen, einzuschränken. Geld, als Voraussetzung für Konsum, soll nicht »für nichts« (25, 66) verteilt werden. Dabei ist das relevante Kriterium für den *Wert* einer Tätigkeit die Intensität der Erwerbsarbeit. Arno Dübel wird vorgeworfen, dass er Alkohol trinke, statt einer Erwerbstätigkeit nachzugehen (»bekommt vom Staat Geld für nichts! Hauptsache saufen wa Dübel? OMG!«: 25, 66). Dabei ist das »Saufen« als Vorwurf der Zügellosigkeit zu verstehen und Dübels Verhalten damit als Nicht-Anerkennung seiner sozialen Verantwortung und Schuld durch die Verletzung des Leistungsprinzips zu deuten.

Der vierte Aspekt der Leistungsgerechtigkeit ist die Verknüpfung von staatlicher Hilfe mit der Reaktion der Begünstigten, die sich möglichst in Dankbarkeit und Integrität gegenüber dem Staat gestalten sollte. Wenn Arno Dübel *schon nicht arbeitet*, solle er demnach wenigstens *höflich und dankbar sein* und sich den Steuerzahler*innen zutiefst verbunden zeigen. Arno Dübels Darstellung enthält in den *Bild.de*-Artikeln meist griffige Zitate des erwerbslosen Hamburgers wie: Arno Dübel, »bekannt für seine dreisten Sprüche«: »Ich, arbeiten? Bin doch nicht verrückt…!« (zit. n. Arndt 2010, Nr. 27). Hier wird angedeutet, dass Arno Dübel keinerlei schlechtes Gewissen oder Dankbarkeit gegenüber der Allgemeinheit verspüre. Dies scheint einige Leser*innen zu empören:

> »Schon seltsam, das es hier einige gibt, die ihn in Schutz nehmen… Helft ihm doch seine Schulden zu zahlen und überweist ihm regelmässig ein bisschen eueres Geldes. Erwartet aber bitte keine Dankbarkeit dafür....« (27, 235).

Es stehe Arno Dübel demnach nicht zu, sich zu beklagen und eine solch große Aufmerksamkeit zu beanspruchen. Sein Verhalten entziehe ihm dieser Ansicht nach selbst den Anspruch auf die Befriedigung seiner Grundbedürfnisse; ihm stehe *kein Cent* zu:

> »..ich hoffe, ich habe mich gerade verlesen bzw. es handelt sich um IRONIE. Jemand, der jahrelang vom Steuerzahler lebt und noch die große Fresse hat und frech ist hat von niemandem nen Cent zu erwarten. Ihm wurden genug Chancen geboten die er großkotzig abgelehnt hat. VON MIR? KEINEN CENT« (27, 24).

Forderungen der Leser*innen

Die aus den erläuterten Semantikebenen erwachsenen Forderungen der Leser*innen und den damit verbundenen Konsequenzen für Arno Dübel seien im Folgenden zusammengetragen. Im Falle der legitimen Anerkennung von Arno Dübels staatlicher Hilfe wird Folgendes gefordert:

- Einführung von Mindestlöhnen oder anderen Maßnahmen zu Stärkung der Niedriglohnbeschäftigen
- Anerkennung von Arno Dübels Leistungsunfähigkeit und damit Bedürftigkeit
- Vorrangige Sanktionen gegen andere Akteur*innen, die das soziale System schwächen (Banken, Beamt*innen, Politiker*innen)
- Senkung der Steuerabgaben und Preissenkungen zur Hebung des Lebensstandards der Geringverdiener*innen (*damit sich Arbeit wieder lohnt*)
- Erhöhung der Rente als Anreiz, einer Erwerbstätigkeit nachzugehen

Die Haltung, dass staatliche Unterstützung für Arno Dübel überwiegend als nicht legitim empfunden wird, führt zu den folgenden Forderungen:

- Verordnung von allgemeinnütziger Arbeit für ALG-II-Empfänger*innen (vgl. 25, 35)
- Einschränkung bis hin zur Abschaffung des Sozialstaats (vgl. 27, 99)
- Menschen sollten kein Mitleid mit Arno Dübels Lage haben; damit machen sie sich selbst schuldig (vgl. 25, 50)

Darunter häufen sich die Forderungen nach härteren Sanktionen gegen Arno Dübel (vgl. 27, 190; 27, 276), weil er nicht *aktiv genug* sei und damit gegen das Leistungsprinzip verstoße. Daraus resultieren die Absichten bezüglich des konkreten weiteren Umgangs mit Arno Dübel:

- Entzug des freien Konsumrechts (Lebensmittelgutscheine) (vgl. 25, 30; 25, 87)
- Arno Dübel dazu zwingen, seine Schulden langsam abzubezahlen (vgl. 25, 77)
- Räumung seiner Wohnung (vgl. 27, 8; 27, 126)
- Obdachlosigkeit (vgl. 25, 42; 25, 32; 27, 65)
- Verweis des Landes: Deutschland braucht nur *Leistungsträger* (vgl. 25, 42; 31, 106; 27,275)
- körperliche Gewalt (31, 55; 31, 96;)
- Brutales Vorgehen: Arno Dübel aus der Gemeinschaft ausschließen, *wegschaffen* (vgl. 27, 89)

Bedürfnisgerechtigkeit: »Eine Höhle suchen und wie die Neandertaler leben«

Bei Betrachtung der Kommentare, die sich auf die Bedürfnisgerechtigkeit beziehen, lässt sich feststellen, dass diese Semantik – verglichen mit den anderen Semantiken – die meisten positiven, d.h. legitimierenden Aussagen, enthält. Dennoch fällt auch hier die Dominanz der delegitimierenden Argumentationen ins Auge. Hier wurden 60 Kommentare gefunden, die sich der Bedürfnisgerechtigkeit annehmen (vgl. A1). Unter diesen 60 Kommentaren fanden sich 22 Leser*innen (≈37 Prozent), die Stellung für Arno Dübel ergreifen und 36 Leser*innen (60 Prozent), die Dübels staatliche Unterstützung im Rahmen dieser Logik ablehnen (vgl. Abb.7).

Abbildung 7 Bedürfnisgerechtigkeit

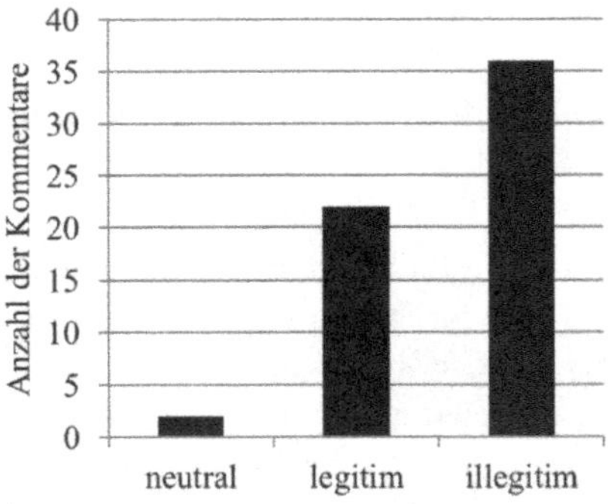

Quelle: Eigene Erstellung.

Legitimation von Arno Dübels staatlicher Unterstützung

Bezüglich der Semantiken, in denen sich positiv über die Legitimität von Arno Dübels Inanspruchnahme staatlicher Hilfe geäußert wird, lassen sich folgende

Argumentationsansätze herausfiltern: Die beiden Hauptargumentationslinien der legitimierenden Semantik berufen sich erstens auf die Einstufung von Arno Dübel als krank und damit *bedürftig* und zweitens auf das *Gebot der Menschlichkeit*. Arno Dübel wird dabei von einigen Leser*innen als krank wahrgenommen (vgl. 25, 69; 27, 49, 27, 314). Die Diagnose reicht von Dübel als »gescheiterte[r] Existenz« (25, 53), »psychisch labil« (vgl.27, 169), alkoholkrank bis hin zur »körperlich und seelisch ein Frack« (27, 161). Im Zusammenhang mit der Bedürfnisgerechtigkeit legitimiert Krankheit zu einem (zu definierendem) Maß an staatlicher Unterstützung. Vorschläge für das *angemessene Maß* an Unterstützung sind dabei beispielsweise: ein möbliertes Zimmer und 364 € pro Monat (vgl. 27, 187), ein »bisschen staatliches Geld« und ein »bedingungsloses Grundeinkommen« (25, 62).

In der zweiten verbreiteten Argumentation findet sich ein Plädoyer für mehr Menschlichkeit im Umgang mit Arno Dübel. Demnach solle in Deutschland niemand ohne eine Grundversorgung leben müssen, unabhängig von seiner erbrachten *Arbeitsleistung*. Dieser Standard sei als legitimer Konsens in der Verfassung verankert, worauf im folgenden Kommentar verwiesen wird:

> »Also bei dem Bericht da stimmt was nicht. Es darf in diesem Staat niemand ohne Versorgung bleiben, das steht im Grundgesetz/Verfassung. Und darauf bin ich stolz, dass wir uns das leisten können. Gibt es eine Kontonummer, um für diesen armen Menschen zu spenden? Bitte angeben, liebe Bild! Danke« (25, 59).

Allein das Mensch-Sein berechtige demnach zur staatlichen Unterstützung. Darüber hinaus stehe die Entscheidung über Legitimität der Zahlungen im konkreten Falle Dübels nicht den Leser*innen zu, sondern allein der juristischen Instanz:

> »Meine Güte, er ist ein Mensch und hat Anspruch auf unsere Unterstützung und die kann ihm auch ncht das Arbeitsamt nehmen, die sind doch keine Richter, was bitte ist da los? Herr Dübel muß zum Anwalt« (25, 60).

Das Mensch-Sein und dessen Würde seien in diesem Sinne verbunden mit dem Recht auf Krankheit, Faulheit und freie Entfaltung (vgl. 25, 62). Ein*e Leser*in weist darauf hin, dass mitmenschliche Rücksicht walten sollte, da jede*r potenziell einmal in Dübels Lage geraten könne und in einem Staat nicht das sozialdarwinistische Gesetz der Stärkeren gelten könne, denn »wir sind Menschen und keine Tiere« (27, 241). Es wird zudem die Überlegung eingebracht, dass die *Bild.de*-Leser*innen und die negativ gefärbte Berichterstattung von *Bild.de* Schuld an der Lage Dübels seien. Diese hier attestierte negative Darstellung Dübels könnte dazu beitragen, dass seine Bedürftigkeit zugunsten einer Darstellung als *böswillig* und *frech* in Frage gestellt wird.

Delegitimation von Arno Dübels staatlicher Unterstützung

Die Semantiken, die Dübels Unterstützung als illegitim identifizieren, kreisen vorrangig um Zweifel an seiner Bedürftigkeit sowie um die Frage, welches Maß an Versorgung ihm überhaupt zusteht. Erstens kommt also – unter Anerkennung des Bedürftigenschutzes – immer wieder die Vermutung und Unterstellung auf, Arno Dübel schiebe seine Krankheit vor, um nicht arbeiten zu müssen (vgl. 25, 64). Die Berichterstattung über Dübel leistet diesem Image dabei Vorschub mit Artikeln wie »Arno Dübel: Ich kann auf Kommando kotzen« (12) und »Wie krank ist Deutschlands frechster Arbeitsloser wirklich?« (7). Dübels Aussage wird in dem letztgenannten Artikel zudem zitiert: »Ich bin eigentlich leistungsfähig. Aber ich bin eben auch zu krank« (zit. n. Arndt 2010: Nr. 7). Die unklare Ausdrucksweise und eine fehlende Bewertung einer anerkannten Autorität in diesem Diskurs (z.B. Arzt, Gesundheitsamt) über seine genannten Erkrankungen (Tuberkulose und Asthma) eröffnen einen Deutungsspielraum für die Leser*innen, indem sie selbst über Dübels Gesundheitszustand spekulieren können:

> »Asthma und Tbc ??? wohl eher ne schwarze Teer-Lunge…« (27, 313).

> »Und wenn der Tbc und was weiß ich noch für andere Lungenkrankheiten hat, wie paßt es dann das er IIIIaaaah 80Kippen am Tag raucht…???« (27, 124).

Die Frage nach Dübels Gesundheitszustand ist deshalb so interessant für die Leserschaft, weil die Krankheit das Kriterium liefert, anhand dessen sie Dübels staatliche Unterstützung als legitim oder illegitim bewerten kann. Die Fremdbeurteilung von Dübels gesundheitlicher Lage erfolgt durch die Leser*innen qua Betrachtung der medialen Berichterstattung:

> »Auch wenns hart klingen mag, aber ihm ist nicht anzusehen, dass er gesundheitlich eingeschränkt wär. Somit könnte er, wenn er WOLLTE, JEDEN Job annehmen« (27, 276).

Mittels solcher Diagnosen nehmen die Leser*innen hier die Autorität von Ärzt*innen ein. Auf diesem Wege ziehen sie Arno Dübels Integrität in Zweifel und erheben sich moralisch über ihn. Das Bedürftigkeitsprinzip wird in dem Moment ausgehöhlt, in dem die Anerkennung der Bedürftigkeit erst gesellschaftlich erkämpft werden muss, da gerade diese Menschen oft aus persönlichen und organisatorischen Gründen nicht dazu in der Lage sind.

Ein zweiter bedeutender Aspekt in dem Bedürfnisdiskurs stellt die Frage dar, was jenen Mitgliedern der Gesellschaft zusteht, die nach der Leser*inneneinschätzung nicht über einen legitimierenden *Bedürftigkeitsstatus* verfügen, dennoch aber keine Erwerbstätigkeit aufnehmen. In den Leser*innenkommentaren, die diese Semantik betreffen, besteht ein Konsens darüber, dass Dübel obdachlos werden sollte. In diesem Zusammenhang taucht mehrmals die Bemerkung auf, dass Dübel wohl zu stolz für ein Obdachlosenheim sei (vgl. 27, 229; 27, 28). Die Brisanz dieser Bemerkung verstärkt sich mit der wiederholten Aussage, dass sein Hund mehr Mitleid verdiene als der erwerbslose Arno Dübel selbst (vgl. 27, 21; 27, 201; 27, 312):

> »Einzig tut mir der Hund leid! Bei Herrnn Dübel kann man sagen: Hochmut kommt... Hoffe nur, dass das Tier gut unterkommt.Der kann am wenigstens für so ein Herrchen,. Da muss ich auch KingofKings recht geben: :Für Obdachlosenunterkunft fühlrt er sich auch vielleicht zu stolz. Mich interessiert NUR, dass der Hund gut untergebracht wird.« (27, 55).

Diese spezifische Vertauschung der gesellschaftlich etablierten Mensch-Tier-Hierarchie würdigt Arno Dübel in seinem Mensch-Sein herab. Während bei der legitimierenden Bedürfnissemantik das Mensch-Sein als *Wert für sich* hervorgehoben wird, wird hier ganz im Gegenteil Dübel auch diese letzte basale Ressource für jeglichen legitimen menschlichen Bedürfnisanspruch entzogen. Diese Entmenschlichung geht einher mit der Degradierung von Dübels legalem Status, wenn Leser*innen davon sprechen, dass der Langzeiterwerbslose doch in ein (von Steuerzahler*innen finanziertes) »Auffanglager« (27, 236) geschickt werden solle. Die Begrifflichkeit *Auffanglager* impliziert dabei eine Anspielung an die Unterkünfte für *Flüchtlinge*, die in der Bundesrepublik Deutschland nur ein begrenztes Aufenthaltsrecht genießen und die im Notfall im Sinne dieser Kollektivsymbolik *aufgefangen* werden. Zudem leben sie meist in separiertem Wohnraum, wo sie der öffentlichen Wahrnehmung entzogen werden.

Forderungen der Leser*innen

Die Leser*innen, die Arno Dübels staatliche Unterstützung aus Bedürfnisgesichtspunkten als legitim anerkennen, fordern folgende Konsequenzen aus dem Diskurs:

- bedingungsloses Grundeinkommen (vgl. 25, 62)
- Festigung der Menschenrechte und Solidarität (vgl. 25, 60)
- Anerkennung von Dübels Krankheit und damit seiner Bedürftigkeit (vgl. 25, 64; 25, 53)
- Freiheit über Konsumentscheidungen bei geringen staatlichen Zahlungen (vgl. 27, 183)
- Mitleid mit Bedürftigen (vgl. 27, 176)

In den Kommentaren, in denen die staatliche Hilfe für Arno Dübel im Hinblick auf die Bedürfnisgerechtigkeit als illegitim bewertet wird, kommen die folgenden konkreten Forderungen auf:

- Kein Recht auf Mieterschutz (vgl. 27, 194)
- Obdachlosigkeit (vgl. 27, 65; 27, 184; 27, 28)
- Kein Anspruch auf Asyl in einem Obdachlosenheim (vgl. 27, 65)
- Betteln bzw. individuelle Spenden als Institution statt legitimes Recht im Sozialstaat (vgl. 27, 221)
- körperliche Qualen (vgl. 27, 2)
- Straftaten gegen Erwerbslose weniger Beachtung schenken, wenn sie Leute betrifft, die sich selbstverschuldet in diese (illegitime) Lage gebracht haben (vgl. 27, 111)
- Gefängnis (vgl. 27, 229)

Gleichheit: »Der meint wohl, er bekommt Sonderrechte!«

Bezüglich der Gleichheitssemantik, in deren Fokus die Verteilungs- und Chancengerechtigkeit stehen, lässt sich erneut eine starke Tendenz zu delegitimierenden Semantiken feststellen. Insgesamt entfallen auf diese Semantik weitaus weniger Zuordnungen als auf die vorangegangen Kategorien – nur gute 3 Prozent des Datenmaterials (vgl. Abb.11). Der Kategorie *Gleichheitssemantik* wurden insgesamt 18 Kommentare zugeordnet (vgl. A1), von denen 2 (≈11 Prozent) Arno Dübels staatliche Unterstützung als legitim und 16 (≈89 Prozent) als illegitim erachten (vgl. Abb. 8).

Abbildung 8 Gleichheit

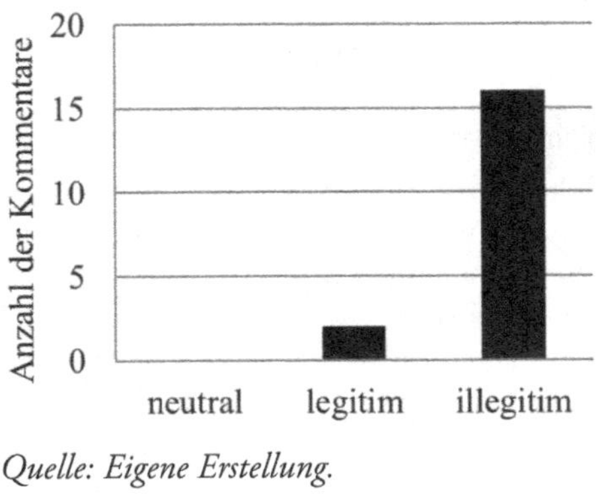

Quelle: Eigene Erstellung.

Legitimation von Arno Dübels staatlicher Unterstützung

Folgende zwei Argumentationsmuster, die Position für Arno Dübel ergreifen, können bezüglich der normativen Gleichheitssemantik festgehalten werden: Erstens wird von einem*einer Leser*in eine Chancenungleichheit attestiert, die zu Ungunsten der Erwerbslosen ausfällt. Während der Erwerbslose benachteiligt werde, seien nur die Menschen in Positionen mit gesellschaftlicher Macht (Manager*innen, Banker*innen) in der Lage, die Gesetze vollends für ihre Interessen einzusetzen und säßen damit *am längerem Hebel*:

> »Die Möglichkeit der Gesetze nutzen, dürfen nur Manager und Banker. Wenn das eine Harz IVler macht wird das natürlich sanktioniert. Nach unserer Geschichte - drittes Reich - DDR - kann man über solche menschenverachtenden Vorgehensweisen doch wirklich nur noch staunen« (25, 65).

Zweitens kommt die Befürchtung auf, dass Arno Dübels Chancen durch Behördenversagen geschmälert wurden. Da die Behörden nicht das Bestmögliche getan; sogar falsch oder zu langsam gearbeitet hätten (»geschlampt«: 27, 119), seien Arno Dübels Chancen in seinen jungen Jahren nicht in dem Maße verwirklicht worden, wie es vorgesehen sei. Damit werde Dübel gegenüber anderen Erwerbslosen benachteiligt und verdiene eine Extrabehandlung.

> »Auf Menschen zu treten, die eh schon am Boden liegen, können einige scheinbar sehr gut. Es wäre nie so weit mit Herrn Dübel gekommen, hätte man ihn rechtzeitig, also als er noch sehr jung war ins Arbeitsleben integrieren müssen. Dies ist leider nicht geschehen. Aber da sieht man mal die zuständigen Behörden haben damals schon geschlampt und tun es heute ebenfalls noch« (27, 119).

Abgesehen von der Kritik am Umgang der Agentur für Arbeit mit Erwerbslosen (»lasse dich von der ARGE nicht unterkriegen«: 25, 62), finden sich keine weiteren legitimierenden Semantiken der Gleichheit.

Delegitimation von Arno Dübels staatlicher Unterstützung

Bei den Semantiken, die Arno Dübels staatliche Finanzierung bezüglich der Gleichheitsaspekte delegitimieren, liegt bei einer zentralen Behauptung die entgegengesetzte Annahme zu oben genannten Legitimationssemantiken vor. Statt von einer Benachteiligung Dübels durch die Behörden auszugehen, wird hier vermutet, dass Dübel entweder *wie jeder andere auch* behandelt oder sogar bevorteilt wurde. Die Leser*innen vergleichen dabei oft ihre eigene Lebenssituation mit Dübels Lage und konstatieren eine ungerechte Behandlung ihrer selbst:

»Das finde ich total richtig.. ich bekam schon Sperren, wenn sich nur mal ein Termin mit nemArtztterminkreutzten.. und ich ARGE verschieben wollt« (25, 22).

Andere Erwerbslose – Referenz sind dabei durchweg die Leser*innen selbst – müssten sich härteren Bedingungen fügen, während Arno Dübel Sonderrechte für sich in Anspruch nehme (vgl. 27, 71):

»Wenn ich (beziehe z.Zt. leider auch H4) oder andere einen Fehler machen, nicht zu Terminen erscheinen usw. gibt es sofort Sanktionen. Da warten die förmlich drauf. Und da frage ich mich auch. Wie kommt es, dass ein Arno Dübel damit durchkommt« (27, 253).

Dabei solle Dübel die genauen bürokratischen Vorgaben (Vorlage der geforderten Dokumente) einhalten und ihm im Sinne der formalen Legalität und Gleichheit keine Extrabehandlungen ermöglicht werden (vgl. 27, 312). Dübel wird ein absichtlicher Betrug der Arbeitsagentur vorgeworfen, wobei er die Behörde systematisch ausnutze und der Öffentlichkeit vorführe:

»Der liebe Arno hat jahrelang die Steuerzahler und die Behörden verar..... Ich gehe mal davon aus, er ist zurehnungsfähig und dann gelten für ihnen keine Sonderrechte. Schön fand ich nur, dass er gezeigt hat, wie nachässig und uninteressiert die Arges mit ihrer Klientel umgehen. Das war doch der wahre Skandal. Leute die - mit allen Tricks - nur das System ausnutzen kommen damit immer noch zu häufig durch« (27, 226).

Die zusätzlichen Chancen, die Arno Dübel mehr als anderen Erwerbslosen offen gestanden hätten, habe er aber »großkotzig abgelehnt« (27, 24).

Neben dem behandelten Ungleichheitsverhältnis von Erwerbslosen vor den Behörden widmet sich ein weiterer Teil der Kommentare dieser Rubrik dem Verhältnis zwischen Erwerbstätigen und Erwerbslosen. Auch hier ziehen viele Leser*innen den persönlichen Vergleich und resümieren, dass ihre eigene *harte Arbeit* im ungerechten Gegensatz zu Dübels *Untätigkeit* stehe (vgl. 27, 126). Die ALG II-Bezieher*innen würden demnach das Sonderrecht der »freien Entfaltung« (25, 170) beanspruchen, während die Erwerbstätigen strebsam ihrer hehren Pflicht nachgingen (vgl. ebd.).

Forderungen der Leser*innen

In legitimierender Hinsicht resultieren folgende Forderungen aus der Gleichheitssemantik:

- Nachsicht mit Dübel
- Einräumung von Sonderrechten für Dübel
- qualitative Verbesserungen der Arbeitsvermittlung in der Arbeitsagentur

Bezüglich der delegitimierenden Semantiken werden folgende Vorschläge laut:

- legale Gleichbehandlung aller; keine Sonderrechte für Dübel (vgl. 27, 220)
- bürokratische Genauigkeit (vgl. 27, 312)
- keine Nachsicht und keine Ausnahmen für Erwerbslose, die angebotene Jobs ablehnen (vgl. 25, 86)
- strenge Auflagen bezüglich der Entscheidungsfreiheiten von Erwerbslosen (vgl. 25, 70)

4.2 Der Wille zur Erwerbsarbeit: »Man muss nur wollen«

Im Hinblick auf die Legitimationssemantik des *wohlverstandenen Eigeninteresses* zeigt sich, dass auch hier die Argumente dominieren, die Arno Dübel als illegitimen Hilfeempfänger charakterisieren. Es handelt sich dabei um 22 Kommentare, die der Semantik des *wohlverstanden Eigeninteresses* zugeordnet wurden. Unter diesen Äußerungen befanden sich 2 legitimierende (≈9 Prozent) und 20 delegitimierende Statements (≈91 Prozent) (vgl. Abb. 9).

Abbildung 9 Wohlverstandenes Eigeninteresse

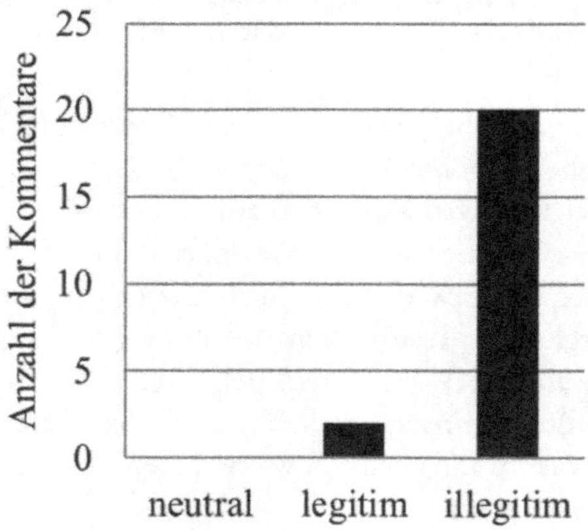

Quelle: Eigene Erstellung.

Legitimation von Arno Dübels staatlicher Unterstützung

Nur in zwei Kommentaren wird Arno Dübels Lage legitimiert. Im folgenden Kommentar wird angenommen, dass Dübel aufgrund seines fehlenden Könnens und Willens keine Chance auf einen Job habe. Daher gehöre es nun zum Aufgabenbereich des Staates, sich – wenn auch *wohl oder übel* – um Dübels Versorgung zu kümmern:

> »der kann nichts und was soll der Arbeiten, der hat keinen Durchhaltewillen und keine Motivation, niemand wird ihn einstellen. Also müssen wir für ihn zahlen, das ist ‚leider' so« (27, 210).

Der andere Kommentar, der an dieser Stelle zu nennen ist, behandelt die Frustration Dübels: da er statt Anerkennung nur Schelte für seine Arbeitsbemühungen ernte, sei es verständlich, dass er den Antrieb verliere, von sich aus nach Arbeit zu suchen:

> »der arme, kaum fängt er (mal) zu arbeiten an, bekommt er paar auf den Deckel. Kein Wunder wenn er dann wieder sagt, „Arbeiten ist Sch...", und vielleicht bald keine Lust mehr hat was zu machen...« (31, 24).

Delegitimation von Arno Dübels staatlicher Unterstützung

Die Äußerungen, die sich gegen die Legitimation von Dübels Hilfe aussprechen, ähneln sich in ihren Kernaussagen. Die in den *Bild.de*-Artikel wiederholt zitierten Sprüche des Erwerbslosen fordern Leser*innenreaktionen heraus, da sie das Aktivierungsparadigma geradezu umkehren. Wenn Arno Dübel sagt: »Wer arbeitet, ist doch dumm. Geht doch auch so...« (26) oder über Dübel in einem Artikel folgendermaßen berichtet wird:

> »Der Amtsmitarbeiter schickt den 54-Jährigen zu einem „Aktiv-Center". Dort sollen Langzeitarbeitslose sich wieder an einen Job gewöhnen. Täglich acht Stunden, unter Aufsicht. Dübel soll sofort anfangen. Er mault: „Aber bei mir zu Hause läuft doch noch der Fernseher"« (zit. n. Arndt 2010: Nr. 26),

dann erscheint das einigen Leser*innen als eine Provokation (»Von solchen Leuten fühle ich mich persönlich angegriffen, nein verarscht«: 27, 247). Dübels Begründung, nicht aktiv werden zu können, da sein Fernseher laufe, zeigt beispielhaft, welches Bild von Dübel kreiert wird: Den (ihm ohnehin im Sinne des Leistungsprinzips nicht zustehenden) Konsum zieht er der eigenen Aktivität vor. Also: statt selbst die Motivation zum Arbeiten aufzubringen, damit er sich den Konsum (legitim) leisten kann, genießt er den Konsum – ohne selbst eine Erwerbstätigkeit anzustreben. In den meisten Fällen wird dabei Dübel persönlich die Schuld für seine Erwerbslosigkeit, aber noch viel mehr für seinen fehlenden Willen zur Erwerbstätigkeit gegeben, im Sinne einer »selbst gewollten Arbeitslosigkeit« (27, 338). Im Sinne der Aktivierung kommt vermehrt die Forderung auf, dass Dübel »nach seinen Kräften mitwirken [müsse,] sein Leben selbst auf die Reihe zu bekommen« (25, 76). Die von der Arbeitsagentur angebotenen *Bildungsmaßnahmen* zur Praxisauffrischung und Weiterbildung für ALG-II-Empfänger*innen (abfällig: »Deutschlands frechster Arbeitsloser muss jetzt bügeln«: Arndt 2010, Nr. 6) sind dabei als Teil der Aktivierungspolitik zu begreifen, die den Arbeitnehmer*innen im

Tausch gegen staatliche Transferbezüge ein steigendes Maß an Eigeninitiative abverlangen. Demnach steht die Hilfe zur *erfolgreichen Lebensführung* ganz im Zeichen der *Selbsthilfe* und entlässt den Sozialstaat aus seiner diesbezüglichen Verantwortung (vgl. 27, 111):

> »Wer sich so öffentlich präsentiert, und auch im TV Auftritte hat, wo es dann kein anders Thema gibt als, „Ich arbeite nicht, und werde ach nicht Arbeiten", und nur über Die lacht, die arbeiten, müssen, dann darf man sich nicht wundern, wenn es so kommt, wie es gekommen ist. Ist schon ein wenig sehr blöd gewesen, der gute Herr Dübel. Er hatte ja die Einstellung, wer arbeitet, hat selber Schuld, und lachte wieder wie ein hustender Rauch- Schlot. Ja dann muss man sich doch nicht wundern wenn es an die frische Luft geht« (27, 60).

So wie Dübels Einstellung hier beschrieben wird (»Wer arbeitet, hat selber Schuld«: 27, 60), wird in diesem Sinne auch die Verantwortlichkeit an die Erwerbstätigen selbst übertragen, was das Aktivierungsprinzip vollends ad absurdum führt. Aus dieser Perspektive fehlen (wie auch schon in der Leistungssemantik) Demut und Dankbarkeit seitens Arno Dübel; stattdessen sei er »frech« (25, 87) und »stolz« (ebd.) auf seine *Inaktivität*:

> »Hat keine Arbeit gefunden, dass ich nicht lache! Sitzt sich den Ar...auf der Couch platt und spuckt auch noch freche Töne! ASOZIAL! Kurzsichtig auf ganzer Linie: Er hat sich bis ins Alter in die finanzielle Minimalität und Abhängigkeit manövriert, wer gibt dem denn noch Arbeit? Zu sagen die Arbeitenden sind dumm? AUCH NOCH diejenigen, die die Penunsen für ihn aufbringen, VERHÖHNEN? Der sollte mal einen weisen Satz verinnerlichen:willst du wirklich erkennen, ob das was du tust, richtig ist, dann überlege einfach, wie es wäre, wenn ALLE das Gleiche tun würden wie du selber....! Man kann dem nur raten: beweg deinen Ar... und arbeite, damit du wirklich mal stolz sein kannst!« (25, 87).

Der Kommentar schließt mit dem Ratschlag an Arno Dübel, selbst aktiv zu werden, damit er stolz auf sich selbst sein könne. Hier wird die Entgrenzung von Arbeit und Lebensführung deutlich: Es ist nicht denkbar, im Sektor der Erwerbsarbeit nicht aktiv zu sein, ohne sich selbst dem Verdacht auszusetzen, eine gänzlich *gescheiterte Persönlichkeit* zu sein. Diese Entdifferenzierung führt zu dem verallgemeinernden Schluss, dass Inaktivität im Job mit der Inaktivität (»Faulheit«) im Privatleben unausweichlich zusammenfalle und Dübel damit sein (»langweiliges«) Leben verschwende:

> »Für ihn scheint Arbeit ein lästiges Übel zu sein. [...] Den ganzen Tag lang zu gammeln und den Bierkauf als Höhepunkt des Tages anzusehen, ist wirklich traurig. [...] Wo bleibt die Freude und die Bestätigung der eigenen Person? Ist es nicht ein schönes Gefühl, zumindest eine Kleinigkeit bewirken zu können? Da übe ich doch lieber eine harte und zermürbende

Arbeit aus und habe eine Aufgabe als mein Leben wegzuschmeißen und in den eigenen vier Wänden auf irgendein Wunder zu warten!« (27, 343).

Die nicht erfüllte gesellschaftliche Erwartung nach Aktivität solle Dübel nach Sicht der Leser*innen mit Scham erfüllen. Dies würde implizieren, dass Dübel aufgrund seiner empfunden Schuld eine soziale Ausgrenzung demütig auf sich nehme. Dass Dübel dieser Rolle nicht entspricht, macht ihn auch in dieser Hinsicht zu einer Zielscheibe für persönliche Angriffe:

> »Ach so, für Essensgutscheine ist er zu stolz, aber seine sicherlich schon recht alte Mutter anzubetteln, dafür nicht? Ich würde mich in Grund und Boden schämen, wenn ich in dem Alter mein Leben noch immer nicht in den Griff bekommen hätte« (27, 9).

Auch Dübels Äußerung, wonach er seine Mutter um Geld zu bitten beabsichtigt, zeugt in diesem Argumentationsmuster von Dübels psychischer Unreife, denn würde er über ein *normales* gesellschaftliches Schuld- und Verantwortungsbewusstsein verfügen, müsste er von Schamgefühlen erfüllt sein, sich in diesen Zustand der Unselbstständigkeit (auf die Hilfe der Mutter angewiesen sein) zurückzubegeben.

Forderungen der Leser*innen

Die Ansprüche, die aus den legitimierenden Semantiken resultieren, sind:

- der Sozialstaat muss einen gewissen Anteil an *nicht leistungsfähigen Personen* mitversorgen (vgl. 27, 210)
- Lob statt Schelte für Arbeitsbemühungen von Langzeiterwerbslosen (vgl. 31, 24)

Im Gegensatz dazu führen die Semantiken der Delegitimation zu den folgenden Forderungen:

- keine weiteren Mühen seitens des Staates, wenn keine aktive Arbeitssuche erfolgt (vgl. 27, 338)
- Erwerbslosen zeigen, dass sie selbst arbeiten *wollen müssen* (vgl. 25, 87)
- Aktivitätserwartungen weitergehend institutionalisieren (vgl. 27, 343)
- gesellschaftliches Verantwortungsbewusstsein der Erwerbslosen stärken (vgl. 27, 9)

4.3 Naturalisierung von Erwerbsarbeit: »Lieber Arbeit als mein Leben wegzuschmeißen«

Auch in Bezug auf die Naturalisierung von Erwerbsarbeit setzt sich der in den anderen Semantiken vorgezeichnete Trend fort: Arno Dübels staatliche Unterstützung erkennt nur ein*e Leser*in in diesem Zusammenhang als legitim an (≈6 Prozent). Der Rest der insgesamt 17 Kommentare dieser Semantik (vgl. A1) entfällt jedoch mit 16 Kommentaren (≈94 Prozent) auf die delegitimierende Semantik (vgl. Abb. 10).

Abbildung 10 Naturalisierung von Erwerbsarbeit

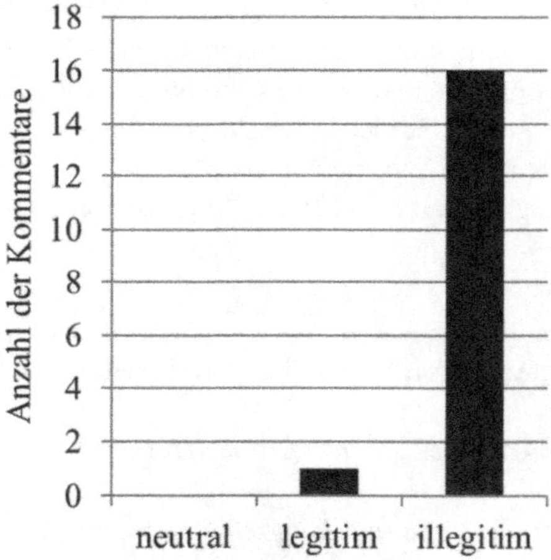

Quelle: Eigene Erstellung.

Legitimation von Arno Dübels staatlicher Unterstützung

Im gesamten untersuchten Datenmaterial fand sich nur ein einziger Kommentar, der Dübels Erwerbslosenunterstützung im Hinblick auf den Naturalisierungseffekt von Erwerbsarbeit befürwortet:

> »Da sieht man mal wieder, wie der Erfolg von Arno bei den Deutschen Neid hervorbringt. Die Rentnerin (das Alter wäre hier interessant/ bestimmt eine Frühpensionärin) ist voller Neid, weil Arno eben cleverer ist als sie. Wer erst im Alter einsieht, dass vieles Arbeiten nicht viel bringt, wird Arno immer beneiden und neidisch machen. Die Menschen werden dann sogar aggressiv« (31, 7).

Diese Person meint, dass »vieles Arbeiten nicht viel bringt« (31,7), dass es also nicht per se *gut* sei, so viel wie möglich zu arbeiten. In dieser Lebenseinstellung gilt Arno Dübels Arbeitsverweigerung als cleverer Schachzug, indem Dübel der Masse und deren naturalisiertem Verständnis der Erwerbsarbeit (im Sinne eines *Arbeiten-um-jeden-Preis*-Dogmas) ihre Unzulänglichkeit vorhält.

Delegitimation von Arno Dübels staatlicher Unterstützung

Im Sachzwangsdiskurs sind folgende Aspekte signifikant, die *gegen* Dübels legitimen Bezug von ALG II sprechen: Einerseits finden sich einige Äußerungen im Datenkorpus, die auf das funktionale Moment der Erwerbsarbeit verweisen, d.h. einer Erwerbstätigkeit muss nachgegangen werden, um die eigene materielle Lebensgrundlage zu sichern (»Arbeiten gehen soll helfen, gegen Geldmangel, Herr Dübel!«: 25, 4). Des Weiteren fördere die eigene Erwerbstätigkeit das persönliche Wohlbefinden (vgl. 27, 84). Andererseits gilt *Erwerbstätig-Sein* per se als Wert, der grundsätzlich besser sei als jede Hilfe (vgl. 25, 42). Erwerbsarbeit lohne sich unter allen Umständen, da sie den Tätigen ein gutes Gewissen beschere und zum Konsum legitimiere (vgl. 27, 286). Zudem gebe die Erwerbsarbeit den Beschäftigten Lebensziele, -aufgaben, -sinn, Spaß, Spannung, Selbstbestätigung und das »schöne[...] Gefühl, zumindest eine Kleinigkeit bewirken zu können« (27, 343). Im Alltag strukturiere die Erwerbsarbeit den Tagesablauf (vgl. 25, 12; 27, 343). Ein Artikel bei *Bild.de* (»So gammelt er sich durch den Tag«) über Arno Dübels Tagesablauf konstruiert Dübels Gegenentwurf zum Arbeitsalltag, der ihn in ein ungünstiges Licht rückt: Dübel sehe über 15 Stunden pro Tag fern; nebenbei konsumiere und kaufe er vorwiegend Alkohol und Zigaretten, wenn er nicht mit den Nachbarn »Kaffeeklatsch hält« (Arndt 2010: Nr. 3) oder sich gerade um den Hund kümmere (vgl. ebd.). Darauf reagieren die Leser*innen mit Empörung:

> »Betrachtet man seinen Tagesablauf (verwiesen sei auf den Parallelartikel), so kommt mir ein Lächeln auf. Für ihn scheint Arbeit ein lästiges Übel zu sein« (27, 343).

Sie äußern sich in den untersuchten Kommentaren als Bestandteil des ganzen Diskurses um Dübel mit Aussagen wie »Ich gehe jeden Morgen arbeiten«. Diesem Satz kommt damit eine symbolische Bedeutung zu: Mit diesem Kommentar will der*die Verfasser*in zeigen, dass er*sie selbst sich seiner*ihrer gesellschaftlichen Verantwortung bewusst sei und das Opfer bringe, *jeden Morgen früh auszustehen*. Dies verschaffe einen *moralischen Vorsprung* gegenüber dem *inaktiven* Dübel.

Da die Erwerbsarbeit sich als eine unausweichliche *soziale Tatsache* etabliert hat, der sich niemand entziehen könne, *solle* das auch niemand tun: Die Erwerbstätigkeit gehöre zum Mensch-Sein (vgl. 25, 15) und wer diesen Wert nicht verinnerlicht habe, der »muss einen an der Waffel haben« (25, 58). Die Weigerung, einer geregelten Beschäftigung nachzugehen, entspricht damit gleichzeitig der Nicht-Anerkennung des *Normalitätskonstrukts*. Auf diesem Wege offenbart Arno Dübel seine Position als Außenseiter, da er den gesellschaftlichen Konsens demonstrativ nicht respektiert. Dübels *fehlender Arbeitswille* versetzt ihn endgültig in eine Lage, die gesellschaftlich nicht nachvollziehbar ist. Der Erwerbslose begeht somit einen gesellschaftlichen Tabubruch, ohne sich dessen bewusst zu zeigen. Er spricht das aus, was scheinbar nicht gesagt werden dürfte: »Lacht in die Kamera und sagt frei raus, dass er nicht arbeiten will« (27, 247). Unter der Voraussetzung, dass er nicht bedürftig (d.h. krank) ist, führt das – wenn die eigene Normalitätsvorstellung nicht in Frage gestellt wird – zwangsläufig zu dem Schluss, dass Dübel ein »komischer Vogel« sein müsse, der *die Realität* verkennt (vgl. 27, 276). Die Tatsache, dass Dübel sich dem naturgesetzartigen Dogma »Man kann nicht Nicht-Arbeiten« nicht beugt, führt damit zu seiner gesellschaftlichen Ausgrenzung. Diese Muss-Erwartung, die der Erwerbslose nicht erfüllt, führt zu einer persönlichen Stigmatisierung (»Endlich geht`s im an den Kragen und das Amt greift durch! [...] Und arbeiten muss dieser Sozialschmarotzer ja nicht wie er meint, armes Deutschland«: 25, 30).

Forderungen der Leser*innen

Im legitimierenden Argument findet sich die Forderung nach:

- Reflektion über eigene Wertvorstellungen bzgl. Erwerbsarbeit (vgl. 31, 7)
- Wandel der Lebenseinstellung im Hinblick auf die Bedeutung der Erwerbsarbeit (vgl. 31, 7)

Im Kontrast dazu wird in den delegitimierenden Kommentaren folgendes Vorgehen befürwortet:

- Erwerbsarbeit als legitimes, funktionales Mittel der Güterverteilung akzeptieren (vgl. 25, 4)
- sich den gesellschaftlichen Vorstellungen von *Normalität* beugen (vgl. 25, 15; 25, 58)
- Menschen, die das Erwerbs-Tabu brechen, zur Akzeptanz bewegen oder aus der regulären Gesellschaftsgruppe ausschließen (27, 276)

5. Ergebnisse und Schlussfolgerungen

> *»Die Gesellschaft in ihrer gegenwärtigen Gestalt – und wohl seit Jahrtausenden – beruht nicht […]auf Anziehung, auf Attraktion, sondern auf der Verfolgung des je eigenen Interesses gegen die Interessen aller anderen. Das hat im Charakter der Menschen bis in ihr Innerstes hinein sich niedergeschlagen. […] Jeder Mensch heute, ohne jede Ausnahme, fühlt sich zuwenig geliebt, weil jeder zuwenig lieben kann.«*
>
> Theodor W. Adorno (1970: 101).

Im Gefolge des politisch-gesellschaftlichen Paradigmenwechsels vom *aktiven* zum *aktivierenden Sozialstaat* hat sich in der Bundesrepublik ein neuer »Klassenkampf von oben« (Heitmeyer 2012: 35) herauskristallisiert; eine soziale Kälte der »rohen Bürgerlichkeit« (ebd.), innerhalb derer die so genannten Eliten es nicht länger für notwendig befinden, den im Nachkriegsdeutschland errungenen partiellen Klassenkonsens aufrecht zu erhalten. Ein Zustand, den sogar bürgerliche Kommentator*innen wie der weithin angesehene Journalist Gunter Hofmann dazu veranlassen, im vergangenen Jahrzehnt einen »Rückschritt zur Klassengesellschaft« (Hofmann 2012: 46) zu konstatieren. Seltener in das Blickfeld der öffentlichen Wahrnehmung ist bislang die Tatsache geraten, dass es nicht nur die höheren Einkommens- und Bildungsklassen sind, die jenen Klassenkampf gegen weniger Privilegierte und Arme führen, sondern auch Angehörige der Arbeiter*innenklasse selbst bzw. jener Gruppe, die gemeinhin als *Mittelschicht* bezeichnet wird. Das zeigt sich an dem Umgang der *Bild.de*-Leser*innen mit der Berichterstattung über den Langzeiterwerbslosen Arno Dübel. Jene Zuschreibungen und Abwertungen, die er in aller Öffentlichkeit von anonymen Kommentator*innen erfahren musste, reichen von der Forderung nach dem Entzug des freien Konsumrechtes bis hin zu jener nach der Ausweisung aus dem Land oder gar der Internierung in ein Arbeitslager.

Der Schlüssel zur Erklärung dieser brutalen Diskriminierung liegt in einem höchst erfolgreichen systemimmanenten Faktor, den der Schriftsteller Carlos Ruiz Zafón in seinem Buch *Der Schatten des Windes* beschreibt: »Die wirkungsvollste Art, die Armen unschädlich zu machen, besteht darin, daß man sie lehrt, die Reichen imitieren zu wollen« (Zafón 2008: 236). Indem der Aktivierungsdruck am intensivsten auf denjenigen lastet, deren gesellschaftliche Macht am geringsten ist, wächst unter dieser Bevölkerungsgruppe die Frustration immer mehr. Paradoxerweise projizieren diese Menschen aus der Arbeiter*innenklasse ihren Frust auf all jene, die von der durch das Aktivierungsdogma oktroyierten *Normalität* – also der Quelle ihrer eigenen Leiden – in irgendeiner Weise abweichen und dem Gebot der Aktivierung nicht nachkommen wollen oder können. Ob nun Beleibte, psychisch Labile, Alte oder eben Erwerbslose: gerade dadurch, dass das *Nach-Unten-Treten* eine Projektionsfläche für die Aufrechterhaltung der eigenen, überforderten Identität und die Gefahr, selbst gesellschaftlich *abzurutschen*, darstellt, wirkt dieser Mechanismus besonders stark. Als wahre Adressat*innen des Klassismus fungieren damit nicht die Normabweichler*innen bzw. die Sozialleistungsbezieher*innen, sondern die lohnarbeitende Bevölkerung selbst. Diese jedoch nimmt ihrerseits diesen Klassismus in einer Art Selbstgeißelung und Imitation des Habitus der Reichen auf und wendet ihn in verstärkender Form gegen alle, die Verhaltens- oder Lebensweisen nachgehen, welche der durch das Aktivierungsparadigma konstruierten Norm widersprechen.

5.1 Empirische Ergebnisse

Um die Resultate in ihrem Bedeutungsgehalt entsprechend gewichten zu können, erfolgt nun zunächst eine Zusammenschau der wichtigsten quantitativen Befunde, bevor die qualitativen Ergebnisse sammelnd vorgestellt werden.

Abbildung 11 Anteil der Semantiken am gesamten Datenmaterial

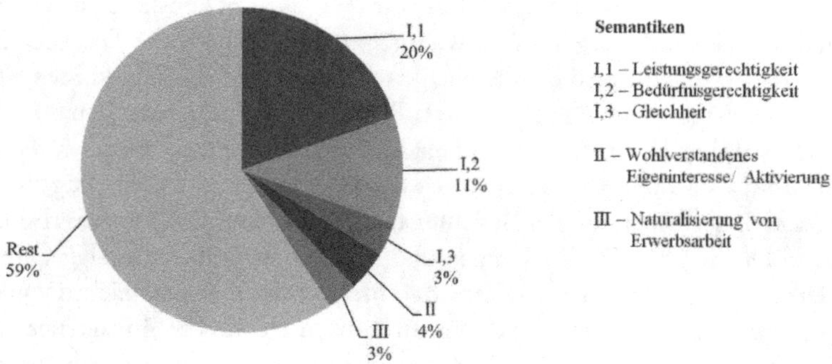

Quelle: Eigene Erstellung.

Es zeigt sich vor allem, dass 59 Prozent der untersuchten Kommentare keiner Legitimationssemantik zugeordnet werden konnten, da sie keine ausführliche Argumentation boten. Stattdessen fanden sich häufig Beleidigungen Dübels oder Gefühlsausdrücke, die keinen eindeutigen Rückschluss auf die dahinterliegenden Denkmuster ziehen ließen (vgl. Abb. 11). Des Weiteren geht aus der Grafik hervor, dass die ersten beiden Semantiken (Leistungs- und Bedürfnisgerechtigkeit) den meisten Kommentaren zugeordnet werden konnten. Die anderen Semantiken (Gleichheit, Wohlverstandenes Eigeninteresse und Naturalisierung von Erwerbsarbeit) fallen mit jeweils 3 bzw. 4 Prozent des

Datenmaterials weniger stark ins Gewicht. Dennoch ist klar, dass die 59 Prozent der Kommentare, die nicht eindeutig einer Semantik zuzuordnen waren, durchaus ähnliche Positionen enthalten können, die sich jedoch nicht in einer eindeutigen Weise deuten lassen. Viele der Kommentare der *Rest*-Kategorie enthalten auch nur kurze Zustimmungen zu vorhergehenden Kommentaren, ohne eine differenzierte Position zu beziehen. Darüber hinaus ist für eine zusammenfassende Deutung darauf hinzuweisen, dass in ausnahmslos allen Legitimationssemantiken die delegitimierende Seite quantitativ stark dominiert (vgl. Abb. 12). Es fällt auf, dass (außer bei der Bedürfnissemantik) über 85 Prozent der semantikbezogenen Kommentare Arno Dübels staatliche Unterstützung als *nicht* legitim bewerten. Diese quantitativen Befunde sollen in einer Synthese mit den nun folgenden qualitativen Deutungen Anhaltspunkte für ein ausgewogenes Bild der Legitimationssemantiken des Falls Arno Dübel liefern.

Abbildung 12 Die Legitimität der staatlichen Unterstützung Dübels

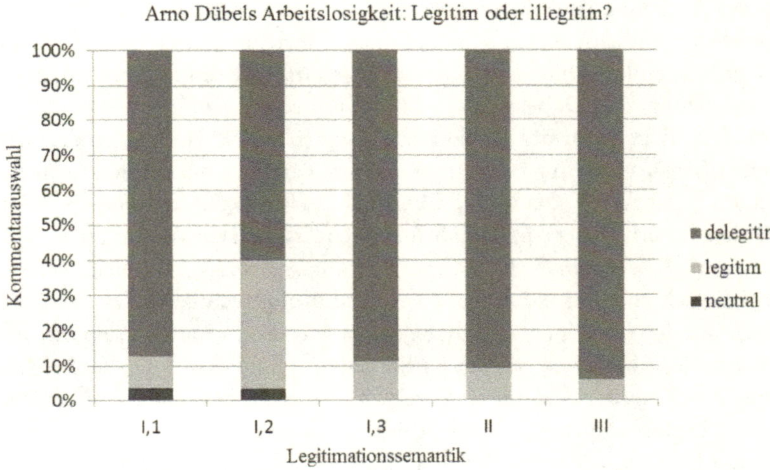

Quelle: Eigene Erstellung.

Im Hinblick auf die Legitimation von Dübels Status überwiegt das Argument der Menschlichkeit. Den Forderungen nach härteren Sanktionen wird entgegen gehalten, Dübel sei ein psychisch und körperlich kranker Mann, der auf die staatliche Unterstützung angewiesen sei. Es bedarf dabei keiner *Leistung*, um einem Mindestmaß an Versorgung *würdig* zu sein; jedem Mitglied der Gesellschaft stehe das Recht auf diese Form der Solidarität zu. Diesem Hauptargument der Verteidigung Dübels steht mengenmäßig ein großes

Repertoire an konträren Semantiken entgegen. Das dominierende Argument der Gegenseite ist dieses: Die Verletzung des Äquivalenzprinzips (Arbeit gegen Lohn gegen Konsum und Unterstützung im Bedarfsfall) durch Arno Dübels öffentliche Absage an jegliche Form von Erwerbsarbeit entziehe ihm das legitime Recht auf staatliche Unterstützung. Die Härte der geforderten Sanktionen reicht vom Entzug des freien Konsumrechts über körperliche Gewalt bis hin zum Ausschluss aus dem deutschen Staat. Seine Bedürftigkeit wird angezweifelt; vielmehr betonen die Leser*innen Dübels betrügerische Absichten gegenüber dem Staat und somit der Gesellschaft im Allgemeinen und letztendlich sich selbst. Da Dübel seine Eigenverantwortung in dieser gesellschaftlichen Tauschbeziehung offensichtlich nicht anerkenne, sich sogar darüber amüsiere, gebühre ihm keine Form des Mitleids oder des Respekts. Tiere verdienten mehr Mitleid als er, da sie im Gegensatz zu Dübel nicht in vollstem Maße selbst für ihr Schicksal verantwortlich gemacht werden könnten. Dübels Infragestellen der gesellschaftlich institutionalisierten Normalitätsidee, im Rahmen welcher der Mensch seine Lebensplanung primär an der Ausübung einer Erwerbstätigkeit zu orientieren hat, lässt Dübel als *sonderbaren* Außenseiter erscheinen. Dübels Darstellung in den *Bild*-Artikeln als genüsslich-konsumierender *Faulpelz* bestärkt die Leser*innen in ihrer Einschätzung, dass Dübel sich in keiner Weise seiner *gesellschaftlichen Pflicht* (mindestens in Form der Dankbarkeit) gegenüber der lastentragenden Erwerbsarbeitsbevölkerung bewusst sei und ihm damit auch basale menschliche Rechte (Unterkunft, Nahrung, Gesundheitsschutz etc.) entzogen werden können. Innerhalb der einzelnen Semantiken lässt sich ein sehr negatives Bild von Arno Dübel zeichnen: Gemäß der Leistungsgerechtigkeit erscheint er faul, betrügerisch und undankbar, gemäß der Bedürfnisgerechtigkeit heuchlerisch, im Sinne der Gleichheit selbstbezogen; inaktiv und verantwortungslos im Zeichen der Aktivierung sowie verschroben im Hinblick auf die Naturalisierung von Erwerbsarbeit. Im Kern zeigt sich jedoch, dass die Prämissen der beiden Legitimationssemantiken (legitim – illegitim), auf denen weiterführende Handlungsempfehlungen basieren, sich diametral gegenüberstehen (vgl. Tabelle 4). Im Rahmen der legitimierenden Semantiken wird Dübel als kranker, bedürftiger Mensch dargestellt, der von den Behörden nicht genug umsorgt wurde. Das Gebot der Menschlichkeit müsse somit für Dübel die Grundlage für eine akzeptable Versorgung sein und sein legaler Bürgerstatus eröffne ihm die Möglichkeit der Klage gegen Verfahren der Arbeitsagentur und die Nutzung anderer legaler Mittel. Sein Verhalten basiere auf einem schweren Schicksal, mit dem er im Rahmen seiner Krankheit *normal* umgehe.

Tabelle 4 Prämissen

Semantiken der Legitimation	Semantiken der Delegitimation
Dübel ist krank.	Dübel täuscht Krankheit vor.
Dübel ist nicht leistungsfähig.	Dübel ist voll leistungsfähig, wenn er nur will.
Dübel ist auch nur ein Mensch.	Dübel ist kein vollwertiger Mensch.
Dübel wird von Behörden vernachlässigt.	Dübel wird von Behörden überprivilegiert.
Dübel ist ein Bürger mit allen legalen Rechten.	Dübel ist kein Bürger mit allen legalen Rechten.
Dübel ist ein *normaler* Mensch.	Dübel ist ein *sonderbarer* Mensch.

Quelle: Eigene Erstellung.

Im Hinblick auf die Delegitimationssemantiken herrschen andere Grundannahmen vor: Hier sind sich die meisten Leser*innen einig, dass Dübel eine Krankheit nur vorschiebe, um nicht arbeiten zu müssen. Somit sei er prinzipiell leistungsfähig; zeige aber keinen eigenen Antrieb, diesem gesellschaftlichen Ziel nachzugehen. Er gilt aufgrund dieser schweren Regelbrüche nicht als vollwertiger Mensch, d.h. ihm soll kein Mitleid entgegengebracht werden und ihm können Grundbedürfnisse legitim verwehrt werden. Darüber hinaus sei Dübel von der Bundesagentur für Arbeit bevorzugt behandelt worden; also wesentlich wohlwollender, als die Leser*innen in ihren persönlichen Fällen. Dübel wird in seinem legalen Status degradiert und ihm stehen somit, unabhängig von Schuldfragen im spezifischen Fall, generell weniger legitime Rechte auf legalen Schutz zu (z.B. Kündigungs-, Gesundheitsschutz). Dabei ist zu beachten, dass durch die Kriminalisierung Dübels (als Sozialbetrüger, der vorsätzlich die Gemeinschaft hintergeht) ein sehr hartes Vorgehen gegen ihn legitimiert wird; Dübel wird als *Sozialverbrecher* stigmatisiert, weil er sich dem gesellschaftlichen Arbeitszwang entzieht. Des Weiteren kann Dübel als Voreinschätzung als *nicht-normaler* Sonderling erachtet werden. Die wesentlichen erwachsenden *Forderungen* sind im Folgenden zusammengetragen; dabei wird verstärkt auf die beabsichtigten Konsequenzen der Delegitimationssemantiken eingegangen, weil diese mengenmäßig eine deutlich größere Strömung im Diskurs einnehmen.

Legitimation von Arno Dübels sozialstaatlicher Unterstützung:

- Erhöhung der Löhne und Renten für Geringverdiener*innen
- Festigung der Menschenrechte und der Mitmenschlichkeit im Umgang mit Erwerbslosen

- Sozialstaat muss in der Lage sein, Bedürftige zu versorgen
- auch kleine Arbeitsbemühungen von Erwerbslosen würdigen

Delegitimation von Arno Dübels sozialstaatlicher Unterstützung:

- Einschränkung des freien Konsumrechts für Erwerbslose, die sich *nicht genug bemühen*
- individuelle *Almosen* statt staatlicher Hilfe
- Einschränkung der persönlichen Bewegungsfreiheit
- Rechtfertigung körperlicher Gewalt
- Einschränkung bis hin zur Abschaffung des Sozialstaats
- Entzug des Rechts auf die Befriedigung basaler menschlicher Bedürfnisse
- hartes bürokratisches Vorgehen
- keine Sonderrechte für Erwerbslose
- Aktivitätsforderungen weitergehend institutionalisieren
- persönliche Schuldzuweisung bei Misserfolg

5.2 Theoretische Schlussfolgerungen

Bezüglich der Schlussfolgerungen aus den empirischen Resultaten erscheint es sinnvoll, eine Konzentration auf die Aspekte der *Delegitimation von Arno Dübels sozialstaatlicher Unterstützung* vorzunehmen, da diese quantitativ bei weitem überwiegen. Dazu werden im Folgenden die oben stichpunktartig erfassten Ergebnisse aus den untersuchten Leser*innenkommentaren jeweils in Begriffspaare gefasst und einer weitergehenden Erläuterung unterzogen.

Einschränkung des freien Konsumrechts für Erwerbslose, die sich nicht genug bemühen / Individuelle Almosen statt staatlicher Hilfe

Wenn es um Argumentationsmuster geht, die ALG II-Bezieher*innen vorschreiben, welche Konsumgüter von dem Regelsatz erworben werden dürfen und welche nicht oder jeglichen sozialstaatlichen Rechtsanspruch sogar gänzlich gegen freiwillig von den so genannten *Leistungsträgern* abgegebene *Almosen* ersetzt sehen wollen, dann steht die Debatte um Arno Dübel keineswegs isoliert da. Im Gegenteil: Gleich drei medial breit ausgetragene Diskussionen spielten sich in diesem Zusammenhang 2009 und 2010 ab, von denen eine sich als typische *Feuilletondebatte* charakterisieren lässt, während die beiden anderen den Weg in die breite Öffentlichkeit gefunden haben.

Eine der Letzteren stellt die bereits in 3.3 erwähnte *Dekadenz-Debatte* von Guido Westerwelle dar. Hintergrund der Äußerung des Bundesaußenministers (»Wer dem Volk anstrengungslosen Wohlstand verspricht, lädt zu spätrömischer Dekadenz ein«) war ein Urteil des Bundesverfassungsgerichts vom Februar 2010, das die bisherige Berechnung der ALG II-Sätze für Kinder als grundgesetzwidrig einstufte und die Bundesregierung aufforderte, die Regelsätze generell neu zu berechnen. Damit war den politischen Verantwortungsträger*innen ein Handlungsdruck auferlegt, der in der zweiten großen Debatte des Jahres mündete. Bundesarbeitsministerin Ursula von der Leyen erhöhte den Regelsatz am Ende von 359 auf 364 Euro monatlich und erklärte zugleich, dass die Ausgaben für Alkohol und Tabak bei der Aufstellung des Regelsatzes ab 2011 nicht mehr berücksichtigt würden. Als Ersatz gibt es seither einen Posten für Mineralwasser in Höhe von 2,99 Euro pro Monat (vgl. Dribbusch 2010). Beide politischen Amtsträger*innen ernteten Zustimmung, aber auch viel Widerspruch für ihre Sprüche und Maßnahmen. Gleiches galt auch für die erwähnte *Feuilletondebatte*. Dabei handelt es sich um einen ernst gemeinten Vorschlag des Philosophen Peter Sloterdijk, den er 2009 via *Frankfurter Allgemeine Zeitung* verkündete. Darin wendet sich der Rektor der Staatlichen Hochschule für Gestaltung in Karlsruhe gegen den »steuerstaatlich zugreifenden Semi-Sozialismus« (Sloterdijk 2009a: 29), womit der Theoretiker für die Abschaffung von Steuern zugunsten einer »Revolution der gebenden Hand« (ebd.) plädiert, die durch den »antifiskalischen Bürgerkrieg« (ebd.) erkämpft werden müsse. Demnach soll das öffentliche Gemeinwohl nur noch durch freiwillige Abgaben der Wohlhabenden finanziert werden. Sloterdijk, der sich offenbar selbst gerne in der Rolle des nietzscheesken Chef-Hooligans der deutschen Philosophie sieht, legte anschließend nach und verteidigte etwa Thilo Sarrazin gegen die »deutschen Berufsempörer« (Sloterdijk 2009b: 97), die das »ganze System der politisch-psychologischen Reflexe« (ebd.) zerstörten, indem vermeintlich linke Forderungen eine Meinungshegemonie erzeugten: »Deutschland war einmal Exportweltmeister falscher politischer Ideen. Jetzt reicht die Produktion kaum noch, die Inlandsnachfrage zu decken« (Sloterdijk 2010: 52). Zum Ausdruck kommt hier ein Gestus, der sich großer Beliebtheit erfreut und über alle im intellektuellen Elfenbeinturm ausgetragene *Feuilletonkriege* hinaus längst im Mainstream angekommen ist, wie nicht zuletzt die Auseinandersetzung der *Bild.de*-Leser*innen mit Arno Dübel demonstrieren: Sämtliche als links geltende politisch-gesellschaftliche Ideen verfügen demnach über eine Meinungs- und Entscheidungshegemonie – und das völlig ungeachtet der Tatsache, dass seit mehreren Jahrzehnten auch hierzulande gesetzliche Regelungen fast ausschließlich darauf ausgerichtet sind, exakt die von Sloterdijk und Co. angeprangerte »verweichlichende Gleichmacherei« (Lucke 2009: 61) nicht nur aus dem politischen System, sondern auch aus dem gesellschaftlichen Diskurs zu verbannen.

Für die beiden Delegitimationssemantiken *Einschränkung des freien Konsumrechts für Erwerbslose, die sich nicht genug bemühen / Individuelle Almosen statt staatlicher Hilfe* können nun im unmittelbaren diskursiven Zusammenhang, in dem sie stehen, jeweils zwei Prämissen diagnostiziert werden. Die erste besagt, dass es ungerecht sei, wenn ein Mensch von jenen Zuwendungen leben kann, die ihm vom allgemeinen Steueraufkommen staatlicherseits zur Verfügung gestellt werden, ohne dafür einer regelmäßigen Erwerbsarbeit nachzugehen. Die zweite behauptet, dass die Mildtätigkeit der Wohlhabenden sowie das ehrenamtliche Engagement der Zivilgesellschaft ausreichen müssen, um Bedürftigen über die Runden zu helfen. Beide beinhalten eine beträchtliche soziale Sprengkraft. Leugnen sie doch nicht weniger als das Grundrecht eines jeden Menschen, ein *gutes Leben* führen zu dürfen. Die Journalistin Ulrike Herrmann beschrieb 2010, wie sehr in Deutschland die Angewohnheit verbreitet ist, sich selbst mit den Reichen gemein zu machen und sich sogar dann argumentativ an deren Seite zu stellen, wenn sie in Wahrheit ganz und gar nicht den selbst ernannten Eliten zugehörig sind, sondern vielmehr zu jener Bevölkerungsmehrheit gehören, die durch die politischen Sozialstaatsreformen eindeutig benachteiligt wird. So zitiert sie eine repräsentative Studie der SPD-nahen Friedrich-Ebert-Stiftung, wonach zwar 63 Prozent der Befragten Angst vor den gesellschaftlichen Veränderungen äußerten, sich dagegen zugleich 58 Prozent als Gewinner*innen derselben betrachten. Angesichts solcher Paradoxien bedürfe es keiner besonderen geistigen Anstrengung, um zu erkennen: »Irgendetwas stimmt nicht mit dem Selbstbild der Deutschen« (Herrmann 2010: 17). Diese »breite Orientierung nach oben« (ebd.: 18) führte zu einem völlig schiefen Gesellschaftsbild: »Obwohl die Bundesrepublik objektiv eine Klassengesellschaft ist, ist sie in der subjektiven Wahrnehmung tatsächlich eine nivellierte Mittelstandsgesellschaft [...]. Vom leitenden Angestellten bis zum Arbeitslosen verorten sich alle irgendwie in der Mitte« (ebd.: 20).

Wenn dieser psychische, das Selbstbild euphemistisch überhöhende Effekt funktioniert, dann verwundert es kaum, dass jemand wie Peter Sloterdijk eine überbordende Huldigung der *edlen Reichen* mit einer Verachtung der »Staats-Kleptokratie« (Sloterdijk 2009a: 29) in Form von Steuern verknüpfen kann, ohne anschließend kollektiv von der öffentlichen und veröffentlichten Meinung aus dem Kreis der ernst zu nehmenden Diskursteilnehmer*innen endgültig verabschiedet zu werden. Zumal die Idee *Almosen statt Sozialleistungen* sich auf der gesamtgesellschaftlichen Ebene bereits niedergeschlagen hat. Sie findet ihren diskursträchtigsten Ausdruck in dem Boom der Lebensmitteltafeln, der seit Jahren im Gange ist und mittelfristig auch nicht abebben dürfte[30]. Zwar stabilisiert hier das Engagement der vielen Ehrenamtlichen den gesellschaftlichen Zusammenhalt, doch unterläuft die entpolitisierte Struktur des Tafel-Systems zugleich das Menschenrecht auf ein selbstbestim-

30 Für einen kritischen Blick auf das *System* der Lebensmitteltafeln siehe Selke 2009.

mtes Leben. Die Tafel-*Kund*innen* können nicht dieses oder jenes Kaufhaus wählen, meist auch nicht diese oder jene Speise aussuchen. Noch nicht einmal von üblichen Geschäftsöffnungszeiten können sie Gebrauch machen, denn die Tafel hat nur zweimal wöchentlich auf. Alle, die an der Verteilung von Almosen teilnehmen müssen, haben sich rechtzeitig in einer langen Schlange einzureihen und das Risiko einzugehen, von den Nachbarn gesehen und fortan bestenfalls mit missbilligenden Blicken beargwöhnt zu werden. Derweil inszenieren sich Konzerne wie Aldi, Lidl und Co. als großzügige Lebensmittelsponsoren für die Tafeln, sorgen aber mit ihren Minijobs genau für diejenigen *working poor*, die zur Stammkundschaft der Tafeln zählen und sparen obendrein hohe Entsorgungskosten. Der Staat darf sich selbst als edler Belohner in Szene setzen, indem er ehrenamtlich Tätige mit Auszeichnungen überhäuft. Solche Aktionen dienen letztlich aber in erster Linie dazu, den Staat von seiner Aufgabe zu entbinden, jene zu versorgen, die sich nicht selbst helfen können. Zumal es bereits einige Fälle gab, in denen Hilfe suchende ALG-II-Empfänger*innen von ihren Fallmanager*innen schroff an die Tafel verwiesen wurden oder ihnen vereinzelt sogar rechtswidrig der Regelsatz gekürzt wurde, weil sie zur Essensausgabe der Tafel gehen. Damit schirmt sich der Staat also vor genau denen ab, durch die er überhaupt erst delegiert wurde – und das mit Unterstützung der Tafeln, die sich ihrerseits mit Politiker*innen schmücken, die reihenweise Sozialkürzungen vornehmen und gleichzeitig die Arbeit der Tafeln als Zeichen einer blühenden Zivilgesellschaft bejubeln. Ein gutes Beispiel dafür ist die *Twitter*-Aktivität von Familienministerin Kristina Schröder (CDU). In ihrem letzten *Tweet*, bevor sie sich für die ersatzlose Streichung des Elterngeldes bei ALG-II-Bezieher*innen aussprach, berichtete sie stolz, Schirmherrin der Tafeln in Deutschland zu sein. Heinrich Alt vom Vorstand der Bundesagentur für Arbeit argumentierte mit dem Verweis auf die Existenz der Tafeln sogar bereits gegen jede Erhöhung der ALG-II-Sätze. Der individuelle Entzug der persönlichen Konsumfreiheit verknüpft sich in diesen klassistischen Semantiken der Delegitimation also mit dem Chauvinismus der Begüterten, welcher von der lohnarbeitenden Bevölkerung durch ihre falsche Wahrnehmung maßgeblich unterstützt und reproduziert wird.

Einschränkung der persönlichen Bewegungsfreiheit / Rechtfertigung körperlicher Gewalt

Wenn einem Menschen solcherlei grundlegende Rechte entzogen werden, dann ist es nicht mehr allzu weit bis zu einem Punkt der gänzlichen verbalen Enthemmung, die auch nicht vor Aufforderungen wie *Ab ins Lager!* oder *Haut ihm aufs Maul!* halt macht. Als Kulminationspunkt des über Jahre hinweg sich etablierenden Aktivierungsimperativs ist dieser empirische Befund aus der *Bild*-Debatte um Arno Dübel ein durchaus erklärbarer Schritt in Richtung einer Gesellschaft, die das Mittel des Strafens wieder offen jenem Zweck zuführt, den es inoffiziell schon immer hatte. Damit ist nicht etwa eine pädagogisierende Funktion der Strafe gemeint. Vielmehr liegt ihr Zweck in einer Disziplinierung der Noch-Nicht-Straffällig-Gewordenen und richtet sich damit direkt an die Bevölkerungsmehrheit, die von der sozial erzeugten *Normalität* (noch) nicht abweicht. Darin, dass die Adressat*innen der Strafandrohung (hier in Gestalt der *Bild.de*-Leser*innen) dieses Spiel gegen die Normabweichler*innen mit besonderem Nachdruck mitmachen, liegt das Erfolgsrezept dieses Prozesses.

Loïc Wacquant, ein Mitstreiter Pierre Bourdieus, sieht in den USA den Prototypen für eine auch in Europa zu beobachtende Tendenz des Regierens mit der sozialen Unsicherheit, das »die „unsichtbare Hand" von dereguliertem Arbeitsmarkt und einzelvertraglich geregelter Sozialhilfe mit der „eisernen Faust" des strafenden Staats koppelt« (Wacquant 2009: 42). Gegen Ende des 20. Jahrhunderts habe das »In-Schach-Halten durch Strafe als staatliche Technik des Managements der sich verschärfenden Marginalität in den Städten die zweigleisige Behandlung der Probleme von Arbeit und Kriminalität [...] rückgängig gemacht und Sozial- und Strafverfolgungspolitik wieder zusammengeführt« (ebd.: 292). Für Deutschland gilt dies insbesondere seit der Einführung des ALG II, in welchem die Leistungsbezieher*innen zwar als *Kunden* bezeichnet werden und sie eine als Vertrag titulierte *Eingliederungsvereinbarung* unterzeichnen müssen. Sie werden allerdings im Anschluss im Zusammenhang mit den Zumutbarkeitskriterien zur Aufnahme exakt jener Erwerbsarbeit bei Strafe des totalen Leistungsentzugs gezwungen, dieses einseitige Angebot anzunehmen. Die Pflicht zur Arbeit kommt hier nur rhetorisch nicht als Strafe daher, sondern im Gegenteil als Mittel zur Selbstverwirklichung und Aktionsfeld von Freiheit. Negative Sanktionen werden nicht als Strafe, sondern als freundlich gemeinte Anreize für zukünftiges Verhalten gedeutet. Hier entdeckt Hans Georg Zilian Ähnlichkeiten mit dem diktatorischen Sowjetsozialismus, der sowohl ein Recht, als auch eine Pflicht zur Arbeit kannte. In Marktwirtschaften gibt es zwar formal in aller Regel weder das eine, noch das andere. Doch ist spätestens seit der Durchsetzung des Aktivierungsparadigmas erkennbar, dass den Individuen die unmissverständliche Pflicht auferlegt wird, »sich der Gesellschaft durch Arbeit als nützlich zu erweisen« (Zilian 2000: 573). Eine pädagogisierende Resozialisierungsabsicht ist mit dem latenten Arbeitszwang nicht verbunden. Stattdessen herrscht eine »Freiheit der Selbstadjustierung« (Legnaro 2008: 64), welche die Verantwortung für rekonformisiertes Verhalten an die Aktivierungsadressat*innen selbst delegiert. Bedroht sehen müssen sich hingegen neben den prekär Beschäftigten auch alle anderen lohnabhängig Erwerbstätigen, weil es im neuen Aktivierungsstaat tendenziell für niemanden mehr die Möglichkeit gibt, diesen Geboten zu entkommen.

Stellt man sich nun die Frage, wie diese neue Herrschaftstechnik des Strafens trotz der Verschleierung in *Neusprech* im Sinne von George Orwells Roman *1984* in das Bewusstsein der breiten Bevölkerung und damit auch der *Bild.de*-Leser*innen vordringen konnte, wird man bei einem Konzept fündig, für das der britische Politologe Colin Crouch den Begriff *Postdemokratie* geprägt hat. So zählt er den »Verfall der politischen Kommunikation« (Crouch 2008: 38) zu den wichtigsten Indizien für die Transformation demokratischer Systeme zu einer reinen Output-Orientierung. In erster Linie meint er damit, dass sich Berichte und Kommentare, mit denen die Regierung die Bürger*innen erreichen will, grundlegend verändert haben und die Kluft zwischen offiziellen Dokumenten und den via Massenmedien transportierten Botschaften zunehmend geringer werde:

> »Wir haben uns daran gewöhnt, daß Politiker nicht wie normale Menschen sprechen, sondern aalglatte, ausgefeilte Statements von sich geben [...]. Ebenso wie die Sprache der Boulevardpresse und der Parteiveröffentlichungen ähnelt diese Form der Kommunikation weder der normalen Sprache des Mannes oder der Frau auf der Straße noch der wirklicher politischer Diskussionen. Sie ist so konstruiert, daß sie für diese beiden wichtigsten Arten des demokratischen Diskurses nicht wirklich greifbar ist« (ebd.: 36f.).

Als Mitverantwortliche sieht Crouch jene Medien, die mittlerweile »Teil des kommerziellen Sektors« (ebd.: 64) seien und deren Kontrolle sich in den Händen von sehr wenigen Menschen konzentriere. Gemeint ist insgesamt ein Gemeinwesen,

> »in dem zwar nach wie vor Wahlen abgehalten werden, Wahlen, die sogar dazu führen, daß Regierungen ihren Abschied nehmen müssen, in dem allerdings konkurrierende Teams professioneller PR-Experten die öffentliche Debatte während der Wahlkämpfe so stark kontrollieren, daß sie zu einem reinen Spektakel verkommt, bei dem man nur über eine Reihe von Problemen diskutiert, die die Experten zuvor ausgewählt haben. Die Mehrheit der Bürger spielt dabei eine passive, schweigende, ja sogar apathische Rolle, sie reagieren nur auf die Signale, die man ihnen gibt« (ebd.: 10).

Die Bevölkerungsmehrheit erfährt Politik größtenteils medienvermittelt, zumal sich in den vergangenen Jahrzehnten ein symbiotisches Zusammenspiel zwischen Politik und Medien etabliert hat, in dem der eine ohne den anderen nicht mehr auskommt. Über jene Massenmedien lancieren Politiker*innen gezielt solche *Signale*, die meist bestimmte Vorstellungen von Gerechtigkeit emotionalisieren. Sprüche wie *Sozial ist, was Arbeit schafft* (CDU), *Leistung muss sich wieder lohnen* (FDP), *Viele Sozialhilfeempfänger sehen ihren Lebenssinn darin, Kohlehydrate oder Alkohol in sich hinein zu stopfen, vor dem Fernseher* *zu sitzen und das Gleiche den eigenen Kindern angedeihen zu lassen* (Oswald Metzger, damals Bündnis 90/Die Grünen) oder *In der deutschen Unterschicht wird das Elterngeld versoffen* (Heinz Buschkowsky, SPD) lösen in der lohnarbeitenden Bevölkerung den Stimulus *Leistungsgerechtigkeit* aus, sodass sie sich gegen die vermeintlich *faulen* Sozialleistungsempfänger*innen wenden, welche die von den *hart Arbeitenden* aufgebrachten Steuergelder *verprassen*. Hand in Hand agierte die Politik hier mit der Unternehmer*innen-Lobby, welche 2000 eine Kampagne initiierte, die einen beispiellosen Einfluss auf die Prägung des Diskurses um den Sozialstaat nehmen konnte. Martin Kannegiesser, der Präsident des *Arbeitgeberverbandes Gesamtmetall*, zeigte sich damals besorgt ob der Sozialstaatstreue weiter Teile der deutschen Bevölkerung und fasste einen Beschluss:

> »Weil man 82 Millionen Menschen nicht einfach auswechseln kann, griff er zu einer List. Er wollte die Leute ein bisschen umerziehen. "Aufklären" nennt er das. Ihnen mit schlauen Parolen die Notwendigkeit von radikalen Reformen einhämmern, sie mit Plakaten, Anzeigen und TV-Spots überschütten, auf dass die Leute die Wünsche der Wirtschaft als ihre eigenen begreifen« (Grill 2003).

Zu diesem Zweck hob er die *Initiative Neue Soziale Marktwirtschaft* (*INSM*) aus der Taufe (vgl. Müller 2006: 178), die durch Kannegiessers Haus jährlich mit zehn Millionen Euro finanziert wird (von denen nach Abzug der Steuern fast neun Millionen Euro übrig bleiben) und laut Manfred G. Schmidt zur »bislang erfolgreichste[n] Lobby, die die Wirtschaftsliberalen je hatten« (zit. n. Gammelin/Hamann 2005: 133), aufgestiegen ist. Dieser Erfolg beruht auf ihren Methoden: »Die Umerziehung des Volkes geschieht heute nicht mit Bajonetten und soldatischem Drill, nicht mit Gewalt, sondern auf sehr sanfte Weise, mit Mitteln der Öffentlichkeitsarbeit und der Einflussnahme auf die Organe der politischen Willensbildung« (Albrecht Müller 2004: 66). Sich selbst betrachtet die *INSM* als »ökonomische […] Stimme der Vernunft in der Reformdebatte« (o. V. 2009) und verfolgt offiziell das Ziel, »die Soziale Marktwirtschaft zu erneuern und sie leistungsfähig zu halten« (ebd.), die laut *INSM* durch übertriebene sozialstaatliche Ansprüche deformiert worden sei (vgl. ebd.). Die Organisation ist bemüht, nicht direkt als Arbeitgeber*innenkampagne erkannt zu werden, weshalb sie sich zahlreicher *Botschafter*innen* jedweder parlamentarisch vertretener parteipolitischer Couleur (außer der *Linken*) bedient (vgl. Ulrich Müller 2004: 42). Außerdem platziert sie ihre missionarischen Aussagen geschickt in den Medien. Mithilfe von Medienkooperationen (z.B. mit der *Frankfurter Allgemeinen Sonntagszeitung* oder *Financial Times Deutschland*) wurde beispielsweise mehrfach die Wahl zum *Ministerpräsidenten des Jahres* (diesen Titel erhielt stets ein wirtschaftsorientierter Politiker; 2004 etwa der sächsische Regierungschef Georg Milbradt, CDU) oder zum *Blockierer des Jahres* (der für Personen reserviert war, die restriktiven Sozialstaatsreformen skeptisch gegenüber stehen; 2003 war dies *IG-Metall-Chef* Jürgen Peters) veranstaltet. Auszeichnungen, die anschließend eine weite mediale Verbreitung fanden, ohne dass die Nennung der *INSM* als Urheber explizit geschah (vgl. Stumberger 2005: 30f.). Der Bezug zu den finanziell und personell klammen journalistischen Schreibstuben liegt auf der Hand: »Oft genug müssen sich Redaktionen [...] auf Zahlen und Fakten verlassen, die ihnen von Lobbyisten gereicht werden – wenn sie nur Auflage und Aufmerksamkeit versprechen« (Gammelin/Hamann 2005: 142). In seiner Untersuchung zur *INSM* kam Rudolf Speth denn auch zu einem klaren Resultat. So sei davon auszugehen,

> »dass die Aktivitäten der INSM in den letzten Jahren massiv dazu beigetragen haben, Einstellungen in der Bevölkerung zu verändern und Themen wie Rückbau des Wohlfahrtsstaates, Arbeitszeiten, verstärkte Eigenverantwortung, staatliche Ausgaben- und Aufgabenbeschränkung in die Diskussion zu bringen« (Speth 2004: 45).

Der Staat zieht sich somit seit der Wende zum marktzentrierten Paradigma immer weiter aus der Verantwortung zurück, die Bevölkerung vor den negativen Auswirkungen des Marktes zu schützen und macht sich stattdessen zum Dienstleister der ökonomisch Mächtigen, die ihrerseits die politischen Leitlinien vorgeben. Und das sogar gegen die Judikative, welche der Politik über das ALG-II-Urteil Anfang 2010 ja dezidiert auftrug, in aktiver statt aktivierender Form für ein angemessenes Existenzminimum für alle zu sorgen. Stattdessen zeigte die Erhöhung des Regelsatzes um lediglich fünf Euro und die damit verbundene Entmündigung, wie sich der Staat auf die Rolle als Überwacher und Disziplinierer beschränkt und gemeinsam mit den vor dem sozialen Absturz Gefährdeten all jene diskriminiert, die dem Aktivierungsimperativ nicht nachkommen oder im Verdacht stehen, sich ihm zu verweigern. Politische Mandatsträger*innen betreiben damit eine massive Entpolitisierung und eine starke Emotionalisierung in weiten Teilen der Arbeiter*innenklasse.

Einschränkung bis hin zur Abschaffung des Sozialstaats / Entzug des Rechts auf die Befriedigung basaler menschlicher Bedürfnisse

Im selben Kontext sind auch Forderungen nach der Abschaffung des Sozialstaates und nach dem Entzug des Rechts auf die Befriedigung wichtiger menschlicher Bedürfnisse zu verstehen. Sie rekurrieren im Gegensatz zu brutalen Rufen nach Gewaltanwendung aber vor allem auf einen Mythos, der als Grundbedingung für die Funktionsfähigkeit jeder Marktwirtschaft gelten kann, nämlich dem stillschweigenden gesamtgesellschaftlichen Deal, dass jede*r potenziell alles erreichen könne, wenn er*sie sich nur genug anstrenge. Seit Bestehen der Bundesrepublik wird dieses Leistungsprinzip als Tatsache vermittelt. Es sei der zentrale Moderator des gesellschaftlichen Aufstiegs. Begründet wurde dies immer wieder vor dem Hintergrund einer Bildungsexpansion, welche die herkunftsbedingte Auslese der Eliten ersetzt habe. Zumindest in Bezug auf das Schul- und Hochschulsystem ist die Erkenntnis der Unhaltbarkeit solch einer Ansicht mittlerweile bis in das Bewusstsein auch der meisten Meinungsführer*innen vorgedrungen. Michael Hartmann hat einen wesentlichen Beitrag geleistet zur Thematisierung der Unwirksamkeit des Leistungsmechanismus in sämtlichen Sektoren des kapitalistischen Arrangements. In seiner empirischen Analyse mit dem Titel *Der Mythos von den Leistungseliten* kommt er zu dem Schluss: »Von einer Leistungsgesellschaft [...] kann keine Rede sein« (Hartmann 2002: 151). Das aus den USA stammende Bild vom Tellerwäscher, der es aufgrund harter Arbeit zum Millionär bringt, ist in Wahrheit nichts als ein Märchen, das nur für sehr wenige Menschen wahr werden kann, falls ihr Lebensweg mit gleich mehreren glücklichen Zufällen gepflastert ist. Abgesehen davon, dass die konsequente Befolgung des Prinzips der Leistungsgerechtigkeit den Grundprinzipien jeder sozialen Demokratie eklatant widerspräche, trifft jene Vorstellung, die Politiker*innen ebenso wie Unternehmer*innen und Wissenschaftler*innen aller Richtungen immer wieder als Ideal anbeten, schlicht nicht zu, wie Hartmann nachwies:

> »Wenn in den letzten Jahren [...] immer wieder die Abwendung von der hierzulande angeblich üblichen „Gleichmacherei" zugunsten des Prinzips der „Leistungsgerechtigkeit" gefordert wird, dann lässt sich daraus angesichts der eindeutigen Ergebnisse [...] nur ein Schluss ziehen. Es geht denjenigen, die [...] so vehement für „Leistungsgerechtigkeit" streiten und das damit begründen, dass dieses Prinzip im Gegensatz zu den Gepflogenheiten des deutschen Sozialstaats „den Regeln der Fairness" gehorche und „Bildung, Fähigkeit, Wissen" angemessen honoriere, gar nicht um wirkliche Leistungsgerechtigkeit, sondern um die Bewahrung und den Ausbau ihrer privilegierten Position« (ebd.: 179).

In dieses Gedankenkonstrukt passen die Forderungen nach der Abschaffung des Sozialstaats durch viele *Bild.de*-Leser*innen nur allzu gut hinein, die ihrerseits die Logik nicht durchschauen, dass Reichtum, Wohlstand und Selbstverwirklichungschancen im Kapitalismus stets in allererster Linie durch Vererbung und/oder Willkür weitergegeben werden und obendrein ausgerechnet »diejenigen, die das Ende der sozialen Hängematte verkünden, sich selber Dutzende von Hängematten knüpfen« (Prantl 2010: 251). Jeder Mensch, so die Vorstellung, bekomme das, was er verdiene, eben weil wir in einer liberalen Demokratie leben. Damit funktioniert der Mechanismus, jedes menschliche Schicksal auf die individuelle Leistung zurückzuführen, bei der

Arbeiter*innenklasse in einer ähnlichen Weise wie bei den Reichen. Der US-amerikanische Schriftsteller Philipp Meyer beschrieb dies treffend in einem Essay für die Zeitschrift *Literaturen*:

> »Für jemanden, der ein paar Millionen Dollar im Jahr macht, ist die Vorstellung, wir seien nichts als selbstsüchtige Tiere, eine attraktive Philosophie. Weil sie die Schuld negiert. Das Schuldgefühl eines normalen Menschen, wenn er ein Land der Dritten Welt besucht, entspricht dem, was ein höherer Investmentbanker empfindet, wenn er ein Arbeiterviertel in Birmingham oder Philadelphia zu sehen bekommt. Wenn dein Gehalt die Arbeitsplätze von ein paar hundert Krankenschwestern oder Lehrern finanzieren könnte, brauchst du eine gute Erklärung, warum das in Ordnung ist. Und die einzige, die funktioniert, erklärt die Welt zur reinen Leistungsgesellschaft. Sie besagt, wir alle, ob reich oder arm, kriegen nur, was wir verdienen« (Meyer 2010: 20).

Inmitten der größten Krise des Kapitalismus seit dem Ende der 1920er Jahre gewinnt gerade diese Haltung vieler Menschen eine besondere Note. Nicht etwa die *Gewinner*innen* der Ideologie von der Leistungsgerechtigkeit geraten ins Visier der Kritik, sondern deren zahlreiche wahre *Verlierer*innen.* Und das, obwohl die OECD erst jüngst festgestellt hat, dass Armut und Einkommensungleichheit seit der Jahrtausendwende in keinem anderen Mitgliedsland derart zugenommen haben wie in Deutschland (vgl. Hartmann 2010: 274). Mit dem Rückgriff auf das Bild vom *Leistungsträger* gelingt es der Politik hingegen, viel Zustimmung in der Mittelklasse zu erhalten, denn die Mehrheit der Bevölkerung sieht sich zu Recht als Gruppe, welche *den Laden* des politischen, des Wirtschafts- und Gesellschaftssystems überhaupt noch am Laufen hält. Weil sie für möglich halten, selbst durch eigene Kraft sozial beträchtlich aufzusteigen, handeln die Menschen gegen ihr objektives Klasseninteresse und solidarisieren sich mit den Wohlhabenden und Reichen. Denen nämlich haftet gerade deshalb meist keinerlei moralischer Makel an, weil es inmitten dieser Ideologie undenkbar ist, dass privater Reichtum notwendig immer bitterste Armut an anderer Stelle schuldhaft hervorbringen muss, ganz im Sinne der berühmten Verse Bertolt Brechts: »Reicher Mann und armer Mann / Standen da und sahn sich an. / Und der Arme sagte bleich: / Wär ich nicht arm, wärst du nicht reich« (Brecht 2004: 387). Eine simple Erkenntnis, die es aber eben bis heute bei weitem nicht in das kollektive Bewusstsein der deutschen Bevölkerung geschafft hat – aus dem menschlich-allzumenschlichen Grund, die imaginierte Chance des eigenen für möglich gehaltenen Aufstiegs zu Reichtum und Anerkennung aufrecht erhalten zu können.

Hartes bürokratisches Vorgehen / Keine Sonderrechte für Erwerbslose

Die Auffassung, dass der Staat durch Sozialleistungen den Bezieher*innen von finanziellen oder ideellen Zuwendungen in ihrer vermeintlichen *Faulheit* auch noch helfe und stattdessen die *Arbeitenden* benachteilige, weil die Höhe der Leistungen einem Niveau entsprächen, angesichts dessen sich *Arbeit nicht mehr lohne*, findet ihren Niederschlag in dem Insistieren darauf, dass die Jobcenter bei Aktivierungsverweigerer*innen *hart durchgreifen* sollten und ihnen *keine Sonderrechte* einräumen dürften. Zu verstehen ist die Vehemenz dieser Appelle nur mit der positiven Dimension dessen, was im Zusammenhang mit den Zumutbarkeitskritierien als Erwerbsarbeitszwang verstanden werden kann. Es wäre nämlich die Interpretation möglich, wonach die Aktivierungspolitik ein *Recht auf Erwerbsarbeit* entstehen lässt. Das Konstrukt eines Rechtes auf Arbeit ist in allen Sozialwissenschaften höchst umstritten. Versteht man es allerdings in einem weiteren Sinne nicht nur als Gewährung des *Normalarbeitsverhältnisses*[31], sondern als grundsätzliche Einräumung der Möglichkeit, einer geregelten und nach allgemeiner Lesart als gesellschaftlich zweckmäßig erachteten Beschäftigung nachzugehen, so kann dies auch als Recht auf Freiheit vor sozialer Ausgrenzung und den durch Erwerbslosigkeit möglichen gesundheitlichen Schäden[32] expliziert werden.

Die Arbeitsgesellschaft ist während des Bedeutungsgewinns des marktzentrierten Aktivierungsparadigmas »in die Jahre gekommen« (Lutz 2003: 414), sodass sich der individuelle Lebenserfolg mit der Fähigkeit zum »flexiblen Zusammenbasteln der je eigenen Existenz aus je (zufällig) vorhandenen bzw. sich eröffnenden (Erwerbs-) Chancen« (Hitzler/Pfadenhauer 2000: 375) verbindet. Überhaupt ist Flexibilität zu einem »Zauberwort in Wirtschafts- und Arbeitspolitik« (Lessenich 2008: 74) avanciert: »Der flexible Kapitalismus folgt einer projektbasierten Rechtfertigungsordnung, die alle sozialen Beziehungen in einer auf Anpassungsfähigkeit und Kurzfristigkeit setzenden, netzwerkförmig angelegten Struktur aufgehen lässt« (ebd.: 76). Ständig müssen neue Projekte generiert werden, die nur innerhalb von sozialen Beziehungen denkbar sind. Daher besteht die Aktivität allen Wirtschaftens, Arbeitens und Lebens vorrangig darin, »sich in Projekte einzufügen, die eigene Isolierung zu überwinden und die Chance auf Begegnung mit anderen

31 Dieses gilt nach wie vor als *typische* Beschäftigungsform, während alle anderen, davon abweichenden Arbeitsverhältnisse als *atypisch* bezeichnet werden. Das *Normalarbeitsverhältnis* ist vor allem gekennzeichnet durch eine Vollzeittätigkeit, geregelte Arbeitszeitmuster, Dauerhaftigkeit, Unbefristung, tariflich normierte Vergütung, volle Sozialversicherungspflicht, Abhängigkeit vom Arbeitgeber sowie eine kollektive Interessenvertretung (vgl. Bäcker et. al. 2008: 434).

32 Vgl. hierzu etwa Morgenroth 2003 oder Frese 2008.

Akteuren zu erhöhen« (Boltanski 2007: 9). Der Aktivierungspraxis liegt also ein Gerechtigkeitsbegriff zugrunde, der die Befähigung des Individuums zum gelingenden Leben im gesamtgesellschaftlichen Kontext betont. Es wird eine Gemeinschaft beschworen, inmitten derer niemand bevorzugt werden darf und jeder Verstoß gegen das Prinzip der Pflicht zu Flexibilität das Gerechtigkeitsempfinden der Menschen empfindlich stört. Stephan Lessenich sieht darin eine neue Moralökonomie:

> »Wer nicht oder nicht hinreichend für sich – und damit eben auch für die anderen – (vor)sorgt, wird gewissermaßen selbsttätig – nämlich durch aktives Unterlassen – zum Risiko für die Allgemeinheit, zum riskanten Subjekt (wer sich nicht impfen lässt, steckt andere an; wer sich nicht vorsorglich untersuchen lässt, kommt die Kasse teuer zu stehen; wer keine Prävention betreibt, ist nicht nur „selber schuld", sondern wird zum schuldigen Subjekt und macht sich auch sozial schuldig)« (Lessenich 2008: 119).

Ausnahmen gibt es in diesem Sinne nicht mehr, auch oder ganz besonders nicht für Sozialleistungsempfänger*innen. Wenn innerhalb dieser Delegitimationssemantik offenbar wird, dass der Bezug von ALG II ein ähnliches oder gar höheres Einkommen ermöglicht als ein Job im Niedriglohnsektor, folgt klassistische Diskriminierung, weil das Einfordern eines *gleichen Rechts für alle* einfacher erscheint als die Forderung nach flächendeckenden Mindestlöhnen oder einem bedingungslosen Grundeinkommen. Es herrscht primär der Gedanke vor: *Wenn jeder nur an sich selbst denkt, dann ist doch an alle gedacht.*

Das entscheidende Problem zeigt sich in dieser Argumentation dann, wenn eine Verbindung hergestellt werden kann zu einem Mythos, der dem der Leistungsgerechtigkeit zwar ähnlich ist, ihn aber darüber hinausgehend noch erheblich apodiktischer und die daran glaubenden Menschen noch rauer werden lässt: die Ideologie der Begabung. Noch mehr als die Vorstellung von der sozialen Heilkraft des Leistungsprinzips reproduziert sie die dem Aktivierungsgedanken innewohnende Mitleidlosigkeit bzw. Entsolidarisierung. Begabung wird definiert als »angeborenes Vermögen« (Kemper/Weinbach 2009: 131) und bis heute findet die Ansicht vor allem im mehrgliedrigen Schulsystem ihren Ausdruck, dass jeder Mensch mit einer bestimmten Begabung geboren wird, die seine intellektuellen Fähigkeiten und damit den Schul- und Ausbildungs*erfolg* genetisch vorgeben. Im Weltbild von Christ- und Freidemokrat*innen sowie Nazis war die Begabungsideologie schon immer fest verankert. Die europäische Sozialdemokratie und die *Grünen Parteien* haben diese niemals bewiesene biologistische Vorstellung spätestens Ende der 1990er Jahre endgültig ebenfalls als Fakt anerkannt und propagieren dementsprechend anstelle der *Chancengleichheit* seither die Herstellung einer *Chancengerechtigkeit,* die darauf abzielt, dass nicht nur den *Schwächeren,* sondern »auch den Begabteren bzw. den ›Hochbegabten‹« das Recht eingeräumt wird, sich von dieser Masse wieder zu entfernen, um eine ihnen gemäße exzellente Elite-Ausbildung zu bekommen« (ebd.: 132). *Begabtenstipendien* sollen damit nicht etwa ärmeren Menschen ein Studium bzw. einen höheren Bildungsabschluss ermöglichen, sondern denen zugute kommen, die als *besonders begabt* eingeschätzt werden. Empirisch nachweisbar sind das fast ausschließlich jene, die vom Elternhaus eigentlich bereits ausreichend materielle und ideelle Ressourcen zur Verfügung gestellt bekamen, um jede Ausbildung auch ohne Stipendium zu absolvieren. Die Folge ließ sich im rot-grünen Regierungshandeln beobachten, das »neue Privilegierungen gestattet (z.B. Gebührenbefreiung der »Hochbegabten«, staatlich gepushte »Elite«-Ausbildungen)« (ebd.: 133). Wer nun davon ausgeht, dass zwar einerseits Leistungsgerechtigkeit herrschen müsse, andererseits aber eben auch eine genetisch festgelegte Intelligenz die Lebenschancen unabänderlich vorzeichnet, dem fällt es auch nicht schwer, von den Behörden mehr Härte gegen Erwerbslose zu verlangen, die Probleme bei der individuellen Lebensführung haben.

Aktivitätsforderungen weitergehend institutionalisieren / Persönliche Schuldzuweisung bei Misserfolg

Im *alten* Sozialstaatsmodell wurden vor allem Arbeitnehmer*innen und Gewerkschaften für Perioden steigender Arbeitslosigkeit verantwortlich gemacht. Hans Uske hat dies bei der Untersuchung des Arbeitslosigkeitsdiskurses in der Bundesrepublik Deutschland zwischen Mitte der 1970er und dem Beginn der 1990er Jahren nachgewiesen. Er diagnostizierte zwei wesentliche Argumentationsweisen, die zur Schuldzuweisung an die lohnarbeitende Bevölkerung führten. Neben dem Verweis auf die *zu hohen Löhne,* welche demnach die Herstellung von Vollbeschäftigung verhinderten, ist es die Reduzierung der Arbeitnehmer*innenrechte zum Kostenfaktor, deren Beseitigung erst zu *fairen* Wettbewerbsbedingungen führen könnte (vgl. Uske 1995: 140). Im *neuen* Sozialstaatsmodell bestehen diese diskursiven Schuldzuweisungen weiter. Sie werden allerdings ergänzt durch die Individualisierung der sozialen Verantwortlichkeiten. Alle, die erwerbslos sind und Sozialleistungen beziehen, stehen im Verdacht, dies freiwillig zu tun und damit den Staat zu betrügen; eine radikalisierte Form des altbekannten Mottos *Wenn jemand wirklich Arbeit will, dann findet er auch welche*. Die Diskriminierung durch *Bild.de*-Leser*innen gegen Arno Dübel geschieht in dieser Logik in Form eines permanenten Selbstbezugs (*Ich steh jeden Morgen früh auf und geh' für den arbeiten!*), der im Vergleich mit Erwerbslosen grundsätzlich nur positiv ausfallen kann in einem gesamtgesellschaftlichen Kontext, in dem soziale Anerkennung nach dem Kriterium verteilt wird, wer sich als durch eigenen Antrieb aktive*r Bürger*in als nützlich erweist. Aufgewertet wird damit vorrangig die eigene Identität in Abgrenzung zu den Armen, die diesem Verständnis zufolge nur freiwillig *auf der faulen Haut* liegen können, weil das Gebot der Leistungsgerechtigkeit jedem zumindest die Chance offeriert, bei entsprechender persönlicher Anstrengung alle Ziele zu erreichen. Scheitert jemand bei der Suche nach dem *guten Leben*, so ist die betroffene Person vollständig selbst verantwortlich oder aber durch angeborene *Dummheit* nicht zu mehr in der Lage. In beiden Fällen darf keine Fremdhilfe erwartet werden, weil so wiederum das für alle gleichermaßen geltende Dogma der Leistungsgerechtigkeit außer Kraft träte.

Ein politisch schillernder Begriff, der im Zusammenhang mit dem Sozialstaatsdiskurs allüberall häufig verwendet wird, ist jener der *Eigenverantwortung*. Charakteristisch für solche politischen Debatten ist die »Verknüpfung von Rechenschaftspflicht und Selbstverpflichtung« (Kaufmann 2006: 55). Einerseits ist es unstrittig und ein wesentliches demokratisches Prinzip, dass jeder Mensch das Recht haben muss, über sein Leben selbst zu bestimmen. Man ist also in jedem Falle für sein Leben *selbst* zuständig. Die entscheidende Frage aber lautet vielmehr, »inwieweit und in welchen Hinsichten er hierüber Dritten gegenüber verantwortlich ist« (ebd.: 56). Und noch wichtiger: Lässt sich aus einer Verweigerung der Rechtfertigungslogik schließen, dass Leistungskürzungen zum legitimen Mittel der Disziplinierung avancieren? Politische Verantwortungsträger*innen scheinen diese Frage längst bejaht zu haben, denn der Terminus der Eigenverantwortung dient ihnen lediglich zur Begründung des sozialstaatlichen Umbaus hin zur Aktivierung. Mithilfe einer apodiktisch überhöhten Betonung der Logik *Keine Rechte ohne Pflichten*, welche das Herz nicht nur aller Wirtschaftsliberalen höher schlagen lässt, wird bei der breiten Masse an erwerbsarbeitsgesellschaftlichen *Leistungsträger*innen* die Ansicht gestärkt, dass die Politik und damit auch die Gesellschaft ihre Mühen nur dann angemessen würdigen können, wenn sich alle Bürger*innen auf ihre Eigenverantwortung besinnen. Dass Menschen gewisse Grundausstattungen benötigen, um überhaupt in der Lage zu sein, an diesem Spiel teilzunehmen, bleibt hier völlig unberücksichtigt. Die Leistungs- und Begabungsideologien gehen hier eine Symbiose ein mit dem Ruf nach Eigenverantwortung, sodass die Mittelklasse der falschen Vorstellung aufsitzt, Fremdhilfe in Not sei kein Menschenrecht, sondern gehe grundsätzlich auf einen selbstverschuldeten Akt zurück, der mit negativen Sanktionen zu belegen sei, weil sich eine Gesellschaft schon aus Gründen der Gerechtigkeit keinerlei Labsal mehr leisten könne.

Ein wichtiger Faktor bei der diskursiven Verankerung dieser Gegebenheiten in den Köpfen der Menschen stellen auch hier die Massenmedien dar, in diesem Falle vorrangig das Fernsehen. Pseudo-Dokumentationen wie *We are Family – So lebt Deutschland* (Pro 7, seit 2005), *Gnadenlos gerecht – Sozialfahnder ermitteln* (Sat.1, 2008), *Mitten im Leben* (RTL, seit 2007) oder

Verdachtsfälle (RTL, seit 2009) führen regelmäßig Laiendarsteller*innen in der Rolle von ALG-II-Bezieher*innen vor, denen von den jeweiligen Redaktionen die typisch klassistischen Klischees gegen Erwerbslose angedichtet werden: *Versoffen, unhygienisch, nikotinabhängig, träge, faul, hässlich, übergewichtig, dumm, naiv, herzlos, verroht* sind die Figuren, denen meist grundlegende Fähigkeiten abgesprochen werden und die sich nahezu immer überfordert zeigen mit der Erziehung und Ernährung ihrer vielen Kinder. Solche Sendungen sind deswegen Quotenrenner, weil bei dem Betrachten der Menschen in den Zuschauer*innen eine klare Abgrenzung stattfinden kann. Die in den einzelnen Folgen dargestellten Personen – meist nichts weiter als Karikaturen – werden allerdings im Gegensatz zu Arno Dübel mehr belustigt zur Kenntnis genommen denn wütend beschimpft. Zweckmäßig ist dies, weil so nach Feierabend eine Aufwertung des Selbst verbunden werden kann mit einer Kompensation der täglich aufs Neue bestehenden Bedrohung des eigenen sozialen Absturzes, durch den tendenziell alle im Aktivierungsparadigma schneller als jemals zuvor vom gesicherten Leben in eine entwürdigende Spirale aus Diskriminierung, Armut und Perspektivlosigkeit geraten können. So wird also nicht nur das Selbstbild vom *eigenen Ich* als *Leistungsträger*in* aufrecht erhalten, sondern auch mit einer offensichtlichen Selbsttäuschung gekoppelt: *Ich gehöre ja nicht zu denen und bemühe mich immer, damit ich auch niemals in einer solchen Situation sein werde, weil ich fleißig und klug bin.*

6. Fazit und Ausblick

> *»Ich glaube, Deutschland ist ein schlafender Revolutionär. Man wird auch in Deutschland in Massen auf die Straße gehen. Das Fernsehen wird eines Tages als Betäubung nicht mehr reichen, um die Elendsviertel in Berlin zu vergessen.«*
>
> Georg Kreisler (zit. n. Kümmel/Rückert 2011).

Auf die Frage, was ihn zu dem Glauben führe, dass man mit Menschen nicht alles machen könne, antwortete der Schriftsteller Dietmar Dath in einem Interview-Buch seinem Gesprächspartner Martin Hatzius ebenso optimistisch wie realistisch: »Die historische Tatsache, dass das nie geklappt hat. Nichts war von Dauer. Noch die härteste Knute ist demjenigen irgendwann aus der Hand gerutscht, der sie geschwungen hat« (Hatzius 2011: 222). Stellt man Daths Sichtweise der überwiegend negativen, größtenteils bis zu blankem Hass tendierenden Haltung der *Bild.de*-Leser*innen gegen den Langzeiterwerbslosen Arno Dübel gegenüber, so müsste die Auffassung des Literaten als Ausgeburt der Phantasie eines intellektuellen Träumers abgetan werden. Angesichts des klaren Befundes, dass die *Bild.de*-Leser*innen sich in den untersuchten Kommentaren im Jahr 2010 in der großen Mehrheit *gegen* die Legitimität von Arno Dübels Bezug staatlicher Hilfen aussprachen, ist nämlich evident, wie bitter nötig eine nachhaltige Etablierung des Klassismus-Begriffs in Wissenschaft und Gesellschaft ist. Denn Dübel stellt hier eine gesamtgesellschaftliche Metapher dar, die als medial erzeugtes, gnadenlos überzeichnetes Stereotyp eines Schicksals firmiert, das repräsentativ für den im Aktivierungsstaat nicht länger legitimen Status der Erwerbslosigkeit steht. Dabei spielt es keine Rolle, welche Attribute und Episoden, von denen *Bild* berichtete, nun tatsächlich auf Arno Dübel zutreffen; ja es ist im soziologischen Sinne noch nicht einmal wirklich interessant, ob er vielleicht sogar ein reines Kunstprodukt ist, das in Zusammenarbeit mit Deutschlands größtem Boulevardblatt konstruiert wurde. Viel wichtiger ist die Tatsache, dass die Leser*innen auf diese Überzeichnungen in einer bestimmten, meist auf der grundsätzlichen Ebene angesiedelten Weise reagierten.

Die meisten Argumentationen fußen auf der Idee des verletzten Leistungsprinzips: Da Dübel keine als gesellschaftlich *wertvoll* erachtete Leistung erbringt und der arbeitenden Bevölkerung dafür weder das Versprechen aktiver Eigeninitiative noch der Dankbarkeit anbietet, gilt Dübel als sonderlicher *Faulpelz* und *Sozialschmarotzer*, der den Staat vorsätzlich betrügt. Dübels Strategie beinhalte dabei die Simulation von Krankheiten, um im Rahmen seines legalen *Gesundungsanspruches* seiner primären Beschäftigung (Alkohol, Zigaretten und TV konsumieren) ungestört nachgehen könne. Dieses Verhalten solle in gänzlicher Härte sanktioniert werden. Die dominierenden Forderungen der Leser*innen sind dabei die Reduzierung sozialstaatlicher Maßnahmen bis hin zur gänzlichen Abschaffung des deutschen Sozialsystems. Es kommt dabei der leise Widerspruch einiger Kommentator*innen auf, die an die Menschenwürde appellieren und sich vehement für die Bedürftigkeit Dübels einsetzen, um die mehrheitlich geforderten Sanktionen abzuwenden. Die legitimierenden und delegitimierenden Semantiken unterscheiden sich grundlegend in ihren Prämissen, womit die geforderten Handlungskonsequenzen selbst bei ähnlichen Wertvorstellungen denkbar unterschiedlich ausfallen.

Die Genese dieser Prämissen ist eng mit dem Bild verknüpft, welches von Dübel im medialen Diskurs vorgezeichnet wird. Es ist dabei unbestreitbar, dass Arno Dübel in der *Bild*-Zeitung sowie im untersuchten Online-Portal *Bild.de* ein deutlich schlechtes Image erhält. Die Attribute, die ihm medial zugeschrieben werden (z.B. *faul*, *frech*, *dreist*), formen unausweichlich die Wahrnehmung der Leser*innen zur individuellen Einschätzung seines Charakters. Durch die Verknüpfung von Dübels beschriebener Haltung und dem Attribut der *Arbeitslosigkeit* in jedem *Bild.de*-Artikel trägt die einseitige Berichterstattung der *Bild*-Zeitung maßgeblich zur Prämissenbildung bei und nimmt damit Einfluss auf die Tendenz des Legitimationsdiskurses von *Arbeitslosigkeit*. Die resultierenden öffentlichen Statements gegen Dübel leisten einer generellen Stigmatisierung von Erwerbslosigkeit Vorschub, weil sie die Gefahr der Generalisierung bergen. Damit werden legale Ansprüche moralisch delegitimiert: »Du hast zwar rechtliche Ansprüche, aber wenn du sie einforderst, bist du unanständig« (Beck/Meine 2007: 257). Die Möglichkeit zur Erwerbsarbeit wird daher zunehmend zu einem gesellschaftlichen Arbeits*zwang*, der nicht zuletzt Ausdruck in den geforderten Sanktionen bei Nicht-Befolgung findet (Abschiebung, Gefängnis). Dabei wird der Aktivierungsdruck ausgerechnet von denen besonders stark selbst aufgenommen, gegen die er sich am meisten richtet, was zu einer zusätzlichen Intensivierung des Drucks führt, woraus eine Spirale der immer größer werdenden Ablehnung aller folgt, die von der durch das Aktivierungsdogma oktroyierten Norm abweichen (so genannte *Dicke*, Alte, Kranke etc.). Aufgrund der nach wie vor zentralen Bedeutung der Erwerbsarbeit richtet sich dieser vor allem gegen (Langzeit-)Erwerbslose. Gerade dadurch, dass das *Nach-Unten-Treten* eine Projektionsfläche für die Drohung des aktivierenden Kapitalismus darstellt, sozial beträchtlich abzurutschen, wirkt dieser Mechanismus besonders stark: Einerseits kommt es zu einer Aufwiegelung der Arbeiter*innenklasse gegeneinander, andererseits – und das scheint der wichtigste Aspekt des neuen sozialpolitischen Klassismus zu sein – werden die gesellschaftlichen Mittelklassen diszipliniert, indem ihnen vorgeführt wird, was geschieht, wenn sie sich nicht in die Erfordernisse des Aktivierungsbürgertums fügen. In Wahrheit steckt hinter den massiven Diskriminierungen durch die Lohnarbeiter*innen z.B. gegen Arno Dübel ein aus Angst vor Anerkennungsentzug gespeister, meist unbewusster Selbsthass, der sich offen in einer ablehnenden Abgrenzung zu denen äußert, die sich dem Normalitätskonstrukt der aktivierten Gesellschaft absichtlich oder unabsichtlich entziehen. Damit also die eigene Identität inmitten der omnipräsenten Prekarität noch verkraftbar ist, müssen die angestauten Frustrationen sich entladen. Da eine Ablehnung des Aktivierungszwangs zu sozialer Marginalisierung führen würde, fungieren der Hass auf und der Spott gegen Erwerbslose als wirksame Ventile, über welche dieser Frust kanalisiert werden muss, um überhaupt weiterhin die Kraft aufbringen zu können, im aktivierten Staat ein einigermaßen ehrenwertes Leben zu führen. Somit wird die totale Kontrolle der Aktivierungsnorm paradoxerweise durch diejenigen überwacht und gegebenenfalls sozial hart sanktioniert, gegen die sich der Klassismus in erster Linie richtet. Der Klassismus wirkt durch diese Finte im für alle Kapitalist*innen ertragreichen Sinne systemstabilisierend, indem er sich die wichtigste Quelle des menschlichen Strebens zu Waffe macht: das individuelle Interesse und Bedürfnis nach Aufmerksamkeit und Achtung, nach sozialer Anerkennung und Liebe. So scheint klar: Wenn »Deutschlands frechster Arbeitsloser« Arno Dübel dereinst überhaupt kein Thema mehr sein wird für die Massenmedien, dann wird eines trotzdem weiter existieren: der Klassismus gegen Erwerbslose.

Klingt alles in allem nach recht düsteren Aussichten; zumindest dann, wenn man als Wissenschaftler*in den Standpunkt jener einnimmt, »die ein besseres Leben in der Gesellschaft verdient hätten« (Dörre/Lessenich/Rosa 2009: 303). Warum die eingangs formulierte zuversichtliche Sentenz Dietmar Daths allerdings tatsächlich nur auf den ersten, flüchtigen Blick nichts weiter als ein revolutionär-romantisches Hirngespinst ist, wird deutlich, wenn man sich der aus der empirischen Analyse logisch folgenden Frage widmet: Wie ließe sich der Klassismus vonseiten der Arbeiter*innenklasse gegen die Arbeiter*innenklasse aufheben? Menschen stehen zunächst grundsätzlich in einem Herrschaftsverhältnis zueinander. Das dürfte auf absehbare Zeit kaum zu ändern sein. Was sich aber ändern ließe, ist die interne Spaltung der Arbeiter*innenklasse. Und hierfür vermag der Terminus des Klassismus sein Scherflein beizutragen, indem kritische Forscher*innen ihm zu seinem wissenschaftlichen Durchbruch verhelfen, ihn entsprechend mit antikapitalistischen Ambitionen verknüpfen und so für die politische Praxis fruchtbar machen. Aufgrund der bisherigen Festlegung auf den US-amerikanischen Kontext, in dem es weitaus schwieriger ist, gegen die kapitalistische Diskurshegemonie anzukommen als in Europa, konnte der Begriff hierfür noch nicht taugen.

Ein deutlicher Ausbau der Forschung zum Klassismus in unseren Gefilden und das Aufzeigen seiner Verbindungen zu anderen, dem Kapitalismus wesentlichen Diskriminierungsformen (Rassismus, Sexismus etc.), könnte einen kleinen, aber wichtigen Beitrag leisten zur Entwicklung eines subjektiven Klassenbewusstseins, das als zentrale Grundvoraussetzung dafür gelten darf, die Möglichkeit einer demokratischen Gesellschaft jenseits des Kapitalismus überhaupt denkbar werden zu lassen. Verbleibt das Aufdecken von Klassismus in Forderungen wie der Aufnahme jener Diskriminierungsform in politische Antidiskriminierungsstrategien, dann entpuppt sich die emanzipatorische Auseinandersetzung mit klassengebundener Diskriminierung als zahnloser Tiger in der wissenschaftlichen und damit letztlich auch in der gesellschaftspolitischen Auseinandersetzung. Antiklassismus-Bewegte müssen notwendig die Arbeiter*innenklasse und ihre Stellung im historischen Zusammenhang klar definieren, damit sie nicht mit einem Opferstatus versehen, sondern als mündiges politisches Subjekt anerkannt wird, das sein Schicksal selbst in der Hand hat. Zudem müssen kritische Wissenschaftler*innen aufzeigen, warum die Bezeichnung Arbeiter*innenklasse auch heute noch aktuell ist und nicht nur Blaumann tragende Handwerker*innen meint, sondern all jene, die zur Selbsterhaltung ihre Arbeitskraft in einer denkbar ungünstigen Verhandlungsposition an die Kapitalist*innenklasse verkaufen müssen. Dass die wirklichen *Feinde* weder Erwerbslose, noch *Ausländer*innen*, Rentner*innen, Frauen, Männer, Jugendliche, Straffällige, Obdachlose, Homosexuelle, Muslim*innen oder Leiharbeiter*innen sind, sondern all jene Strukturen und Akteur*innen, die andere zur Befriedigung eigener Interesse ausbeuten und unterdrücken: In dem empirischen und theoretischen Nachweis dieser Erkenntnis liegt das große, interdisziplinär gültige wissenschaftliche Potenzial der Klassismus-Forschung.

7. Anhang

A1 Semantikzuordnungen

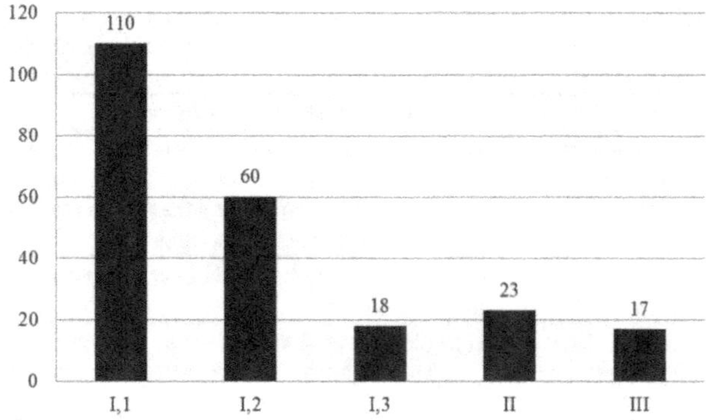

Quelle: Eigene Erstellung.

A2 Auswahl Leistungsgerechtigkeit (I,1)

Artikel	Nr.	Kommentar
25	5	Dafür hat das Amt 36 Jahre gebraucht um endlich den Geldhan abzudrehen? Eine echte Frechheit uns arbeitender Bevölkerung gegenüber. Soll er unter der Brücke schlafen. Wer nicht arbeiten will hat auch kein Recht auf Unterstüzung unseres Staates.
	6	Da hat er selber Schuld. So ist es eben, wenn man meint, sich alles erlauben zu können, hier auch noch vor dem Hintergrund, dass wir Steuerzahler seine Lustlosigkeit finanziert haben.
		Insofern hat das Amt völlig richtig entschieden, leider viel zu spät.
	11	da muss jemand zuerst die Öffentlichkeit provozieren, dann bekommt er die Stütze nicht mehr. Wie viele bekommen Stütze und sind genauso faul wie er? Der Mittelstand bezahlt ohne Ende. Das ist ein Land! schauderhaft!
	26	Ne endlich!! Der soll keinen einzigen cent bekommen, bis er es kapiert und arbeiten geht! Dass man diesem Komiker erst jetzt alles streicht, bleibt mir auch ein Rätsel.
	30	Endlich geht`s im an den Kragen und das Amt greift durch! Lebensmittelgutscheine braucht er ja nicht wie er sagt,da kann er sich ja nicht Bier und Zigaretten von kaufen ! Und arbeiten muss dieser Sozialschmarotzer ja nicht wie er meint,armes Deutschland !
	32	Wurde auch Zeit,ich kann nur hoffen das er im Obdachlosenheim nicht auf einen Vertändnissvollen Sozialarbeiter trifft der sich ein Bein für diesen Schmarotzer ausreist und dafür sorgt das er wieder geld vom amt bekommt
	34	Siehste Arno, dass haste nun davon wenn Du keine ARGE- Maßnahmen wie Bügeln oder Berwerbungstraining mitmachst.

	35	Wurde mächtig Zeit dem arbeitsunwilligen Menschen sämtliche Gelder (Steuergelder arbeitender Menschen!) zu entziehen! Wenn der Arbeitsunwillige anfängt im Park Papier aufzuheben, in Pflegeheimen Hilfsarbeiten zu übernehmen oder anderes, kann ihm Hartz IV erneut gezahlt werden. Aber niemals vorher und niemals ohne Gegenleistung!
	38	Unter die Brücke mit diesem Schmarotzer, der die Menschen, die solche Subjekte durchfüttert mit ihren Steuern, auch noch verhöhnt.
	42	Na endlich haben sie den „netten Mann" die Stütze gestrichen, der meint wohl, er bekommt Sonderrechte! Hoffentlich wird er wirklich obdachlos, dann kostet er uns keinen Cent mehr. Schade um die Steuergelder, die er bis dato kassiert hat! Solche Menschen brauchen wir in Deutschland nicht! Es gilt hier nur eins, arbeiten ist besser als jede Stütze und Hilfe!
	43	Die Obdachlosen würden sich schämen, solchen Sozialschmarotzer in ihren Reihen zu haben.
	48	Er ist einer von tausenden wie viele Hartz 4 empfänger denken genau so und wir bezahlen drotzdem für die also auf die straße braucht man ihn nicht zu schicken auf einen Menschen kommt es auch nicht an. Da müsste man bei allen empfängern genauer nachhagen. Und die Ärtzte die diese Menschen immer und immer wieder Krank schreiben mit denen müsste man sich auch mal unterhalten.
	49	genau richtig so. der verarscht alle steuerzahler und wirft ein schlechtes licht auf alle arbeitslosen die sich um arbeit bemühen. soll er doch unter der brücke wohnen.
	50	Wer diesem Kerl auch noch einen müden Euro gibt müßte selbst Angeklagt werden. Und wenn man jetzt wieder mit den Gesetzen kommt sollte diese endlich ändern. Soviel Frechheit darf nicht noch bezahlt werden, schon garnicht von den Steuerzahlern!!!
	57	Bereits nach 36 Jahren ist hier mal was geschehen ? Ich bin stolz die den Fall bearbeitende Behörde sowie auf Deutschland ! Was ich von dem Typen halte, sage ich lieber nicht ! Aber normalerweise gehört dem ja das Bundesverdienstkreuz, weil er alle, die in diesem Land brav ihre Steuern für so einen zahlen, so lange narren durfte ! Und vergessen wir eines nicht: Der hat nur das gemacht, was ihm durch die Politik ermöglicht wurde ! Gäbe es einen Paragrafen, der da z.B. lautet: „Ohne gemeinnützige Arbeit keine Sozialleistungen" hätte der nicht so lange sich einen gelacht !
	64	(@)Agatha Wenn jemand krank ist und deshalb nicht arbeiten kann, dann steht ihm staatliche Hilfe zu. Wenn jemand wie dieser Spacke einfach nur stinkend faul ist, dann finde ich es einfach nur skandalös und eine Verarschung jedes arbeitenden, Steuer zahlenden Bürgers, wenn solche Subjekte auch noch Geld für ihre Dreistigkeit bekommen. Und wenn Du glaubst, dass „wir" uns das leisten kjönnen, dann lebst Du im Lala-Land, denn dieser Staat ist pleite, nicht zuletzt auch, weil man Typen wie diesen Dübel hat gewähren lassen.
	66	Im Grundgesetz, und Verfassung steht was anderes. Der kann gleich das ganze Amt verklagen wen sie ihnen nichts zahlen ROFL! Ne aber mal im Ernst was er dort treibt ist Abzocke, der ist ja nicht mal Krank, und bekommt vom Staat Geld für nichts! Hauptsache saufen wa Dübel? OMG!
	69	...er hat 36 Jahre als Schmarotzer von unseren Steuern gelebt....Hallo? Was ist hier los? Viele Zuschriften fordern weiter Bezahlung....Ich würde Herrn Dübel, wenn ich Richter wäre, dazu verdonnern, seine schmarotzten Gelder langsam, wenn auch 36 Jahre, zurückzuzahlen....
	71	In anderen Ländern gehen solche Leute für Sozialbetrug in den Knast. Das schlimme ist, das es 100.000ende solcher Typen gibt. Kein Wunder das Deutschland Pleite ist.
	77	so ist es richtig. ich muss auch für wenig geld arbeiten!!!! so und nachdem ich selbst im inkasso tätig bin: bei jeder räumung steht die familyhilfe mit da und sorgt für eine unterkunft! Genannt pension!!! strom wird nicht von der arge bezahlt - es wird höchstens eine zahlungsvereinbarung mit dem stromversorger getroffen. die muss dann der sozialhilfeempf. abzahlen - mit seiner sozialhilfe. ansonsten habe ich kein mitleid, denn irgendwann ist es genug. wir haben schon sovieleschmarotzer in deutschland und jeder weniger....dummerweise ist es aber so, dass diese pensionen verdammt teuer sind und die miete dort höher ist, als eine normale miete

	86	übrigens die begründung der arge (wegen fehlender auskünfte bezüglich seiner einkünfte) und die antwortdübels (von wegen nur 47 euro - wer soll das bitte glauben ?!) sind schlichtweg ein schlechter witz. ein reiner vorwand. denn gründe die leistungen zu streichen bzw. zumindest zu kürzen hatte sie die ganze zeit über mehr als genug. allein die dauerhafte arbeitsverweigerung ist ja wohl ausreichend.
	87	zum Arbeiten zu dumm, für Lebensmittelgutscheine zu stolz, beides gewachsen auf einem Holz...! Seit 36 Jahren nehmen ohne irgendetwas zu geben! Hat keine Arbeit gefunden, dass ich nicht lache! Sitzt sich den Ar...auf der Couch platt und spuckt auch noch freche Töne! ASOZIAL! Kurzsichtig auf ganzer Linie: Er hat sich bis ins Alter in die finanzielle Minimalität und Abhängigkeit manövriert, wer gibt dem denn noch Arbeit? Zu sagen die Arbeitenden sind dumm? AUCH NOCH diejenigen, die die Penunsen für ihn aufbringen, VERHÖHNEN? Der sollte mal einen weisen Satz verinnerlichen:willst du wirklich erkennen, ob das was du tust, richtig ist, dann überlege einfach, wie es wäre, wenn ALLE das Gleiche tun würden wie du selber....! Man kann dem nur raten: beweg deinen Ar... und arbeite, damit du wirklich mal stolz sein kannst!
27	7	Würde der deutsche superstaat bei allen sozialschmarotzer so durchgreifen, wäre das klasse. Aber einer der letzten Artikel über Hartz4 und deren Empfänger zeigt zwar missstände, jedoch keinerlei Sanktionen gegen diese... armes Land...
	8	schön blöd wer nicht zahlt fliegt
	12	Das wurde ja auch mal Zeit. Hat schliesslich lange genug auf unsere Kosten schmarotzt. Vielleicht nimmt er ja doch mal einen Job an, wenn er erstmal ein paar Nächte im Winter draussen verbracht hat.
	19	Asthma und Tbc, aber rauchen. Dieser Mensch soll für das, was er den Steuerzahler gekostet hat, zur Rechenschaft gezogen werden und alles zurück zahlen. Die Räumung sollte schnell geschehen, damit er mal merkt wie es ist, wenn man einen kalten Hintern unter der Brücke bekommt.
	20	Wenn Arno-Dübel TV jeden Tag das Leben in Deutschland vorlebt bzw. vorzeigt, wie und wo man den Staat abzocken kann, brauch sich kein Steuerzahler wundern..
	21	Endlich mal so etwas wie gerechtigkeit, für sowas müssen wir mitschuften. Na hoffentlich bekommt der keine Rente- dann kann er mal sehen wie verrückt das ist wenn man nicht gearbeitet hat. Nur der Hund..der tut mir leid.
	24	(@ Agatha)...ich hoffe, ich habe mich gerade verlesen bzw. es handelt sich um IRONIE. Jemand, der jahrelang vom Steuerzahler lebt und noch die große Fresse hat und frech ist hat von niemandem nen Cent zu erwarten. Ihm wurden genug Chancen geboten die er großkotzig abgelehnt hat. VON MIR? KEINEN CENT!
	35	Spenden für den - hallo - habt ihr einen an der Klatsche? Der soll mal schön arbeiten gehen, hat schon viel zu lange auf Staatskosten gelebt.
	36	(@Agatha:) Sag mal, was hast du denn genommen? Ich buckel mir den Rücken krumm um meine Familie zu ernähren und meinen Verpflichtungen nachzukommen und soll,- für so einen Penner auch noch spenden. Du hast doch nicht alle Tassen im Schrank. Nicht zuletzt aufgrund solcher Sozialschmarotzer, von denen es abertausende gibt, zahle ich Versicherungsbeiträge das mir schwindelig wird und, die machen unser Soziales System kaputt.
	47	(@Agatha:) Ich spende jedes Jahr vor Weihnachten, und zwar für die „Deutsche Krebshilfe“ und „Vier Pfoten“ - aber nicht für so einen Schmarotzer.
	82	entlich wird mal richtig gehandelt. So ein fauler Kerl, der Jahrelang uns Steuerzahler betrogen hat mit seiner Faulheit. Jetzt wird er hoffentlich arbeiten gehen und nicht auf Staatskosten leben.
	89	kein mitleid mit solchen sozialschmarotzern!hat glück das er in deutschland lebt.in anderen ländern wäre er schon lange weg.

	92	Er ist eben Dummdreist. Seine Eitelkeit war stärker als seine Intelligenz, er wollte allen Zeigen, was für ein toller Hecht er ist. Er hat ja ein Recht auf Faulheit - nur eben nicht auf Kosten anderer. Er darf weiterhin Faul sein - nur jetzt einmal das Ganze ohne Geld. Niemand redet ihm da hinein. Jetzt ist er richtig frei, mit allem was dazu gehört.
	99	Wieso keine Miete gezahlt? Die kriegt der Vermieter doch vom Sozialamt, oder nicht? Egal, dieser Schmarotzer wird in Deutschland nicht auf der Straße landen, hier kriegt jeder, was er braucht. Dieser dummdreiste Kerl kann sicherlich schon nächste Woche in eine nagelneue Wohnung einziehen. Super Sozialstaat, unsereins geht arbeiten, um solche A...löcher mit durchzuschleppen!!!
	101	(@Boozo) ich gebe Dir in gewisser Weise recht; aber Es gibt genügend „Arno's" die keine Arbeit wollen und sich um jeden Preis davor drücken, etwas zu tun. Der Staat hat für mich zu sorgen, ist deren Meinung. Das kann und darf man nicht gut heissen. Übrigens, ich bin normaler Bürger und mir wird die Einkommensteuer direkt vom Lohn abgezogen. Die übrigen Steuern, die Du aufgezählt hast, zahlen wir auch. Also bitte keine unnötigesMittleid, mit Menschen, die sich in der deutschen „Sozialhängematte" wohlfühlen und uns für dumm erklären (siehe Arno).
	103	kann man den dübeleingentlich verklagen dafür das er all die jahre auf unsere kostenkosten gelebt hat? weil er hat ja bis heute nur kassiert aber nichts eingezahlt hat in den topf.
	107	Richtig so, da hat sichs ausgedübelt. Schmarotzer!!!
	122	Schaut euch diesen armen Mann an, der einfach nur so dahinvegetiert, mit hoher Wahrscheinlichkeit alkoholkrank ist! Schaut in sein Gesicht! Sieht so ein glücklicher Mann aus, der unbedingt den Staat ausnutzen will oder jemand, der einfach nicht mehr anders kann? Was sind kosten, die für einen Arno Dübel entstehen gegen die Dimensionen einer Bankenpleite? Was mit diesem Mann geschieht, ist an Menschenverachtung nicht mehr zu übertreffen. Meint ihr, ihr bewegt einen Menschen dazu, ein besseres Leben zu führen, indem ihr gnadenlos und mit voller Härte auf ihn einwirkt? Wir reden hier von einem labilen Menschen, der sich wahrscheinlich mit seinen Äußerungen einen Schutzwall um sich baut. Mir tut er leid. Wer so einen Mann verantwortlich macht für die erschreckenden Umstände in der Republik, der irrt gewaltig.
	126	So ist das eben mit solchen Großmäulern ! ICH muss für mein Geld auch arbeiten und bekomme nix vom Staat ! DER soll arbeiten gehen - dann kann er sich auch ne Wohnung leisten !
	136	so ein Typ,muß auch mal merken,wie es sich unter brücken leben lässt..er hat uns genug ausgenommen ...jetzt ist schluß mit seiner frechheit......
	147	(@Schlangenkoks :) Was bitte hat die Bankenpleite mit einem Sozialschmarotzer zu tun ? Das ist ja völlig am Thema vorbei ! Für diesen Mann, diesen Herrn D., der keinerlei Respekt gegenüber den Menschen aufbringt, die ihn mit ihrer Arbeit am Leben halten kann ich kein Mitleid empfinden - sorry ! Er hatte Chancen genug ! Alle nicht genutzt - dumm gelaufen ! Ein Sozialstaat kann keine Einbahnstrassesein !!! Nicht weit über 20 Jahre lang...
	155	Ja neis klar. Hetze gegen Hartz IV. Schrei mich weg hier. Wer so einem noch die Stange hält is vom Weltlichen ab, oder selber ein SOZIALSCHMAROTZER!!!!!!!!
	159	(@Serajaza) im Prinzip hat Herr Dübel ja recht mit seinen Aussagen. Arbeit lohnt schon lange nicht mehr. Subvensionierte Arbeit, gekünzelte Arbeitslosenstatistik hoch lebe Deutschland. Früher hat der Wessi über den Ossi gelacht, weil er alles subvensionierte. Heute muß ich sagen ein Affe macht vor und alle anderen machen nach. Nur das aus Affen mittlerweile schon Gorillas geworden sind. Es kann nicht sein, dass Arbeit subvensioniert wird. Jeder muß einen gerechten Lohn erhalten, vom dem er auch leben kann. Alles ohne Subvensionierung. Hier muß das Gesetz greifen der stärkere überlebt. Und solange wie sich da nix ändert wird es sich mit H4 für einige weiterhin besser leben, als arbeiten zu gehen.

	162	Einem Menschen soll nicht das dach genommen werden. Es gibt genug Unterkünfte aber dafür ist Herr Dübel sich vermutlich zu fein. Für so jemanden zu spenden kommt mir nicht in die Tüte. Ich war auch 1 Jahr arbeitslos...dann sucht man sich eben Nebenjobs um sich über Wasser zu halten! Er hat großkotzig alles abgelehnt, sich noch darüber lustig gemacht wie dumm der Staat ist, dass er alles bezahlt kriegt ohne sich den Buckel krumm zu machen, Hat sich über Arbeitende lustig gemacht, wie dumm sie sind für Geld zu schuften während er sich seinen Arsch zuhaus breit sitzt und Stütze bezieht. Es ist eine Frechheit und Respektlosigkeit und dafür braucht er nun nicht heulen. Geschieht ihm Recht! Ich habe kein Verständnis dafür, dass einige ihn noch in Schutz nehmen.
	165	Unglaublich was hier manche Schreiben!!!!! Nehmen so einen Schmarotzer noch in Schutz!!! Kein wunder das Deutschland den Bach runter geht bei soviel HIRNLOSIGKEIT was hier am Tag gelegt wird.
	167	Richtig so! Endlich merkt dieser Schmarotzer, dass er seinem Land nicht ungestraft ins Gesicht lachen kann! Der saß oft genug im TV und hat sich bezahlen lassen für seine unverschämten Bemerkungen und Ausreden. Der soll jetzt ruhig mal sehen, wie es ist, mit Lebensmittelscheinen einzukaufen und bei der Tafel anzustehen!
	174	(@birnehelene33) KRANK? Aber SAUFEN und KETTE RAUCHEN von Steuergeldern geht, oder wie?! Der hat doch garantiert den Staat betrogen mit seinem Dübel-Bier und Disco-Auftritten. Wurde ja neulich im TV gesagt, dass der Arge hierüber keinerlei Auskünfte vorlägen.
	184	Geschiet diesem Sozialschmarotzer absolut recht! Hoffentlich nimmt ihn jetzt kein Vermieter mehr auf. „Bekannt" genug ist er ja!
	190	Ich finde es richtig, dass bei diesem Schmarotzer hart durchgegriffen wird. Dennoch stellt sich mir immer wieder die Frage, ob man bei diesem Herrn jetzt nur durchgreift, weil man seit seinen öffentlichen Auftritten in TV usw. nun handeln muss?! Warum ist in den vergangenen 36 Jahren nichts unternommen worden?
	193	Eine absolute Frechheit, dass man SO einem überhaupt was gezahlt hat. Wer sich hin stellt und sagt, dass er nicht arbeiten WILL, sollte nie auch nur einen einzigen Cent bekommen.
	198	(@Hande) wo lohnt sich Arbeit noch? Wenn ich eine 40 Std Woche habe und dann noch mit H4 aufstocken muß , wenn ich Pech habe nur knapp 100 mehr habe als ein H4ler, dann ist dies mehr als bedenklich. Das liegt dann aber keines Falls daran das die H4 Sätze zu hoch sein. Nein die Löhne sind zu niedrig. Der Mensch muß von seiner Arbeit leben können. Da hat der Kapitalismus vom Sozialismus aber viel lernen können. Subvensionierung scheint auch im Kapitalismuß groß im Kommen zu sein und weiter ausgebaut werden. Naja vielleicht steht ja irgentwann wieder im Grundgesetz das jeder Mensch ein Recht auf Arbeit hat. Dann sag ich nur Willkommen in der DDR.
	201	an skorpion78: was heißt hier „Auf Menschen zu treten, die eh schon am Boden liegen"? wer sich über die leute lustig macht, die ihn quasi finanzieren und arbeiten gehen, dem geschieht das ganz recht. der hatte immer ne große fresse und nix steckete dahinter. vollschmarotzer. ich frag mich nur, was aus dem hund wird. der tut mir bei er sache einfach nur leid ...
	207	Na du armer Arno, jetzt ist auch dir dein hämisches Grinsen endlich vergangen. Faulpelzen wie Dir gehört es nicht anders. Auf unser Kosten schmarotzen und auch noch die große Klappe auf.
	208	So ein primitiver Mensch, der auf Kosten eines jeden Steuerzahlers lebt! Es wird Zeit, dass Ämter durchgreifen! Entweder arbeiten gegen Bargeld oder alles kürzen was zu kürzen ist. Es kann nicht sein, dass so ein Typ öffentlich kundtut niemals gearbeitet zu haben, jetzt nicht arbeitet und auch niemals vor hat zu arbeiten! Da tun mir alle Familienväter leid, die tagtäglich für die Familie malochen gehen.

	209	(@schlangenkoks) ich weiß ja nicht wie du deinen lebensunterhalt verdienst aber ich muss jeden tag 12 stunden arbeiten damit meine kleine familie einigermaßen über die runden kommt!!!! auch mein partner geht jeden tag 10 stunden arbeiten, und ein gewisser herrdübel lacht sich einen weil wir so dumm sind und arbeiten gehen während er auf unsere kosten lebt???? ich hätte ihm vor 30 jahren schon alles gestrichen!!! dann erzählt er was von athma und tbc???? ich würd noch 5 schachteln mehr rauchen am tag!!!!! der is selber schuld mit so einem schmarotzer hab ich kein mitleid
	216	der herr lebt lieber auf kosten der andern ,nach meiner meinung sollte er erstmal keine stuetze erhalten und leichtearbeitenausfuehren und nicht so tun als ob er 2linke haendehaette ,wer so viel rauchen kann,kann auch arbeiten
	222	Arno Dübel ist nur ein kleiner Schmarotzer im vergleich zu unseren Politikern, die sich trotz Sparpaket die Diäten erhöht hatten. Dass er rausgeschmissen wurde, ist eine Logische Konsequenz, wo kämen wir hin, wenn das jeder so machen würde?
	223	Kümmert euch doch erstmal um euren einen Scheiß, anstatt hier ständig auf Dübel einzuhauen. Der Mann braucht Hilfe und keine Schuldzuweisungen. Was seid ihr nur für beschiessene Menschen! Ihr lebt doch hier immer noch im Schlaraffenland, warum beklagt ihr euch? Normal müßtet ihr alle, die ihr hier draufhaut und hämisch triumphiert, daß Dübel obdachlos wird, jeden Tag glücklich und dankbar dafür sein, zu den 3% der priviligierten Weltbevölkerung zu zählen, die in einer Überflußgesellschaft leben. Laßt den Mann in Ruhe und kümmert euch um euren eigenen Mist.
	229	... und es ist richtig so. Endlich. Ich war selber 3 Monate Arbeitsos. Wollte niemandem zu Last fallen und habe vom Erspartem gelebt. So einer zockt nur ab und lacht die arbeitenden aus. Der wird wohl nicht auf der Strasse schlafen müssen. Mal sehen ob er sich auch für nen Asyllager zu fein ist. Hoffentlich wird er nicht kriminell. Dann bekommt er wieder nen Zimmer und drei Mahlzeiten am Tag.
	232	Ab auf die Strasse mit diesem Arbeitsverweigerer. Der hat nix anderes verdient.
	235	Schon seltsam, das es hier einige gibt, die ihn in Schutz nehmen... Helft ihm doch seine Schulden zu zahlen und überweist ihm regelmässig ein bisschen eueresGeldes. Erwartet aber bitte keine Dankbarkeit dafür....
	236	(@detonator). Hast Du nenSchatten ?? Der lacht die arbeitende Gesellschaft aus. Brauchst Dir aber keine Sorgen machen. Frieren muss er nicht. .... Irgendwo gibtsnen Auffanglager. Da ist auch schön warm. Ach ja, zahlen tuen das wieder die Steuerzahler. Bist Du auch einer Detonator??
	237	Richtig so! Bei solchen Schmarotzen wird viel zu selten durchgegriffen. Ich hoffe ganz stark, dass immer mehr und verstärkt gegen solche Menschen vorgegangen wird! - Mitleid ist hier völlig fehl am Platz, denn letztlich handelt es sich um kriminelle Machenschaften, wenn ganz bewusst unser Sozialsystem durch Tricks, Lügen, Schummeleien usw. ausgebeutet wird und am Ende die wirklich Bedürftigen die Leidtragenden sind - unter anderem auch deswegen, weil sie von der Gesellschaft in einen Topf mit den „Arno Dübels" dieses Staates geworfen werden...!
	238	Eine Frechheit solche Sachen zur Diskussion zu stellen! Soein fauler Sack hat garnichts anderes verdient oder wie schon gesagt wurde: Es hat sich augedübelt!
	239	(@ TheRebel) schrieb: „... hätte er sich nicht der Öffentlichkeit preisgegeben würde sich kein Schwein für den interessieren und sie würden heute noch zahlen... Auf der Straße landet er trotzdem nicht, dazu geht es Deutschland noch zu gut..." Tja, das ist leider so :-(Ich will nicht wissen, wie viele Menschen genau so denken wie DER, es aber nicht an die Öffentlichkeit bringen. Und WIR zahlen dafür. Traurig und ärgerlich zugleich.
	242	Ein Festtag für den Steuerzahler!
	244	Armer Arno, geh doch nach Irland, da bekommst Du von unserm Staat, was Dir hier verweigert wird ;-)) Aber das schlimme ist, das solche Schmarotzer und Faulenzer immer wieder auf die Beine kommen und es noch solche Dummköpfe gibt, die ihnen auch noch helfen.

	249	(@capricorn) Leute wie Arno Dübel sind die kleinsten Fische der Schmarotzer. Hier in Deutschland laufen noch ganz andere Kaliber rum an denen weit aushöhere Summen gezahlt werden. Dagegen ist das, was an Herrn Dübel gezahlt wird Peanuts.Politiker, Beamte hängen auch ein Leben lang am Tropfe des Steuerzahlers. Im Gegensatz zum Otto-Normal-Bürger brauchen diese nicht für ihren Lebensabend vorsorgen. Bankmanger bekommen dafür, das sie Mist bauen, Milliionen als Abfindung in den Bobbels geschoben, alles auf Kosten des Steuerzahlers. Während der Otto-Normal-Bürger, wenn der in einer Firma Mist baut immer leer aus geht. Bei Arbeitslosigkeit auch noch eine Sperrre bekommt. Hier wird immer mit zweierlei Maß gemessen.Aber an die Großen Schmarotzer traut sich ja keiner ran. Man könnte ja das Nachsehen in der Gesellschaft haben.
	262	Ohhhhhh!!!! Eine Runde Mitleid für diesen Sozialschmarotzer!!!!!!
	271	Ich finde es gut, daß diesem Nichtsnutz mal die Grenzen aufgezeigt werden. Macht sich einen schönen Tag auf Kosten anderer, die jeden Morgen zur Arbeit gehen. So Dübel, jetzt lachen wir mal über dich!
	273	(@monka) das Problem bei Arno Dübel war eigentlich, dass er die Wahrheit im TV erzählt hat. Arbeit lohnt sich heut fast wirklich nicht mehr. Dass was der kleine Mann dann noch übrig hat, nimmt ihm der Staat dann auch noch. Über Steuererhöhungen, Zusatzbeiträge zur KV oder wenn der Benzinpreis mal wieder kräftig steigt oder der Strom der mal wieder erhöht wird. Auch die Preissteigerungen bei Lebensmittel sind gravierend. Der Staat sorgt halt dafür, das der kleine Mann auch gar nicht dazu kommt, auch nur ein paar Märkerchen beiseite zu legen. Das Herr Dübel dann der Meinung ist, wenn sich arbeit nicht lohnt kann ich auch mit dem Bobbelszu hause bleiben, kann ich dann auch sehr gut nachvollziehen. Es ist eine Schande, was hier in Deutschland abgeht.Und gerade Menschen im Niedriglohnsektor sind dann wirklich die Deppen der Nation, die vom Staat auch nur so richtig vorgeführt werden.
	275	Die Kommentare wie zB „Raus mit dem, der Lebt auf unsere Kosten". Sind zwar gerechtfertigt, aber der Fisch stinkt vom Kopf her! Die Iren werden mit unseren Steuergeldern am Leben erhalten, davon könnte man Tausende von Dübels über 100 Jahre finanzieren (was natürlich nur ein Beispiel sein soll). Da schreit komischerweise keiner so laut rum. Abgesehen davon, wer hat denn 38 Jahre dafür gesorgt das Dübel so leben konnte wie er es getan hat, auch dieser, pardón, Drecks- übersoziale- Staat. Ich Liebe dieses Land, aber hasse dessen Regierung. Gruss
	276	Tja, so isses eben, Hr. Dübel! Wer nicht arbeiten WILL und sich über die „Idioten" totlacht, die rechtschaffend jeden morgen früh aufstehen müssen... Spaß is jetzt vorbei - wer nicht hören will, muss eben fühlen. Auch wenns hart klingen mag, aber ihm ist nicht anzusehen, dass er gesundheitlich eingeschränkt wär. Somit könnte er, wenn er WOLLTE, JEDEN Job annehmen. Offensichtlich hat er ja nix gelernt, also ist das Spektrum der Hilfsarbeiterjobs unerschöpflich... Unter'm Strich brauch er doch nur die Unterlagen offenlegen, wie es das Gericht gefordert hat - ehrlich kommt man am weitesten! Komischer Vogel, bei dem jetzt wohl endlich mal die Realität mit voller Härte zuschlägt...!
	285	bei aller Sympathie und Antisympathie für diesen Vogel, ich bin erschüttert, dass er so lange auf Kosten anderer leben konnte. Ich bin vor Jahren aus Deutschland weggegangen, weil es nur noch darum geht, geschröpft zu werden...kein Wunder, solange es Personen wie Diese gibt. Ach, der Job gefällt mir nicht, na dann mache ich lieber gar nichts?@detonator.....wenn ich Sie richtig verstehe muss ich nicht arbeiten wenn mir der Job nicht passt? Na toll....dann wundert mich nicht's mehr.... aber wenn ich arbeite bis ich gefunden habe, was ich suche? Wie sieht es damit aus? Natürlich ist es wesentlich bequemer gar nicht's zu tun, ein Bierchen hier...80 Zigaretten da...kostet mich ja nicht's... einfach unglaublich....da tun mir aber alle Leid, die ungewollt arbeitslos geworden sind und vielleicht sogar eine Familie haben.

	286	der typ hat doch selber schuld. arbeiten lohnt sich immer, denn man weiss was man für sein geld am ende des monats getan hat und kann es ohne schlechtes gewissen ausgeben kann. ich freue mich jeden monat wenn wieder geld aufs konto kommt und ich wieder geld sparen kann, damit ich nächstes jahr in urlaub fliegen kann. oder eine andere grössereanschaffung ohne das geld vielleicht 100 mal umdrehen zu müssen. wer so damit prallt, muss man noch mehr steine in den weg werfen. denn es sind unsere steuergelder
	294	Also ich gehe gerne jeden Morgen arbeiten und bin nicht neidisch auf solche Schmarotzer wie Dübel. Bekomme da einen tierischen Hals. Mir tun ganz einfach die Leute leid, die für 1nen Euro arbeiten gehen und weniger in der Tasche haben als dieser Schmarotzer. Aber die meisten davon sind wenigstens „glücklich" nicht als Unnütze dazustehen. Wobei ich die Ausbeutung von 1 Euro Shoppern unter aller Sau finde.
	295	ihr regt euch über arbeitlose Hartz IV empfänger auf aber über Banken grossKonzerene die viel mehr Steuergelder verschleudern das ist euch allen egal. Banken die die Krise verursacht haben und eine Billionen an Steuergeldern erhalten haben und wieder milliarden an gewinnen machen und nicht bereit sind die Billionen zurückzahlen ist euch egal.
	298	(@ Agatha) so einen muss man nicht auch noch mit spendengelder unterstützen (wo leben wir denn). hallo der lebt sowies schon von unseren steuergelder und wenn er sich das versaut hat er selber schuld. soll er ins männerwohnheim gehen, dafür wurden solche einrichtungenerrichtet.ich es gib menschen die spenden viel nötiger haben, besonders kinder
	299	Wer sich als ewig kranker und arbeitsscheuer wie der Dübel sich auf Malorca aufhalten kann, kann auch seine Miete selber zahlen!!!!
	303	chaos2505 Wiso ist Dübel ein Schmarotzer und Banker die die krise verursacht haben. Sind das keine SChmarotzer.
	307	richtig so, weg mit diesem Scdhmarotzer ....null Kohle vom Staat
	308	Steffan Wer jahrelang auf Kosten der arbeitenden Bevölkerung lebt und jegliche Arbeit ablehnt ist und bleibt ein Schmarotzer. Banker sind auch nicht besser, da hab ich dir ja recht gegeben. Die machen eine Pleite nach der anderen und kassieren noch das große Geld. Aber das ist ein anderes Thema.
	309	Leute, Ihr hackt immer auf den falschen rum !!!!! Das ist in Deutschland das Schlimme, die Kleinen schnappt man und die Großen lässt man laufen !! Und die Kleinen sind fertig für ihr ganzes restliches, armseliges Leben, und die Großen kriegen noch Millionen-Abfindung und dürfen den Staat GANZ LEGAL bescheißen !!!
	313	Wenn der Asthma haben soll, bin ich die Päpstin von China´. Dann könnte und dürfte er gar nicht so stark rauchen !!!!Dsa Urteil ist völlig korrekt, den Schmarotzer hätte man vor 25 Jahren schon härter ran nehmen müssen !!!!
	316	(@Koedelchen888): Was der arbeiten kann? Sortierband, Strassen und Schulhöfe fegen....... verpacken..... es gibt genug Sachen die er machen kann!!! Unsereins muss sehen wo er bleibt und bekommt wegen nicht mal einem Euro einen Antrag auf Kindergarten-Übernahme abgelehnt und der bekommt alles in den Arsch geblasen??? Wo is denn da die Gerechtigkeit?? UNd wer 80 Kippen rauchen kann, der kann auch arbeiten! So krank isser ja dann wohl net wenn er uns Arbeiter noch so auslachen kann
	320	Der hat einen Hund? Der arme Hund. Der kann doch nichts dafür. Das traurige an der Sache ist: So wie Arno Dübel denken u. leben viele viele Menschen. Er war leider so dumm, und hat die Klappe zu weit auf gemacht. Das konnte nur daneben gehen. Wie kann ich mich über das hart arbeitende Volk und über den Staat so lustig machen? Das konnte nicht anders enden. Vielleicht ist er jetzt den Menschen, die für ihn arbeiten ein wenig dankbarer. Hoffentlich behandelt er den Hund gut.!!!!!!!!!

	323	(@tommcat) aber Arno hat Recht mit dem was er gesagt hat. Die Dummen sind die, die Arbeiten gehen und sich vom Staat ausnehmen lassen. Der Deutsche lässt sich halt viel zu viel von der Regierung gefallen. Und dies macht die Sache nicht unbedingt besser. Im Gegenteil. Dies ist erst der Anfang. Den großen Hammer werden wir alle samt noch zu spüren bekommen.
	327	Tja dumm gelaufen Arno, wenn du Banker wärst würdest du jetzt noch ne Million Abfindung kriegen für nix. Es ist einfach ungerecht in diesem Land. Die Kleinen kriegen die Schlagzeilen und die Großen (Schmarotzer) werden totgeschwiegen.
	329	Ich gehörde der Altersgruppe an die mit 67 in Rente gehen darf. Wenn man sich seine Rentenberechnung mal so anschaut, evtl. 4 Jahre früher mit Abschlägen in Rente gehen muss, dann kann man dem Arno nur zurufen: Sei nicht blöd Mensch, geh bloß nicht arbeiten. Dadurch wird Deine Rente nicht mehr weit über Grundsicherungsniveau angehoben. Ich beglückwünsche Jeden der in den nächsten Jahren in Rente gehen kann und dann mehr als 1.200 bekommt. Vielen anderen rufe ich zu: Freundet euch schon mal mit dem H4-Regelsatz an. Viel mehr wirds nicht geben. Es sei denn ihr könnt privat vorsorgen. Aber wer kann das schon und wer hat noch so viel Vertrauen in die Finanzwelt?
	331	Hallo! Vielleicht zahlt ja die Arge den Umzug...... Von mir aus Nie wieder einen Pfennig von Staat für Ihn! Leider wird bei vielen „Hartz 4 Empfängern die die gleiche Lebenseinstellung haben schön vom Staat weiter bezahlt! Dadeus
	342	Die Gesellschaft formt sich selber und dieser Mann ist ein Produkt und gleichzeitig ein Schmarotzer und gleichzeitig ein Opfer dieser Gesellschaft. Wir alle sind verantwortlich fuer Ethik und Umsetzung. Uebrigens auch die Bild-Zeitung. Jetzt eine einzelne Person an den Pranger zu stellen ist zwar ein Zeichen dieser Zeit, eine Lösung auf gar keinem Fall. Die Bild-Zeitung selber zeigt doch täglich wie einfach es angeblich ist Geld zu bekommen ohne Leistung. Vorbilder sind nicht mehr im Guten vorhanden.
	343	Betrachtet man seinen Tagesablauf (verwiesen sei auf den Parallelartikel), so kommt mir ein Lächeln auf. Für ihn scheint Arbeit ein lästiges Übel zu sein. Sicher, so mancher Mensch würde auch gerne mehr Zeit zu Hause verbringen, aber ein Leben ohne Ziele, ein Leben ohne Aufgaben, ist das der Sinn? Ich kann es mir nicht vorstellen. Den ganzen Tag lang zu gammeln und den Bierkauf als Höhepunkt des Tages anzusehen, ist wirklich traurig. Wo bleibt der Spaß am Leben mit seinen Höhen und Tiefen? Wo sind die Freiheiten, welche man sich mit seinem selbst verdienten Geld gönnen kann? Wo bleibt die Freude und die Bestätigung der eigenen Person? Ist es nicht ein schönes Gefühl, zumindest eine Kleinigkeit bewirken zu können? Da übe ich doch lieber eine harte und zermürbende Arbeit aus und habe eine Aufgabe als mein Leben wegzuschmeißen und in den eigenen vier Wänden auf irgendein Wunder zu warten!
	345	Richtig!!!!!!!!!!!!!!!!!!!!!! Dieser faule Schmarotzer!!!!!!!!!!!!!!
31	15	absolut verständliche reaktion! und ein schlag ins gesicht für jeden steuerzahler dass diesem subjekt auch noch ein forum geboten wird.
	26	guter prgag mit dem überfall... die schrecken auch vor nichts zurück, erst jahrelang unser geld übers sozi verprassen, jetzt auch noch ganz offiziell über ne cd...
	38	arnodübel.... mein neues schimpfwort für leute, die sich durchs leben schmarotzen.
	39	Arno fänd ich gut,wenn er endlich arbeiten würde.Besser finde ich die Rentnerin. Oder wollte „Bild" unser aller Arno nur mal wieder in´s Gespräch bringen? Wenn ich das Geld hätte, bekäme er von mir ein One-Way-Ticket in die Klahari. Auf nimmer Wiedersehen! Schmarotzer!
	55	Schade, das die Frau ihn nicht so richtig zusammen getrimmt hat...dieser spacken soll arbeiten gehen anstatt meine Steuergelder zu verschleudern
	59	Schmarotzer...kann ja jetzt alles zurück zahlen was er sich in 36 Jahren erschnorrt hat

	91	ich finde es nur noch geil.Der Kerl hat doch nix anderes verdient.Ein fauler Sack ist er.Jetzt wird auch noch Urlaub auf unsere Kosten gemacht auf Mallorca.Toll mein Mann arbeitet Vollzeit.Ich bin noch in Elternzeit und fange in März wieder an zu arbeiten.Habe hier ein fast 3 jähriges Kind im Haus. Wir können uns gerade so über Wasser halten.Weihnachten wird sogar sehr knapp ausfallen wegen Geldmangel.Und dann kommen solche Leute daher,leben auf unsere Kosten und lachen uns auch noch aus wie blöd unsereins ist.Hallooo???Wo leben wir denn hier bitte schön.Ich schäme mich in Grund und Boden für solche Leute.Ich wäre auch auf den A..... losgegeangen.Retnerin du hast mein volles Verständniss für deine Tat!
	96	Richtig so - em Dübel und so manch anderem in unserem Land gehört mal richtig was an die Fresse. Sorry, aber ist doch so!!! Solchen Sozialschmarotzern gehört das Geld gestrichen.
	100	Das dem Typen noch so eine Bühne über ne Zeitung geboten wird, ist das allerletzte. Und die Dame traut sich wenigstens mal die Wahrheit zu sagen. Der macht sich nen lockeres Leben auf Steuerzahlerkosten. Jeder normale Arbeiter oder Leiharbeiter muss für das Liegen auf ner Sonnenterasse im Süden monatelang schuften und sparen und so ein Abschaum wird auch noch von der Bildzeitung dafür gefeiert, dass er für ehrliche Arbeit nur Hohn und Spott übrig hat. Dem Herrn Dübel gehört mehr als eine Furie aufn Hals gehetzt...
	108	tja wäre er mal arbeiten gewesen und hätte sich dann um seinen haushalt gekümmert, dann wäre es ihm in zweierlei hinsicht nicht passiert...einerseits weil er geschafft vom tagewerk um die zeit lange schon im bett gelegen hätte und andererseites weil er nicht als deutschlands faulste.....(wie heißt doch das weibliche schwein) .... durch die medien bekannt geworden wäre....also armer Arno.....wer das eine will muss das andere mögen....ich würde es mögen wenn er das zu unrecht bezogene geld im steinbruch abarbeiten müsste.....denn solche leute haben keine sozialleistungen verdienst!!!!
	118	ich hoffe das jeder mit Hirn seine Platten nicht kauft sonst denken die restlichen sozial Schmarotzer ein Leben lang nichts Arbeiten und wenns eng wird ne Platte raushauen und so Kohle machen.
	121	AHa, als Single kann man also kein Vater sein?? Der Kerl gehört für sein Benehmen in den Knast, leider würde er da auch wieder auf unsere Kosten wie die Made im Speck leben.
	131	Dübel ist ein elender Schmarotzer und zeigt uns wie blöd wir doch sind wenn wir jeden tag arbeiten rennen...
	133	dem „Dübel" sollten alle „Leistungen" gestrichen werden...Wer sich immer mit Bier und Zigarette ins Fernsehen begibt,hat genug Geld !!! Zudem sollte sich die Regierung mal darum kümmern,das alle ausgewiesen werden,die zwar schon über 10 Jahre hier wohnen,aber immer noch nicht eine Brocke Deutsch kann...
	135	traurige wahrheit, dass es in deutschland am besten ist, man arbeitet nicht und lässt sich alles in den arsch schieben. denn wenn man ehrlich ist, sich bilden will usw bekommt man nur steine in den weg gelegt und muss dafür sogar noch zahlen, statt geld zu bekommen. zum einen finde ich natürlich auch unter aller sau was dübel macht, auf der andern seite macht er es eigentlich genau richtig um der regierung mal zu zeigen was (unter anderem) falsch läuft. wofür auf politischer ebenegeld raus geschmissen wird, ist ja eine andere sache. es gibt zb 3 verschiedene sitze in 3 verschiedenen ländern irgendeiner EU einrichtung, zwischen der die politiker immer auf staatskosten hin und her reisen dürfen/müssen. wäre ja auch zu einfach das einfach nur an einem standort zu machen und dadurch millionen von euro zu sparen und die umwelt zu schonen

Quelle: Bild.de 2010: Schluss mit Stütze nach 36 Jahren, Arno Dübel fliegt aus seiner Wohnung, Arno Dübel auf Mallorca angegriffen. Links: http://www.bild.de/news/2010/news/nach-36-jahren-schluss-mit-stuet-ze-14553482.bild.html,http://www.bild.de/regional/hambu rg/hamburg-regional/wegen-mietschulden-aus-seiner-wohnung-14774184.bild.html, http://www.bild.de/regional/hamburg/hamburg-regional/auf-mallorca-von-rentnerin-angegriffen-worden-14996180.bild.html, Abrufdatum: 15.04.2011.

A3 Auswahl Bedürfnisgerechtigkeit (I,2)

Artikel	Nr.	Kommentar
25	5	Dafür hat das Amt 36 Jahre gebraucht um endlich den Geldhan abzudrehen? Eine echte Frechheit uns arbeitender Bevölkerung gegenüber. Soll er unter der Brücke schlafen. Wer nicht arbeiten will hat auch kein Recht auf Unterstüzung unseres Staates.
	28	Der Mann ist nicht deutsclands frechster Arbeitsloser, sondern der ehrlichste!!! Wer in Deutschland die Wahrheit sagt wird vernichtet. Dieser Mann kann doch ein Vorbild für alle Hartz IV Empfänger sein. Er kommt mit dem Geld aus, hat sogar noch etwas für Alkohol und Zigaretten über und ist mit der Höhe des gezahlten Geldes zufrieden. Hätte die Regierung ihn gefragt wie er das macht, hätte sie in diesem Jahr viel Geld gespart. Ich schlge vor ihn als Berater in den Staatsdient zu übernehmen.
	32	Wurde auch Zeit,ich kann nur hoffen das er im Obdachlosenheim nicht auf einen Vertändnissvollen Sozialarbeiter trifft der sich ein Bein für diesen Schmarotzer ausreist und dafür sorgt das er wieder geld vom amt bekommt
	38	Unter die Brücke mit diesem Schmarotzer, der die Menschen, die solche Subjekte durchfüttert mit ihren Steuern, auch noch verhöhnt.
	42	Na endlich haben sie den „netten Mann" die Stütze gestrichen, der meint wohl, er bekommt Sonderrechte! Hoffentlich wird er wirklich obdachlos, dann kostet er uns keinen Cent mehr. Schade um die Steuergelder, die er bis dato kassiert hat! Solche Menschen brauchen wir in Deutschland nicht! Es gilt hier nur eins, arbeiten ist besser als jede Stütze und Hilfe!
	47	Sozialstaat abschaffen, dann kann sowas nicht passieren. aximal wie in den USA nur noch Lebensmittel Gutscheine ausgeben, fertig.
	53	Hey Leute. Bleibt malogga mit euren Meinungen. Guckt euch Ihn doch einfach mal 2Min genauer an. Er ist ein gescheiterter Mensch und hat wirklich nichts in seinem Leben erreicht. Mir tut er einfach nur leid. Und sein gelaber von wegen Arbeit ist scheisse und so, dass glaubt er selber auch nicht. In seiner Situation ist es nur eine Selbstschutzbehauptung um sich irgendwie rechtzufertigen. Von mir aus kann er ruhig Hartz 4 bekommen. Armes Stück ......
	59	Also bei dem Bericht da stimmt was nicht. Es darf in diesem Staat niemand ohne Versorgung bleiben, das steht im Grundgesetz/Verfassung. Und darauf bin ich stolz, dass wir uns das leisten können. Gibt es eine Kontonummer, um für diesen armen Menschen zu spenden? Bitte angeben, liebe Bild! Danke
	60	Meine Güte, er ist ein Mensch und hat Anspruch auf unsere Unterstützung und die kann ihm auch ncht das Arbeitsamt nehmen, die sind doch keine Richter, was bitte ist da los? Herr Dübel muß zum Anwalt.
	62	Die ARGE soll Herrn Dübel das Geld wieder ausbezahlen und seine Mietschulden übernehmen, jeder Mensch hat das Recht auf ein Menschenwürdiges Leben und wenn er zu karnk zum arbeiten ist, bzw. keine Lust hat zum Arbeiten hat, dann ist das seine sache jeder Mensch hat das Recht auf freie Entfaltung und kann sein Leben gestalten wie er will das ist eine Frechheit den Dübel um 100 % zu Sanktionieren. Wir brauche das Bedingungslose Grundeinkommen. Arno Dübel nehme dir einen guten Rechtsanwalt für Sozialrecht viellcht kannst noch was abwehren und halte durch lasse dich von der ARGE nicht unterkriegen. und an alle anderen die hier so blöd schreiben setzt euch gegen unsere Politiker zu wehr und verunglimpft nicht immer uns Hartzer. Arbeitet wenn ihr wollt euch den Buckel krumm aber hetzt nicht immer gegen Hartz IV Empfänger.
	64	(@ Agatha) Wenn jemand krank ist und deshalb nicht arbeiten kann, dann steht ihm staatliche Hilfe zu. Wenn jemand wie dieser Spacke einfach nur stinkend faul ist, dann finde ich es einfach nur skandalös und eine Verarschung jedes arbeitenden, Steuer zahlenden Bürgers, wenn solche Subjekte auch noch Geld für ihre Dreistigkeit bekommen. Und wenn Du glaubst, dass „wir" uns das leisten kjönnen, dann lebst Du im Lala-Land, denn dieser Staat ist pleite, nicht zuletzt auch, weil man Typen wie diesen Dübel hat gewähren lassen.

	66	Im Grundgesetz, und Verfassung steht was anderes. Der kann gleich das ganze Amt verklagen wen sie ihnen nichts zahlen ROFL! Ne aber mal im Ernst was er dort treibt ist Abzocke, der ist ja nicht mal Krank, und bekommt vom Staat Geld für nichts! Hauptsache saufen wa Dübel? OMG!
	75	Ich glaube nicht das er obdachlos wird, in D steht jedem das Geld für Unterkunft&Versorgung zu. Die Arge kann ihm somit nur zeitweise das Hertz4 koplettstreichen.!!! Aber vielleicht gibt es den „Herrn Dübel „ja gar nicht, und es ist nur eine Rolle die er spielt, und in wirklichkeit hat er einen Job&lebt mit Frau (&kindern) friedlich im grünen...also neverschwörgung die ganze Herr-Dübel-Story?!?!
	76	Oh ja, liebe Bild, bitte gebt doch der Agatha die Kontonummer diesen „armen Mannes" damit sie für ihn spenden kann!!! ...dann müssen wenigstens wir Steuerzahler uns nicht mehr von ihm veräppeln und verhöhnen lassen! Mann, was hab ich auf diesen Tag gewartet, dass dem endlich die Stütze gestrichen wird! Das Prinzip von Hartz IV ist darauf ausgerichtet kranke und arbeitsunfähige Menschen zu unterstützen und nicht für faule Arbeitsscheue, die meinen sich auf unserer Kosten selbst verwirklichen zu müssen! Jeder muss auch nach seinen Kräften mitwirken sein Leben selbst auf die Reihe zu bekommen. So, das wollte ich schon lange mal loswerden! (@Mizandastood): toller Beitrag, stimme dir in jedem Punkt zu!
	81	100% Streichung kann es nicht gehen. Die Arge darf nur 359 streichen aber nicht das Geld für die Miete und Lebensunterhalt streichen. Hat er Schulden muss die Arge die Kosten übernehmen. Dübel wird vor Gericht klagen und Arge verliert garantiert und muss Dübel und Mietschulden nachzahlen
27	10	Ich finde es furchtbar, wenn jemand aus seiner Wohnung muss. Vielleicht gibt es ein offizielles Spendenkonto für Herrn Düberl? Würde gerne was zu Weihanchten spenden!
	12	Das wurde ja auch mal Zeit. Hat schliesslich lange genug auf unsere Kosten schmarotzt. Vielleicht nimmt er ja doch mal einen Job an, wenn er erstmal ein paar Nächte im Winter draussen verbracht hat.
	18	Wenn Herr Dübel so krank ist soll er Erwerbsminderungsrente beantragen. Das die GAL Schreiben nicht findet oder nicht finden will weiß man ja, das ist so ein Saustall da. Am besten aller per Einschreiben senden. Die haben sogar Schreiben verschmissen, die man persönlich abgegeben hat.
	28	Auf die Strasse muss keiner! Gibt doch extra Unterkünfte für Obdachlose. Oder ist er sich dafür auch zu stolz?
	49	Wer kennt denn nicht Beamtenwillkür? und schwachsinnige Beschlüsse,der Mann ist krank und kann nicht jeden Job annehmen! Mit den aussagen in TV und presse hat er ein Eigentor geschossen,trotzdem ist es Gesetz das der Staat für Behinderte und Kranke sorgen muss,und Zwangsarbeit hatten wir schon vor 70 Jahren, hat kein gutes Ende genommen.Es gibt tausende Klagen beim Sozialgericht weil bestimmte Beamte sich für das Gesetz selbst halten, ich hatte schon Beamte bei AA die mich schlicht und einfach belogen und weggeschickt haben um nichts zahlen zu müssen, stattdessen hieß es gehen sie doch zum Sozialamt, Mann sollte nie alleine zu Ämtern gehen, sonst hat man später keine zeugen! Herr Dübel wehren sie sich!
	55	Arge zahlt Miete.Wie kommen da die Mietrückstände? Es sei denn, das wurde auf sein Konto überwiesen.Dann hätte er sie überweisen müssen. Einzig tut mir der Hund leid! Bei Herrnn Dübel kann man sagen: Hochmut kommt... Hoffe nur, dass das Tier gut unterkommt.Der kann am wenigstens für so ein Herrchen,. Da muss ich auch KingofKings recht geben: :Für Obdachlosenunterkunft fühlrt er sich auch vielleicht zu stolz.Mich interessiert NUR, dass der Hund gut untergebracht wird.
	65	Wer Gesetze zu seinem Lebensunterhalt in Anspruch nehmen will, muss sich an die Regeln dieser Gesetze halten. Wenn Arno Dähmlichauich noch meint, diesen Staat, also jeden Steuerzahler, über die Bediensteten der ARGE öffentlich auch zu veräppeln und als seine Marionetten darzusatellen, dann hat er eigentlich noch nicht einmal mehr einen Schlafplatz im Obdachlosenasyl versient. Soll er sich eine Höhle suchen und wie ein Neandertaler leben, er ist diese Situation selbst schuld. Es mögen zwar sehr viele, über ca. 200000 fehlerhafte ALG-II-Bescheide jedes Jahr von den ARGE'n verschickt werden, jedoch die Würde der Mitarbeiter gilt es auch zu wahren. Die Sozialgerichte sind für die Berichtigungen der Bescheide zuständig, was sie auch in 60% aller Fälle zu Gunsten der Bedürftigen auch tun. Also Arno Dähmlich, Du hälst die Arschkarte endlich in Deinen Händen.

	67	Wie bitte Frank_Keilsund? hast du diesem Freak schon mal zugehört wie er sich über die „Idioten" lustig macht die ihm sein Leben bezahlen? Arme Leute muss man unterstützen, JA! jeder der sich bemüht und halt nix findet dem steht Hilfe ZU keine Frage. aber nicht die, die gar nicht arbeiten wollen
	68	höchste Zeit, bevor der Gute noch eine Vorbildfunktion bekommt muss man ihm zeigen, dass Nehmen ohne zu Geben auch in unserem Sozialsystem für gesunde Menschen nur temporär funktioniert!
	93	Asthma und TBC, aber 80 Zigaretten am Tag. Naja. 36 jahre keinen Job annehmen wollen? 35 Jahre zu spät auf die Straße geflogen, der Vogel. Aber hier gibt es ja noch genug, die Mitleid mit ihm haben. Armes Deutschland
	111	So viele Kinder hungern und frieren unschuldig. bei dem Typ lässt mich das kalt , wenn er eines Tages wo abgetaut wird.
	122	Schaut euch diesen armen Mann an, der einfach nur so dahinvegetiert, mit hoher Wahrscheinlichkeit alkoholkrank ist! Schaut in sein Gesicht! Sieht so ein glücklicher Mann aus, der unbedingt den Staat ausnutzen will oder jemand, der einfach nicht mehr anders kann? Was sind kosten, die für einen Arno Dübel entstehen gegen die Dimensionen einer Bankenpleite? Was mit diesem Mann geschieht, ist an Menschenverachtung nicht mehr zu übertreffen. Meint ihr, ihr bewegt einen Menschen dazu, ein besseres Leben zu führen, indem ihr gnadenlos und mit voller Härte auf ihn einwirkt? Wir reden hier von einem labilen Menschen, der sich wahrscheinlich mit seinen Äußerungen einen Schutzwall um sich baut. Mir tut er leid. Wer so einen Mann verantwortlich macht für die erschreckenden Umstände in der Republik, der irrt gewaltig.
	124	schalke girl schrieb, wer nicht arbeiten will. Es ist sicherlich nicht schön Stütze zu beziehen,aber es gibt genügend die nun mal einfach zu faul sind, wie ein Hr Dübel, ich könnte mich auch auf meinen kaputten Knochen ,Autounfall-als Beifahrer-bedingt ausruhen, dürfte meinen Job im Einzelhandel garnicht mehr machen. aber ich habe einfach keine Lust jeden Tag die Wände anzustarren, dann beiß ich lieber die Zähne zusammen und mach meine Arbeit. Und wenn der Tbc und was weiß ich nicht noch für andere Lungenkrankheiten hat, wie paßt es dann das der IIIlaaaah 80Kippen am Tag raucht...???Hoffendlich räumen noch mehr Richter und Arge Mitarbeiter mit solchen Schmarotzern auf.
	136	so ein Typ,muß auch mal merken,wie es sich unter brücken leben lässt..er hat uns genug ausgenommen ...jetzt ist schluß mit seiner frechheit......
	161	Herr Dübel hat sich schon lange selbst aufgegeben. Auch wenn er sau dumme Sprüche klopft, er ist körperlich und seelisch ein Frack und sein Leben ist sicher alles andere als schön . Sollen er doch das bisschen Geld vom Staat bekommen, in den Chefetagen wird viel, viel mehr Geld täglich aus dem Fenster geschmissen.
	162	Einem Menschen soll nicht das dach genommen werden. Es gibt genug Unterkünfte aber dafür ist Herr Dübel sich vermutlich zu fein. Für so jemanden zu spenden kommt mir nicht in die Tüte. Ich war auch 1 Jahr arbeitslos...dann sucht man sich eben Nebenjobs um sich über Wasser zu halten! Er hat großkotzig alles abgelehnt, sich noch darüber lustig gemacht wie dumm der Staat ist, dass er alles bezahlt kriegt ohne sich den Buckel krumm zu machen, Hat sich über Arbeitende lustig gemacht, wie dumm sie sind für Geld zu schuften während er sich seinen Arsch zuhaus breit sitzt und Stütze bezieht. Es ist eine Frechheit und Respektlosigkeit und dafür braucht er nun nicht heulen. Geschieht ihm Recht! Ich habe kein Verständnis dafür, dass einige ihn noch in Schutz nehmen.
	166	guckt euch den mann doch an. der ist sehr krank und jetzt nach 36 jahren wo sowieso alles zu spaet ist, macht man ihm stress ohne ende. traurig.
	169	Ich will nicht gut heissen was dieser Mann alles getan bzw. gesagt hat ABER genau dieser Mann repräsentiert die unterste Schicht deutschlands zusätzlich ist dieser Mann für alle sichtbar krank und psychisch total labil -Was dagegen machen?- keine Ahnung ich bin kein Phsychater aber diese öffentliche „Hinrichtung" eines bauernopfers nur um den braven Steuerzahler etwas zu besänftigen und abzulenken ist wohl kaum der Richtige Weg. Natürlich kann dies so mit diesem Mann nicht weitergehen und natürlich müssen Schritte eingeleitet werden ABER nicht so! Wiedereinmal wurde der einfachste Weg genommen aber Lösungen wurden keine gefunden.....

	174	(@birnehelene33) KRANK? Aber SAUFEN und KETTE RAUCHEN von Steuergeldern geht, oder wie?! Der hat doch garantiert den Staat betrogen mit seinem Dübel-Bier und Disco-Auftritten. Wurde ja neulich im TV gesagt, dass der Arge hierüber keinerlei Auskünfte vorlägen.
	176	das seid ihr doch alle elber schuld das der typ auf der straße landet....der hat knapp 40 jahre ohne job gelebt und alles ging gut, aufeinmal kommen die medien und schnappen sich so einen armen, harmlosen und mittellosen typen, blasen ihn auf zum tv-star und dann nnur negativ berichte, WIE KANN DIE ARGE SOWAS ZULASSEN.... war doch nur nefrage der zeit, danke an die medien...
	183	Wer mit 54 Jahren noch nie gearbeitet hat, den bringt man jetzt auch nicht mehr dazu. Gebt ihm ein möbliertes Zimmer und die 364 Euro von der Arge pro Monat. Soll er damit machen was er will - und dann laßt ihn ihn der Versenkung verschwinden. Der Kerl ist eine Beleidigung für jeden Hartz-IV Empfänger, der dankbar für einen 1-Euro-oder Minijob ist, damit er seine Einkünfte von der Arge etwas anheben kann, wenn man schon keinen richtigen Job bekommt.
	184	Geschiet diesem Sozialschmarotzer absolut recht! Hoffentlich nimmt ihn jetzt kein Vermieter mehr auf. „Bekannt" genug ist er ja!
	194	Der Vermieter ist der dumm, er bleibt auf seine Kosten sitzen . wer Keine miete bezahlt muss SOFORT raus ohne wenn und Aber, das gesetz ist ungerecht.
	198	(@Hande) wo lohnt sich Arbeit noch? Wenn ich eine 40 Std Woche habe und dann noch mit H4 aufstocken muß , wenn ich Pech habe nur knapp 100 mehr habe als ein H4ler, dann ist dies mehr als bedenklich. Das liegt dann aber keines Falls daran das die H4 Sätze zu hoch sein. Nein die Löhne sind zu niedrig. Der Mensch muß von seiner Arbeit leben können. Da hat der Kapitalismus vom Sozialismus aber viel lernen können. Subvensionierung scheint auch im Kapitalismuß groß im Kommen zu sein und weiter ausgebaut werden. Naja vielleicht steht ja irgentwann wieder im Grundgesetz das jeder Mensch ein Recht auf Arbeit hat. Dann sag ich nur Willkommen in der DDR.
	205	Richtig so wer nicht hören will muss eben fühlen! soll er doch unter der Brücke pennen! verdient hat er es!
	209	(@schlangenkoks) ich weiß ja nicht wie du deinen lebensunterhalt verdienst aber ich muss jeden tag 12 stunden arbeiten damit meine kleine familie einigermaßen über die runden kommt!!!! auch mein partner geht jeden tag 10 stunden arbeiten, und ein gewisser herrdübel lacht sich einen weil wir so dumm sind und arbeiten gehen während er auf unsere kosten lebt???? ich hätte ihm vor 30 jahren schon alles gestrichen!!! dann erzählt er was von athma und tbc???? ich würd noch 5 schachteln mehr rauchen am tag!!!!! der is selber schuld mit so einem schmarotzer hab ich kein mitleid
	221	Hallo (@flo1985) Wer sichtbar krank und psychisch total labil ist, ist nach deiner Aussage, wohl nicht mehr zu bezweifeln. aber wenn du soviel Mitleid mit dem hast, warum läßt du den nicht bei dir wohnen und gibst ihn etwas zu essen und die paar Zigaretten kannste ihn wohl auch noch finanzieren.
	223	Kümmert euch doch erstmal um euren einen Scheiß, anstatt hier ständig auf Dübel einzuhauen. Der Mann braucht Hilfe und keine Schuldzuweisungen. Was seid ihr nur für beschiessene Menschen! Ihr lebt doch hier immer noch im Schlaraffenland, warum beklagt ihr euch? Normal müßtet ihr alle, die ihr hier draufhaut und hämisch triumphiert, daß Dübel obdachlos wird, jeden Tag glücklich und dankbar dafür sein, zu den 3% der priviligierten Weltbevölkerung zu zählen, die in einer Überflußgesellschaft leben. Laßt den Mann in Ruhe und kümmert euch um euren eigenen Mist.
	229	... und es ist richtig so. Endlich. Ich war selber 3 Monate Arbeitsos. Wollte niemandem zu Last fallen und habe vom Erspartem gelebt. So einer zockt nur ab und lacht die arbeitenden aus. Der wird wohl nicht auf der Strasse schlafen müssen. Mal sehen ob er sich auch für nen Asyllager zu fein ist. Hoffentlich wird er nicht kriminell. Dann bekommt er wieder nen Zimmer und drei Mahlzeiten am Tag.
	236	(@detonator). Hast Du nenSchatten ?? Der lacht die arbeitende Gesellschaft aus. Brauchst Dir aber keine Sorgen machen. Frieren muss er nicht. .... Irgendwo gibtsnen Auffanglager. Da ist auch schön warm. Ach ja, zahlen tuen das wieder die Steuerzahler. Bist Du auch einer Detonator??

	241	pipshahn schrieb: vor 5 Minuten (@detonator). Hast Du nenSchatten ?? Der lacht die arbeitende Gesellschaft aus. Brauchst Dir aber keine Sorgen machen. Frieren muss er nicht. .... Irgendwo gibtsnen Auffanglager. Da ist auch schön warm. Ach ja, zahlen --- Und, was kümmert Sie das? Kennen Sie Herrn Dübel. Warum mischen Sie sich in das Leben eines anderen Menschen ein, wer gibt Ihnen das Recht dazu? Heute ist es Dübel, morgen sind es wir. Ihr kapiert es einfach nicht. Es geht hier um Mitmenschlichkeit, wir sind Menschen und keine Tiere.
	246	Na das ist hier ja voll aufgegangen. Hat der Bericht ja wieder seine Wirkung erzielt. Es braucht keiner unter der Brücke schlafen und auch unser Arno wird irgendwo unterkommen. Dank der Bild wird uns das auch sicher bald mitgeteilt. Den bringt nix und niemand an die Arbeit. Und mal ehrlich. Wollt ihr so einen Kollegen haben? Ich glaube eher nicht. Der hat sich mit seinem Leben arrangiert, der vegetiert nur dahin. Wollt ihr so leben? Der braucht dringend fachmännische Hilfe und sonst garnichts.
	265	Ich widerspreche meiner eigenen Meinung, aber jedes über Arno Dübel verlorene Wort ist vergeudet. Dieser Bursche wird niemals klug werden und einsehen, dass es so eigentlich nicht geht. Er wird sich immer wieder (höchstwahrscheinlich erfolgreich) auf seine Tbc herausreden, wobei ich in meinem Bekanntenkreis jemanden kenne, der ebenfalls hochgradig an dieser Krankheit erkrankte und trotzdem sehr erfolgreich und mit vollem Einsatz als Zimmermann arbeitet. Bei Arno Dübel zeigt sich ganz offensichtlich an welchen Stellen der Sozialstaat versagt hat, denn dieser Mann ist ja nur einer von vielen. Er verspottet Millionen von Arbeitnehmern. Er brüskiert all diejenigen, die es wirklich nötig haben vom Staat Unterstützung zu empfangen. Aber jetzt zeigt sich auch: Er schadet vor allem sich selbst.
	276	Tja, so isses eben, Hr. Dübel! Wer nicht arbeiten WILL und sich über die „Idioten" totlacht, die rechtschaffend jeden morgen früh aufstehen müssen... Spaß is jetzt vorbei - wer nicht hören will, muss eben fühlen. Auch wenns hart klingen mag, aber ihm ist nicht anzusehen, dass er gesundheitlich eingeschränkt wär. Somit könnte er, wenn er WOLLTE, JEDEN Job annehmen. Offensichtlich hat er ja nix gelernt, also ist das Spektrum der Hilfsarbeiterjobs unerschöpflich... Unter'm Strich brauch er doch nur die Unterlagen offenlegen, wie es das Gericht gefordert hat - ehrlich kommt man am weitesten! Komischer Vogel, bei dem jetzt wohl endlich mal die Realität mit voller Härte zuschlägt...!
	288	Ich finde es furchtbar, wenn jemand aus seiner Wohnung muss. Vielleicht gibt es ein offizielles Spendenkonto für Herrn Düberl? Würde gerne was zu Weihanchten spenden!
	291	(@detonator:) Gehe bitte in dich und überlege dir noch einmal genau, was du da geschrieben hast. Konsequent...?? Das Leben ist kein Wunschkonzert und jeder AN wird, auch wenn er seinen „Traumjob" gelernt bzw, abschließend auch gefunden hat, irgend wann in diesem Job hin und wieder frustriert sein. Aber das ist normal. Das ist „Real-Life". Das kann man nicht einfach weg klicken oder umschalten. Wenn ich so einen Dübel sehe, dann kann ich da auch nicht ruhig bleiben, trotz meiner Zufriedenheit im Job und einem doch recht guten Einkommen. Solidarität? Ja, gerne. Aber nur gegenüber wirklich Hilfsbedürftigen und nicht gegenüber Faulenzern, die morgens vorm Fernseher aufwachen und abends wieder davor wieder einschlafen.
	292	Leider ist die Anzahl der geschriebenen Wörter hier begrenzt, man könnte so einiges über wirkliche Schmarotzer hier schreiben, natürlich mit der gebotenen Sachlichkeit und unter der Beachtung der geltenden Foren-Netiquette. Man soll und muss als Arge etwas unternehmen, hier aber wurde der absolute Zeitpunkt dafür meiner Meinung verpasst, um nicht zu sagen, verschlampt! In den zurück liegenden Jahren wurde nichts, aber auch gar nichts unternommen, jetzt wird die Bevölkerung (Arbeitnehmer u.a.) durch diese öffentliche Hinrichtung - man findet kein anderes Wort dafür - von Seiten der Behörde über reagiert, bis hin zur Wohnungslosigkeit - eine schlechte Lösung in einem Sozialstaat! Ich darf erwähnen, dass mir dabei der kleine Hund absolut Leid tut, und ich hoffe, dass es noch eine andere, bessere Möglichkeit gibt, dem Herrn Dübel klar zu machen, dass nicht er am längeren Hebel sitzt!
	298	(@ Agatha) so einen muss man nicht auch noch mit spendengelder unterstützen (wo leben wir denn). hallo der lebt sowies schon von unseren steuergelder und wenn er sich das versaut hat er selber schuld. soll er ins männerwohnheim gehen, dafür wurden solche einrichtungenerrichtet.ich es gib menschen die spenden viel nötiger haben, besonders kinder

	299	Wer sich als ewig kranker und arbeitsscheuer wie der Dübel sich auf Malorca aufhalten kann, kann auch seine Miete selber zahlen!!!!
	306	Asthma und Tbc ??? wohl eher ne schwarze Teer-Lunge...
	313	Wenn der Asthma haben soll, bin ich die Päpstin von China´. Dann könnte und dürfte er gar nicht so stark rauchen !!!!Dsa Urteil ist völlig korrekt, den Schmarotzer hätte man vor 25 Jahren schon härter ran nehmen müssen !!!!
	314	Mann, mann............was bitte soll der denn noch arbeiten?? Lasst den doch seine paar Kröten bekommen, statt hier darüber zu lachen, dass er obdachlos wird. Seinen Aussehen nach ist der krank und wird nicht mehr lange machen. Ihm und seinem Hund noch ein paar ruhige Jahre in einer kleinen Wohnung und gut ist. Den Mund halten sollte er allerdings zukünftig, dann macht ihr euch hier auch keinen "Kopf" me
	316	(@Koedelchen888): Was der arbeiten kann? Sortierband, Strassen und Schulhöfe fegen....... verpacken..... es gibt genug Sachen die er machen kann!!! Unsereins muss sehen wo er bleibt und bekommt wegen nicht mal einem Euro einen Antrag auf Kindergarten-Übernahme abgelehnt und der bekommt alles in den Arsch geblasen??? Wo is denn da die Gerechtigkeit?? UNd wer 80 Kippen rauchen kann, der kann auch arbeiten! So krank isser ja dann wohl net wenn er uns Arbeiter noch so auslachen kann
	339	dem würde ich gerne mal meine meinung sagen, echt unverschämt wie er denkt, andere die wirlich brauche ziet er im dreck, wie sag man so schön wer hoch fliegt fällt auch tief. ade arno es gibt genug brücken in deuschland, die eine auch aundach über den kopf bieten, P.s ich muß auch für jeden hart arbeiten.
31	66	Dübel, du landest in der Gosche, vielleicht lernste dann mal zu arbeiten, wenn man nichts mehr hat und kann.

Quelle: Bild.de 2010: Schluss mit Stütze nach 36 Jahren, Arno Dübel fliegt aus seiner Wohnung, Arno Dübel auf Mallorca angegriffen. Links: http://www.bild.de/news/2010/news/nach-36-jahren-schluss-mit-stuetze-14553482.bild.html,http://www.bild.de/regional/hambu rg/hamburg-regional/wegen-mietschulden-aus-seiner-wohnung-14774184.bild.html, http://www.bild.de/regional/hamburg/hamburg-regional/auf-mallorca-von-rentnerin-angegriffen-worden-14996180.bild.html, Abrufdatum: 15.04.2011.

A4 Auswahl Gleichheit (I,3)

Artikel	Nr.	Kommentar
25	22	Das finde ich total richtig.. ich bekam schon Sperren, wenn sich nur mal ein Termin mit nemArtztterminkreutzten.. und ich ARGE verschieben wollt.
	42	Na endlich haben sie den „netten Mann" die Stütze gestrichen, der meint wohl, er bekommt Sonderrechte! Hoffentlich wird er wirklich obdachlos, dann kostet er uns keinen Cent mehr. Schade um die Steuergelder, die er bis dato kassiert hat! Solche Menschen brauchen wir in Deutschland nicht! Es gilt hier nur eins, arbeiten ist besser als jede Stütze und Hilfe!
	65	Die Möglichkeit der Gesetze nutzen, dürfen nur Manager und Banker. Wenn das eine Harz IVler macht wird das natürlich sanktioniert. Nach unserer Geschichte - drittes Reich - DDR - kann man über solche menschenverachtenden Vorgehensweisen doch wirklich nur noch staunen.
	70	(@Rosenheimer:)"...bzw. keine Lust hat zum Arbeiten hat, dann ist das seine sache jeder Mensch hat das Recht auf freie Entfaltung ...." Wenn jeder der 40 Mio Erwerbstätigen in Deutschland ebenfalls dieses Recht für sich in Anspruch nähme, wer bezahlt euch dann Harz IV für seine freie Entfaltung euerer Persönlichkeit?
	77	so ist es richtig. ich muss auch für wenig geld arbeiten!!!! so und nachdem ich selbst im inkasso tätig bin: bei jeder räumung steht die familyhilfe mit da und sorgt für eine unterkunft! Genannt pension!!! strom wird nicht von der arge bezahlt - es wird höchstens eine zahlungsvereinbarung mit dem stromversorger getroffen. die muss dann der sozialhilfeempf. abzahlen - mit seiner sozialhilfe. nsonsten habe ich kein mitleid, denn irgendwann ist es genug. wir haben schon sovieleschmarotzer in deutschland und jeder weniger....dummerweise ist es aber so, dass diese pensionen verdammt teuer sind und die miete dort höher ist, als eine normale miete
27	24	(@ Agatha)...ich hoffe, ich habe mich gerade verlesen bzw. es handelt sich um IRONIE. Jemand, der jahrelang vom Steuerzahler lebt und noch die große Fresse hat und frech ist hat von niemandem nen Cent zu erwarten. Ihm wurden genug Chancen geboten die er großkotzig abgelehnt hat. VON MIR? KEINEN CENT!
	36	(@Agatha:) Sag mal, was hast du denn genommen? Ich buckel mir den Rücken krumm um meine Familie zu ernähren und meinen Verpflichtungen nachzukommen und soll,- für so einen Penner auch noch spenden. Du hast doch nicht alle Tassen im Schrank. Nicht zuletzt aufgrund solcher Sozialschmarotzer, von denen es abertausende gibt, zahle ich Versicherungsbeiträge das mir schwindelig wird und, die machen unser Soziales System kaputt.
	71	(@Frank_Keilsund:) Is das Dein Ernst??? Der is doch selber schuld!!! Unsereiner muss alles vorlegen um überhaupt einen Cent zu bekommen, bekommts trotzdem wegen ein paar Euro zuviel trotzdem abgelehnt und der macht da die Welle??? Ausserdem bekommt der was dafür, das die den zeigen dürfen! Ohne Erlaubnis is da nämlich nix zu machen! Von wegen armer Kerl!
	118	Ahja?Wo wird denn hier recht gebrochen.Er bringt keine Nachweise,also hat er auch keinen Anspruch,dasis bei jedem anderen genau so.Der hats nicht anders verdient,Wenn er erstmal auf der Strasse hockt wird er schon lernen zu arbeiten.
	119	Auf Menschen zu treten, die eh schon am Boden liegen, können einige scheinbar sehr gut. Es wäre nie so weit mit Herrn Dübel gekommen, hätte man ihn rechtzeitig, also als er noch sehr jung war ins Arbeitsleben integrieren müssen. Dies ist leider nicht geschehen. Aber da sieht man mal die zuständigen Behörden haben damals schon geschlampt und tun es heute ebenfalls noch. Wäre der Fall Dübel nicht an die Öffentlichkeit gelangt, wäre er heute noch in seiner Wohnung, würde weiter seine Stütze kassieren und kein Hahn würde danach krähen. Ein vom Staat gewollter Arbeitsloser, wie andere Millionen auch. Ist doch alles nur Show was das Jobcenter abzieht. Allein um den Steuerzahler ein bissl bei Laune zu halten. Und es fallen wir immer viele darauf rein. Happy Birthday kann man dazu nur noch sagen.

	126	So ist das eben mit solchen Großmäulern ! ICH muss für mein Geld auch arbeiten und bekomme nix vom Staat ! DER soll arbeiten gehen - dann kann er sich auch ne Wohnung leisten !
	147	(@Schlangenkoks :) Was bitte hat die Bankenpleite mit einem Sozialschmarotzer zu tun ? Das ist ja völlig am Thema vorbei ! Für diesen Mann, diesen Herrn D., der keinerlei Respekt gegenüber den Menschen aufbringt, die ihn mit ihrer Arbeit am Leben halten kann ich kein Mitleid empfinden - sorry ! Er hatte Chancen genug ! Alle nicht genutzt - dumm gelaufen ! Ein Sozialstaat kann keine Einbahnstrassesein !!! Nicht weit über 20 Jahre lang...
	225	meine Güte 36 Jahre hat er nicht eine Arbeit angenommen hat sich sogar über das AA öffentlich lustig gemacht, und jetzt drückt er auf die Tränendrüse. Absolut kein Mitleid habe ich ander müssen bei dem AA um jeden Cent kämpfen würden jede Arbeit annehmen aber bekommen einfach keine, weil sie meistens alleinerziehend sind. Und die lieben Kinder ja öfter krank werden könnten. Ich finde das Urteil mehr als gerecht nun soll er mal seinen Ar... selbst bewegen Chancen hatte er mehr als genug.
	226	Der liebe Arno hat jahrelang die Steuerzahler und die Behörden verar..... Ich gehe mal davon aus, er ist zurehnungsfähig und dann gelten für ihnen keine Sonderrechte. Schön fand ich nur, dass er gezeigt hat, wie nachässig und uninteressiert die Arges mit ihrer Klientel umgehen. Das war doch der wahre Skandal. Leute die - mit allen Tricks - nur das System ausnutzen kommen damit immer noch zu häufig durch.
	253	(@detonator) Na ja, da muss ich pipshahn schon ein wenig Recht geben. Der wird ins TV und in die Öffentlichkeit gezerrt, beleidigt in Talkshows noch andere Gäste. Hauptsache die Masse denkt, so wie der sind ja alle. Das ist ja auch das Ziel. Denn wie es wirklich aussieht, bekommt man im TV nämlich nicht dargestellt. Und wieso versagen das 36 Jahre die Behörden? Wenn ich (beziehe z.Zt. leider auch H4) oder andere einen Fehler machen, nicht zu Terminen erscheinen usw. gibt es sofort Sanktionen. Da warten die förmlich drauf. Und da frage ich mich auch. Wie kommt es, dass ein Arno Dübel damit durchkommt. Glaube bald auch, dass die ganze Geschichte gefakt ist, damit die Masse Angst bekommt, wie es gehen kann.
	312	(@Agatha:) Das meinen Sie doch jetzt nicht ernst oder? Ein offizielles Spendenkonto??? Ich glaub es hackt! Wenn Sie doch soo gut sind, dann nehmen Sie den Spinner doch bei sich auf! Von mir würde höchstens der Hund ein schönes Futterpaket bekommen, denn das arme Tier kann ja nix für sein blödes Herrchen, das da auch noch versucht, dem Amt die Schuld zu geben! Die streichen net ohne Grund die Gelder!!! Wenn man nix vorlegt hat man auch keinen Anspruch!! Vielleicht hätte ihm das mal sein Manager sagen sollen! Wobei ich mich frag, wie er den bezahlt hat *fiesgrins* Tja Dübel, das is Übel! Aber ich finds echt hammer, was manche hier noch schreiben. So von wegen, der hat ja 36 Jahre nix gemacht, lasst den doch in Ruh, der kann ja eh nix! VON WEGEN!!! Stellt den an ein Sortierband oder lasst den verpacken!! Strassen oder Schulhöfe fegen. Es gibt genug solcher Jobs!!!!!!
	316	(@Koedelchen888): Was der arbeiten kann? Sortierband, Strassen und Schulhöfe fegen....... verpacken..... es gibt genug Sachen die er machen kann!!! Unsereins muss sehen wo er bleibt und bekommt wegen nicht mal einem Euro einen Antrag auf Kindergarten-Übernahme abgelehnt und der bekommt alles in den Arsch geblasen??? Wo is denn da die Gerechtigkeit?? UNd wer 80 Kippen rauchen kann, der kann auch arbeiten! So krank isser ja dann wohl net wenn er uns Arbeiter noch so auslachen kann
	339	dem würde ich gerne mal meine meinung sagen, echt unverschämt wie er denkt, andere die wirlich brauche ziet er im dreck, wie sag man so schön wer hoch fliegt fällt auch tief. ade arno es gibt genug brücken in deuschland, die eine auch aundach über den kopf bieten, P.s ich muß auch für jeden hart arbeiten.
31	-	

Quelle: Bild.de 2010: Schluss mit Stütze nach 36 Jahren, Arno Dübel fliegt aus seiner Wohnung, Arno Dübel auf Mallorca angegriffen. Links: http://www.bild.de/news/2010/news/nach-36-jahren-schluss-mit-stuet-ze-14553482.bild.html,http://www.bild.de/regional/hambu rg/hamburg-regional/wegen-mietschulden-aus-seiner-wohnung-14774184.bild.html, http://www.bild.de/regional/hamburg/hamburg-regional/auf-mallorca-von-rentnerin-angegriffen-worden-14996180.bild.html, Abrufdatum: 15.04.2011.

A5 Auswahl Wohlverstandenes Eigeninteresse (II)

Artikel	Nr.	Kommentar
25	76	Oh ja, liebe Bild, bitte gebt doch der Agatha die Kontonummer diesen „armen Mannes“ damit sie für ihn spenden kann!!! ...dann müssen wenigstens wir Steuerzahler uns nicht mehr von ihm veräppeln und verhöhnen lassen! Mann, was hab ich auf diesen Tag gewartet, dass dem endlich die Stütze gestrichen wird! Das Prinzip von Hartz IV ist darauf ausgerichtet kranke und arbeitsunfähige Menschen zu unterstützen und nicht für faule Arbeitsscheue, die meinen sich auf unserer Kosten selbst verwirklichen zu müssen! Jeder muss auch nach seinen Kräften mitwirken sein Leben selbst auf die Reihe zu bekommen. So, das wollte ich schon lange mal loswerden! (@Mizandastood:) toller Beitrag, stimme dir in jedem Punkt zu!
	87	zum Arbeiten zu dumm, für Lebensmittelgutscheine zu stolz, beides gewachsen auf einem Holz...! Seit 36 Jahren nehmen ohne irgendetwas zu geben! Hat keine Arbeit gefunden, dass ich nicht lache! Sitzt sich den Ar...auf der Couch platt und spuckt auch noch freche Töne! ASOZIAL! Kurzsichtig auf ganzer Linie: Er hat sich bis ins Alter in die finanzielle Minimalität und Abhängigkeit manövriert, wer gibt dem denn noch Arbeit? Zu sagen die Arbeitenden sind dumm? AUCH NOCH diejenigen, die die Penunsen für ihn aufbringen, VERHÖHNEN? Der sollte mal einen weisen Satz verinnerlichen:willst du wirklich erkennen, ob das was du tust, richtig ist, dann überlege einfach, wie es wäre, wenn ALLE das Gleiche tun würden wie du selber....! Man kann dem nur raten: beweg deinen Ar... und arbeite, damit du wirklich mal stolz sein kannst!
27	9	Ach so, für Essensgutscheine ist er zu stolz, aber seine sicherlich schon recht alte Mutter anzubetteln, dafür nicht? Ich würde mich in Grund und Boden schämen, wenn ich in dem Alter mein Leben noch immer nicht in den Griff bekommen hätte.
	60	Wer sich so öffentlich präsentiert, und auch im TV Auftritte hat, wo es dann kein anders Thema gibt als, „Ich arbeite nicht, und werde ach nicht Arbeiten“, und nur über Die lacht, die arbeiten, müssen, dann darf man sich nicht wundern, wenn es so kommt, wie es gekommen ist. Ist schon ein wenig sehr blöd gewesen, der gute Herr Dübel. Er hatte ja die Einstellung, wer arbeitet, hat selber Schuld, und lachte wieder wie ein hustender Rauch- Schlot. Ja dann muss man sich doch nicht wundern wenn es an die frische Luft geht. Wer Rechte hat Herr Dübel, der hat auch Pflichten. So ist das.
	69	Endlich mal ein faires Urteil, alles andere wäre für die arbeitende Bevölkerung und die Menschen, die arbeiten wollen, ein Schlag ins Gesicht gewesen. Ich habe Null Mitleid mit dem Menschen, nur mit seinem Hund! Im TH gehts ihm sicher besser, gutes Futter und gute tierärztliche Versorung, ebenso die Hoffnung, auf eine schnelle Vermittlung. Der Typ soll arbeiten gehen und allen zeigen, dass er es kann und will. Dann klappt auch wieder mit der Wohnung, dem Geld und er ist nicht mehr der meistgehasste Deutsche!
	110	Hier wird der Fall „Arno Dübel“ behandelt, nicht Hartz 4. Ein Mensch der sich weigert Arbeit anzunehmen, darf sich nicht wundern, wenn sich alle umdrehen. Wenn der Mann wirklich Tb hat, dann ist das eine Sache des Gesundheitsamtes. Wer sich so standhaft weigert zu Arbeit zu gehen wird gesperrt, und bekommt auch keine Mietzahlungen von den Ämtern.
	111	So viele Kinder hungern und frieren unschuldig. bei dem Typ lässt mich das kalt , wenn er eines Tages wo abgetaut wird.
	114	(@Serafine): ich habe in meinem Bekanntenkreis keinen H-IV-Empfänger. Die haben sich bei Arbeitslosikeit selbst einen neuen Job gesucht und ihn auch gefunden. Man muss nur wollen!

	172	(@ skorpion78:) Wie das Leben manchmal spielt ist eine Sache für sich. Wer aber aus seinen Verhältnissen raus möchte sollte sich nicht damit abfinden. Auch für weniger arbeiten zu gehen kann sich letzten Endes auszahlen. Wer jedoch nicht aktiv wird, braucht sich nicht beschweren. Und egal wieviel man verdient. Fällt man unter das H4 Limit wird ein Teil des Verdienstes angerechnet und man hat somit immer mehr als nur H4. Auch wenn es nicht viel ist, aber wer derartige Argumente vorschiebt ist sich einfach zu bequem zum arbeiten denke ich. Das es oft nicht leicht ist einen Job zu finden sehe ich ein. Aber man bekommt nun mal nichts geschenkt im Leben, das sollten sich einige mal hinter die Ohren schreiben.
	175	irgendjemand muss den armen mann vor sich selber schützen. das endet böse mit dem.
	179	„skorpion78 schrieb: vor 6 Minuten (@Serajaza) im Prinzip hat Herr Dübel ja recht mit seinen Aussagen. Arbeit lohnt schon lange nicht mehr." Herr Dübel hat nicht recht. Er hat seit 36 Jahren nichts versucht, sein Leben zu verbessern.
	185	(@flo1985:) Dann lies Dir doch mal oben die Beiträge zu diesem H. Dübel durch! Und im übrigen kann man nicht für alles den Staat verantwortlich machen! Wie wäre es denn, wenn man für sein Leben auch mal ein bisschen selbst Verantwortung übernimmt! Aber das ist wohl zu viel verlangt oder was?
	210	Aber Schlangenkoks hat Recht... der kann nichts und was soll der Arbeiten, der hat keinen Durchhaltewillen und keine Motivation, niemand wird ihn einstellen. Also müssen wir für ihn zahlen, das ist ‚leider' so.
	225	meine Güte 36 Jahre hat er nicht eine Arbeit angenommen hat sich sogar über das AA öffentlich lustig gemacht, und jetzt drückt er auf die Tränendrüse. Absolut kein Mitleid habe ich ander müssen bei dem AA um jeden Cent kämpfen würden jede Arbeit annehmen aber bekommen einfach keine, weil sie meistens alleinerziehend sind. Und die lieben Kinder ja öfter krank werden könnten. Ich finde das Urteil mehr als gerecht nun soll er mal seinen Ar... selbst bewegen Chancen hatte er mehr als genug.
	229	... und es ist richtig so. Endlich. Ich war selber 3 Monate Arbeitsos. Wollte niemandem zu Last fallen und habe vom Erspartem gelebt. So einer zockt nur ab und lacht die arbeitenden aus. Der wird wohl nicht auf der Strasse schlafen müssen. Mal sehen ob er sich auch für nen Asyllager zu fein ist. Hoffentlich wird er nicht kriminell. Dann bekommt er wieder nen Zimmer und drei Mahlzeiten am Tag.
	265	Ich widerspreche meiner eigenen Meinung, aber jedes über Arno Dübel verlorene Wort ist vergeudet. Dieser Bursche wird niemals klug werden und einsehen, dass es so eigentlich nicht geht. Er wird sich immer wieder (höchstwahrscheinlich erfolgreich) auf seine Tbc herausreden, wobei ich in meinem Bekanntenkreis jemanden kenne, der ebenfalls hochgradig an dieser Krankheit erkrankte und trotzdem sehr erfolgreich und mit vollem Einsatz als Zimmermann arbeitet. Bei Arno Dübel zeigt sich ganz offensichtlich an welchen Stellen der Sozialstaat versagt hat, denn dieser Mann ist ja nur einer von vielen. Er verspottet Millionen von Arbeitnehmern. Er brüskiert all diejenigen, die es wirklich nötig haben vom Staat Unterstützung zu empfangen. Aber jetzt zeigt sich auch: Er schadet vor allem sich selbst.
	276	Tja, so isses eben, Hr. Dübel! Wer nicht arbeiten WILL und sich über die „Idioten" totlacht, die rechtschaffend jeden morgen früh aufstehen müssen… Spaß is jetzt vorbei - wer nicht hören will, muss eben fühlen. Auch wenns hart klingen mag, aber ihm ist nicht anzusehen, dass er gesundheitlich eingeschränkt wär. Somit könnte er, wenn er WOLLTE, JEDEN Job annehmen. Offensichtlich hat er ja nix gelernt, also ist das Spektrum der Hilfsarbeiterjobs unerschöpflich... Unter'm Strich brauch er doch nur die Unterlagen offenlegen, wie es das Gericht gefordert hat - ehrlich kommt man am weitesten! Komischer Vogel, bei dem jetzt wohl endlich mal die Realität mit voller Härte zuschlägt...!

	324	(@skorpion78:) Es ging ja auch nur darum, das viele meinten, er könne ja nix.. aber das sind so Sachen die er machen könnte... wenn er denn wollte! Soll er sich doch bei einer Zeitarbeitsfirma melden... ne Freundin is in eine Firma gekommen, die brauch da nur Küchen abwischen, die fertig ausgebaut sind! Wird zwar nicht soooo gut bezahlt, aber immerhin mehr wie Stütze! Aber dann gehts Gejammer wieder los: Ohne Arbeit hat man mehr Geld usw usw.... und er jammert dann um seine armen Hände, die Spülmittel würden ja seine Haut kaputt machen. Selbst wenn er einen regulären ArbeitsPlatz bekommen würde... wie lange macht der das? Einen Tag? Wenn überhaupt
	338	Habe nicht alle Kommentare hier gelesen,aber was ich gelesen habe,war wirklich seeehrspannend. Auch mir fehlt jegliches Verständnis für einen schon seit über 30jähriger selbst gewollter Arbeitslosigkeit habenden Typen wie A.Dübel.Es ist egal,zu welcher Tages- und Jahreszeit irgendwelche Medien diese Geschichte wieder mal meinen,hervorkramen zu müssen,es macht einen einfach fassungslos,dass man es über einen so historisch langen Zeitraum nicht geschafft hat,ihn in jungen Jahren zur Arbeit zu zwingen.Nach einer soooo elend langen Zeit kann der im Leben nicht mehr arbeiten.Vielleicht ist das jetzt für alle anderen A.Dübels eine Warnung.Aber der deutsche Michel grüßt ganz herzlich.
	343	Betrachtet man seinen Tagesablauf (verwiesen sei auf den Parallelartikel), so kommt mir ein Lächeln auf. Für ihn scheint Arbeit ein lästiges Übel zu sein. Sicher, so mancher Mensch würde auch gerne mehr Zeit zu Hause verbringen, aber ein Leben ohne Ziele, ein Leben ohne Aufgaben, ist das der Sinn? Ich kann es mir nicht vorstellen. Den ganzen Tag lang zu gammeln und den Bierkauf als Höhepunkt des Tages anzusehen, ist wirklich traurig. Wo bleibt der Spaß am Leben mit seinen Höhen und Tiefen? Wo sind die Freiheiten, welche man sich mit seinem selbst verdienten Geld gönnen kann? Wo bleibt die Freude und die Bestätigung der eigenen Person? Ist es nicht ein schönes Gefühl, zumindest eine Kleinigkeit bewirken zu können? Da übe ich doch lieber eine harte und zermürbende Arbeit aus und habe eine Aufgabe als mein Leben wegzuschmeißen und in den eigenen vier Wänden auf irgendein Wunder zu warten!
31	24	der arme, kaum fängt er (mal) zu arbeiten an, bekommt er paar auf den Deckel. Kein Wunder wenn er dann wieder sagt, „Arbeiten ist Sch...", und vielleicht bald keine Lust mehr hat was zu machen...
	113	antartic wenn du mich mit den Beitrag meinst.....Der Junge kam auf die Welt da war die Welt nich in Ordnung.Danach wurde mein Mann krank,arbeitslos und fast Harz 4 Empfänger.Gott sei Dank hat er jetzt wieder einen Vollzeitjob.Aber mal im Ernst...Mit Harz 4 würd es uns besser gehn.Aber wir sind ehrliche Leute und nicht solche Schmarozer.Deshalb bleibe ich ja auch nicht jahrelang zu Haus wie manch andere Mutter sondern gehe wieder arbeiten.Also Kommentar überflüssig gewesen!Wir haben hier nur grad eine schwere Zeit.Kein Grund Vorurteile hier wach werden zu lassen.

Quelle: Bild.de 2010: Schluss mit Stütze nach 36 Jahren, Arno Dübel fliegt aus seiner Wohnung, Arno Dübel auf Mallorca angegriffen. Links: http://www.bild.de/news/2010/news/nach-36-jahren-schluss-mit-stuetze-14553482.bild.html,http://www.bild.de/regional/hambu rg/hamburg-regional/wegen-mietschulden-aus-seiner-wohnung-14774184.bild.html, http://www.bild.de/regional/hamburg/hamburg-regional/auf-mallorca-von-rentnerin-angegriffen-worden-14996180.bild.html, Abrufdatum: 15.04.2011.

A6 Auswahl Naturalisierung/Sachzwang (III)

Artikel	Nr.	Kommentar
25	4	Arbeiten gehen soll helfen, gegen Geldmangel, Herr Dübel!
	12	Armer Mann, mein Mitleid hat er. Warum auch arbeiten gehen? Kann einem ja auch den ganzen Tag versauen die Maloche. Darauf eine Dose Dübel Bräu ;-)
	15	Ey, wie könnt ihr nur verlangen das er arbeiten soll? das geht gegen sämtliche Menschenrechte! Lieber Herr Dübel, schön rot-rot-grün wählen, dann is ihr Stütze gesichert unhd niemand verlangt mehr solch schlimme Sachen wie arbeiten zu müssen
	30	Endlich geht`s im an den Kragen und das Amt greift durch ! ebensmittelgutscheine braucht er ja nicht wie er sagt,da kann er sich ja nicht Bier und Zigaretten von kaufen ! Lebensmittelgutscheine braucht er ja nicht wie er sagt,da kann er sich ja nicht Bier und Zigaretten von kaufen ! Und arbeiten muss dieser Sozialschmarotzer ja nicht wie er meint,armes Deutschland !
	42	Na endlich haben sie den „netten Mann" die Stütze gestrichen, der meint wohl, er bekommt Sonderrechte! Hoffentlich wird er wirklich obdachlos, dann kostet er uns keinen Cent mehr. Schade um die Steuergelder, die er bis dato kassiert hat! Solche Menschen brauchen wir in Deutschland nicht! Es gilt hier nur eins, arbeiten ist besser als jede Stütze und Hilfe!
	58	Warum wird er nicht endlich als „psychisch gestört" anerkannt. Wer so redet und solche Ansichten hat muß einen an der Waffel haben. Gebt ihm eine kleine Rente und verbietet den Medien darüber zu berichten.
27	84	Die arme Mutter ist mit so einem Sohn besraft. Hoffentlich zahlt sie die Miete nicht. Soll der doch im Winter Platte putzen gehen. Erst wenn es dem richtig schlecht geht merkt der vieleicht wie schön es ist wenn man einen Job hat.
	179	„skorpion78 schrieb: vor 6 Minuten (@Serajaza) im Prinzip hat Herr Dübel ja recht mit seinen Aussagen. Arbeit lohnt schon lange nicht mehr." Herr Dübel hat nicht recht. Er hat seit 36 Jahren nichts versucht, sein Leben zu verbessern.
	247	(@donator.) Was mich das kümmert??? Ich habe den Herrn Dübel in Fernsehsendungen gesehen. ... Von solchen Leuten fühle ich mich persönlich angegriffen, nein verarscht. Lacht in die Kamera und sagt frei raus, dass er nicht arbeiten will. Mitmenschlich??? Hmm, kurz vor Weihnachten. Ich werde wieder kochen und essen verteilen. Noch Fragen???
	276	Tja, so isses eben, Hr. Dübel! Wer nicht arbeiten WILL und sich über die „Idioten" totlacht, die rechtschaffend jeden morgen früh aufstehen müssen... Spaß is jetzt vorbei - wer nicht hören will, muss eben fühlen. Auch wenns hart klingen mag, aber ihm ist nicht anzusehen, dass er gesundheitlich eingeschränkt wär. Somit könnte er, wenn er WOLLTE, JEDEN Job annehmen. Offensichtlich hat er ja nix gelernt, also ist das Spektrum der Hilfsarbeiterjobs unerschöpflich... Unter'm Strich brauch er doch nur die Unterlagen offenlegen, wie es das Gericht gefordert hat - ehrlich kommt man am weitesten! Komischer Vogel, bei dem jetzt wohl endlich mal die Realität mit voller Härte zuschlägt...!
	285	bei aller Sympathie und Antisympathie für diesen Vogel, ich bin erschüttert, dass er so lange auf Kosten anderer leben konnte. Ich bin vor Jahren aus Deutschland weggegangen, weil es nur noch darum geht, geschröpft zu werden...kein Wunder, solange es Personen wie Diese gibt. Ach, der Job gefällt mir nicht, na dann mache ich lieber gar nichts?@detonator.....wenn ich Sie richtig verstehe muss ich nicht arbeiten wenn mir der Job nicht passt? Na toll....dann wundert mich nicht`s mehr.... aber wenn ich arbeite bis ich gefunden habe, was ich suche? Wie sieht es damit aus? Natürlich ist es wesentlich bequemer gar nicht`s zu tun, ein Bierchen hier...80 Zigaretten da...kostet mich ja nicht`s...einfach unglaublich....da tun mir aber alle Leid, die ungewollt arbeitslos geworden sind und vielleicht sogar eine Familie haben.

	286	der typ hat doch selber schuld. arbeiten lohnt sich immer, denn man weiss was man für sein geld am ende des monats getan hat und kann es ohne schlechtes gewissen ausgeben kann. ich freue mich jeden monat wenn wieder geld aufs konto kommt und ich wieder geld sparen kann, damit ich nächstes jahr in urlaub fliegen kann. oder eine andere grössereanschaffung ohne das geld vielleicht 100 mal umdrehen zu müssen. wer so damit prallt, muss man noch mehr steine in den weg werfen. denn es sind unsere steuergelder
	294	Also ich gehe gerne jeden Morgen arbeiten und bin nicht neidisch auf solche Schmarotzer wie Dübel. Bekomme da einen tierischen Hals. Mir tun ganz einfach die Leute leid, die für 1nen Euro arbeiten gehen und weniger in der Tasche haben als dieser Schmarotzer. Aber die meisten davon sind wenigstens „glücklich" nicht als Unnütze dazustehen. Wobei ich die Ausbeutung von 1 Euro Shoppern unter aller Sau finde.
	335	Hartz 4 hat 2 Probleme: Wer sein Leben gearbeitet hat, Arbeitslos wird, kann nach 1 Jahr Arbetslosigkeit große Teile seines (berechtigten) Ersparnisses verlieren. Es Privilegiert hingegen den, der noch nie etwas gearbeitet hat und sich mit Hilfe staatlicher Stütze wunderbar über Jahre eingerichtet hat. Fazit: Alles richtig! Arbeiten oder ein Bett im Kornfeld!
	338	Habe nicht alle Kommentare hier gelesen,aber was ich gelesen habe,war wirklich seeehrspannend. Auch mir fehlt jegliches Verständnis für einen schon seit über 30jähriger selbst gewollter Arbeitslosigkeit habenden Typen wie A.Dübel.Es ist egal,zu welcher Tages- und Jahreszeit irgendwelche Medien diese Geschichte wieder mal meinen,hervorkramen zu müssen,es macht einen einfach fassungslos,dass man es über einen so historisch langen Zeitraum nicht geschafft hat,ihn in jungen Jahren zur Arbeit zu zwingen.Nach einer soooo elend langen Zeit kann der im Leben nicht mehr arbeiten.Vielleicht ist das jetzt für alle anderen A.Dübels eine Warnung.Aber der deutsche Michel grüßt ganz herzlich.
	343	Betrachtet man seinen Tagesablauf (verwiesen sei auf den Parallelartikel), so kommt mir ein Lächeln auf. Für ihn scheint Arbeit ein lästiges Übel zu sein. Sicher, so mancher Mensch würde auch gerne mehr Zeit zu Hause verbringen, aber ein Leben ohne Ziele, ein Leben ohne Aufgaben, ist das der Sinn? Ich kann es mir nicht vorstellen. Den ganzen Tag lang zu gammeln und den Bierkauf als Höhepunkt des Tages anzusehen, ist wirklich traurig. Wo bleibt der Spaß am Leben mit seinen Höhen und Tiefen? Wo sind die Freiheiten, welche man sich mit seinem selbst verdienten Geld gönnen kann? Wo bleibt die Freude und die Bestätigung der eigenen Person? Ist es nicht ein schönes Gefühl, zumindest eine Kleinigkeit bewirken zu können? Da übe ich doch lieber eine harte und zermürbende Arbeit aus und habe eine Aufgabe als mein Leben wegzuschmeißen und in den eigenen vier Wänden auf irgendein Wunder zu warten!
31	7	Da sieht man mal wieder, wie der Erfolg von Arno bei den Deutschen Neid hervorbringt.Die Rentnerin (das Alter wäre hier interessant/ bestimmt eine Frühpensionärin) ist voller Neid, weil Arno eben cleverer ist als sie. Wer erst im Alter einsieht, dass vieles Arbeiten nicht viel bringt, wird Arno immer beneiden und neidisch machen. Die Menschen werden dann sogar aggressiv.

Quelle: Bild.de 2010: Schluss mit Stütze nach 36 Jahren, Arno Dübel fliegt aus seiner Wohnung, Arno Dübel auf Mallorca angegriffen. Links: http://www.bild.de/news/2010/news/nach-36-jahren-schluss-mit-stuetze-14553482.bild.html,http://www.bild.de/regional/hambu rg/hamburg-regional/wegen-mietschulden-aus-seiner-wohnung-14774184.bild.html, http://www.bild.de/regional/hamburg/hamburg-regional/auf-mallorca-von-rentnerin-angegriffen-worden-14996180.bild.html, Abrufdatum: 15.04.2011.

A7 Schluss mit Stütze nach 36 Jahren (Artikel 25)

ARNO DÜBEL, DEUTSCHLANDS FRECHSTER ARBEITSLOSER

Schluss mit Stütze nach 36 Jahren

VON M. ARNDT 06.11.2010 — 17:17 UHR

Hamburg – **Er war Deutschlands frechster Arbeitsloser, bald schon könnte er Deutschlands frechster Obdachloser** *Link: (/news/2010/arno/arno-duebel-kann-auf-kommando-kotzen-11450842.bild.html)* **sein. Arno Dübel (54, verweigert seit 36 Jahren jeden Job) ist am Ende: Stütze weg! Strom weg! Wohnung weg!**

Dübel hat 854,65 Euro Miet- und 279,83 Euro Stromschulden, weil das Amt dem notorischen Job-Schwänzer alle Hilfen gestrichen hat. Eine Räumungsklage läuft, Strom wird in Dübels 2-Zimmer-Wohnung Ende des Monats abgestellt. „Ich lebe seit 21 Jahren hier", so Dübel zu BILD.

Zur Erinnerung: Im Frühjahr hatte der Arbeitslose noch mit Sprüchen wie „Arbeit ist doch scheiße. Wer das macht, ist blöd!" für Schlagzeilen gesorgt.

Es folgten provokante TV-Auftritte *Link: (/news/2010/arno/arno-duebel-poebelt-im-tv-bei-kerner-gegen-calmund-11375022.bild.html)* (u. a. bei Kerner und Maischberger), eine gefloppte Platte („Der Klügere kippt nach"), ein peinlicher Auftritt bei einer Schlagerparty (Gäste bepöbelten Dübel, bespritzten ihn mit Bier).

Dann ermittelte die Staatsanwaltschaft wegen Betrugsverdachts (Verfahren eingestellt). Zuletzt gab es Pläne für ein „Dübel-Bier" *Link: (/news/2010/news/geschaeftsreise-malle-mallorca-14466214.bild.html)*. Auch die sind inzwischen ad acta gelegt.

Jetzt der Tiefpunkt.

Die Arbeitsagentur zahlt Dübel keinen Cent mehr, auch Miete und Stromkosten wurden gestrichen. „Herr Dübel weigert sich, uns nachzuweisen, ob er zusätzliche Einkünfte zum Beispiel aus Promotion- und Marketingauftritten hat", so Arge-Sprecher Horst Weise.

Dübel kontert: „Ich habe doch keine Millionen verdient, bloß 47,96 Euro mit meinem Song. Die wollen mich schikanieren." Lebensmittelgutscheine will er nicht („Dafür bin ich zu stolz"). Geld bekommt Dübel von Nachbarn, Freunden und Verwandten („Hier mal 5 Euro, da mal 10").

Das Amt bleibt hart. „Keine Extrawurst für Arno Dübel", sagt Arge-Sprecher Weise.

Deutschlands frechster Arbeitsloser ist ganz leise geworden. Über Menschen, die hart für ihr Geld arbeiten, will er nicht mehr herziehen: „Ich weiß, dass ich da Fehler gemacht habe."

Quelle: http://www.bild.de/news/2010/news/nach-36-jahren-schluss-mit-stuetze-14553482.bild.html, Abrufdatum: 10.01.2011.

A8 Arno Dübel fliegt aus seiner Wohnung (Artikel 27)

RÄUMUNGSKLAGE WEGEN MIETSCHULDEN ERFOLGREICH

Arno Dübel fliegt aus seiner Wohnung

VON MARKUS ARNDT 24.11.2010 — 22:15 UHR

Hamburg-Wandsbek/Eilbek – **Alles Gejammer, alle falschen Tränen haben ihm nichts genützt – Deutschlands frechster Arbeitsloser** *Link: (/news/2010/arno/so-gammelt-der-hartz-iv-empfaenger-sich-durch-den-tag-11312514.bild.html)* **Arno Dübel (54, verweigert seit 36 Jahren jeden Job), soll aus seiner 2-Zimmer-Wohnung raus. Vier Monate keine Miete gezahlt, 1627,52 Euro Rückstand. Das Amtsgericht Wandsbek** *Link: (http://justiz.hamburg.de/wandsbek/)* **hat ein Räumungsurteil erlassen.**

Am Mittwoch kurz vor 12 Uhr, im Gericht an der Schädlerstraße *Link: (http://maps.google.de/maps?q=sch%C3%A4dlerstra%C3%9Fe+hamburg&oe=utf-8&rls=org.mozilla:de:official&client=firefox-a&um=1&ie=UTF-8&hq=&hnear=Sch%C3%A4dlerstra%C3%9Fe,+D-22041+Hamburg&gl=de&ei=WyLtTP7kG8aeOgmYsZsB&sa=X&oi=geocode_result&ct=image&resnum=1&ved=0CBwQ8gEwAA)*: Dübel kommt zum Termin, bei dem die Räumungsklage der Saga verhandelt werden soll. Dübel, bekannt für seine dreisten Sprüche („Ich, arbeiten? Bin doch nicht verrückt...!“), pöbelt den BILD-Fotografen an: „Lass den Scheiß, du A....!“

Vor Richter Ronny Kohlfärber drückt er wieder auf die Tränendrüse: „Ich hab‘ doch Asthma und Tbc, die kann jeden Moment ausbrechen. Ich kann doch nicht auf die Straße.“

Dann motzt er über die Arge *Link: (http://www.arbeitsagentur.de/nn_8022/Navigation/Dienststellen/RD-N/Hamburg/Hamburg-Nav.html)*: **„Die wollen mich verarschen, bieten mir Jobs in Elmshorn an. Da kann ich gar nicht hin. Ich krieg‘ doch seit Monaten keine Stütze.“**

Stimmt. Die Arge zahlt Dübel seit acht Monaten überhaupt nichts mehr *Link: (/regional/hamburg/news/jetzt-bettelt-arno-duebel-auf-dem-amt-wieder-um-stuetze-14578152.bild.html)*! Lebensmittelgutscheine will er nicht („Dafür bin ich zu stolz“). Begründung des Amts: Es fehlen Nachweise über mögliche Einkünfte aus Marketingauftritten *Link: (/regional/hamburg/bier/musik-produzent-sichert-sich-namensrechte-13897472.bild.html)*.

Sechs Minuten hört Richter Kohlfärber Dübel zu, dann stoppt er dessen Redefluss: „Ich unterbreche Sie ungern. Aber Fakt ist, sie haben die Miete nicht gezahlt. Es muss ein Räumungsurteil geben.“ Dübel stammelt: „Und mein Hund?“ Kohlfärber zuckt bedauernd die Achseln. Die Verhandlung ist zu Ende.

Dübel will jetzt seine Mutter dazu bewegen, seine Miete zu zahlen. Saga *Link: (http://www.saga-gwg.de/opencms/opencms/saga/pages/index.html)***-Sprecher Mario Spitzmüller: „Gucken wir uns gern an, aber bei uns stehen die Zeichen auf Räumung.“ Bis dahin werden wegen mehrerer Fristen noch rund 3 Monate vergehen.**

Mehr aktuelle News aus Hamburg und Umgebung lesen Sie hier auf hamburg.bild.de Link: (/regional/hamburg/startseite-7430628.bild.html).

Quelle: http://www.bild.de/regional/hamburg/hamburg-regional/wegen-mietschulden-aus-seiner-wohnung-14774184.bild.html, Abrufdatum: 10.01.2011.

A9 Arno Dübel auf Mallorca angegriffen (Artikel 31)

TRITTE, TRÄNEN!

Arno Dübel auf Mallorca angegriffen

09.12.2010 — 16:02 UHR

Hamburg/Mallorca – **Hass-Attacke auf Deutschlands frechsten Arbeitslosen. Arno Dübel (54, seit 36 Jahren ohne Job, „Arbeit ist Sch ...!") ist auf der Party-Meile im Badeort Cala Millor auf Mallorca** *Link: (http://maps.google.de/maps?client=safari&rls=en&q=cala%20millor&oe=UTF-8&redir_esc=&um=1&ie=UTF-8&sa=N&hl=de&tab=wl)* **von einer wildgewordenen Rentnerin angefallen worden.**

Dübel geschockt und weinend: „Die hat mich beschimpft, wollte mich treten ..." Erst Musik-Produzent Marco Delgardo *Link: (/regional/hamburg/hamburg-aktuell/mallorca-manager-will-seine-schulden-zahlen-14862266.bild.html)* (183mal Gold, 54mal Platin) konnte die völlig betrunkene Frau von Dübel abhalten.

Der dramatische Abend im Urlaubsparadies:

Es ist kurz nach 22 Uhr. Dübel sitzt mit dem Musikmanager in der Kneipe „El Torito", ein paar Bierchen zischen nach der anstrengenden Singerei (Delgardo produziert mit Dübel *Link: (/regional/hamburg/hamburg-regional/jetzt-gastarbeiter-auf-mallorca-14977514.bild.html)* den Disco-Schlager „Ich bin doch lieb").

Auf dem Weg ins Hotel „Meliz Playa" passiert das Unfassbare: Die Frau erkennt Dübel, stellt sich vor ihn, keift: „Du Schwein, du verprasst hier mein Geld." Dann versucht sie Dübel zu schlagen und zu treten.

Dübel zu BILD: „Ich war so was von erschrocken. Zum Glück hat sie mich nicht richtig getroffen, die alte Wachtel. Ich weiß gar nicht, was die blöde Hexe von mir wollte. Sie hat mir sogar vorgeworfen, ich sei der Vater ihrer Kinder. Dabei bin ich doch Single."

Marco Delgardo: „Ich bin dann dazwischen gegangen, hab' die Frau verscheucht." Dann ging's zurück in die Kneipe. Noch ein paar Bierchen auf den Schreck. Um 1.30 Uhr lag Dübel im Bett.

Am Donnerstag war Dübel schon wieder obenauf: „Liege gerade auf der Sonnenterrasse. Vorhin hab' ich fürs Musikvideo gedreht. Ich musste flatternd gegen eine Palme springen."

Wie bitte? „Ja", sagt Dübel, „im Songtext kommt doch die Zeile vor: ‚Viele denken, ich hätt' ´ne Meise..."

Mehr aktuelle News aus Hamburg und Umgebung lesen Sie hier auf hamburg.bild.de Link: (/regional/hamburg/startseite-7430628.bild.html).

Quelle:http://www.bild.de/regional/hamburg/hamburg-regional/auf-mallorca-von-rentnerin-angegriffen-worden-14996180.bild.html, Abrufdatum: 10.01.2011.

8. Literatur

Adorno, Theodor W. 1970; zuerst 1966: Erziehung nach Auschwitz. In: Theodor W. Adorno: Erziehung zur Mündigkeit. Vorträge und Gespräche mit Hellmut Becker 1959-1969. Herausgegeben von Gerd Kadelbach. Frankfurt am Main. S. 88-104.

Althusser, Louis 2010; zuerst 1977: Zum Thema der Ideologie. In: Louis Althusser: Ideologie und ideologische Staatsapparate. Herausgegeben von Frieder Otto Wolf. Hamburg. S.71-102.

Arlt, Hans-Jürgen; Wolfgang Storz 2011: Drucksache „Bild" – Eine Marke und ihre Mägde. Die „Bild"-Darstellung der Griechenland- und Eurokrise 2010. Eine Studie der Otto-Brenner-Stiftung. OBS-Arbeitsheft 67. Frankfurt am Main.

Arndt, Markus 2010: So gammelt er sich durch den Tag. In: Bild.de vom 31.01. URL: http://www.bild.de/news/2010/arno/so-gammelt-der-hartz-iv-empfaenger-sich-durch-den-tag-11312514.bild.html (Zugriff am 9.01.2011).

Arndt, Markus 2010: Deutschlands frechster Arbeitsloser muss jetzt bügeln. In: Bild.de vom 02.02. URL: http://www.bild.de/news/2010/arno/nach-36-jahren-ohne-job-muss-der-hartz-iv-empfaenger-jetzt-buegeln-11326084.bild.html (Zugriff am 09.01.2011).

Arndt, Markus 2010: Wie krank ist Deutschlands frechster Arbeitsloser wirklich? In: Bild.de vom 02.02. URL: http://www.bild.de/news/2010/krank/arno-duebel-beim-amtsarzt-wie-krank-ist-er-wirklich-11330660.bild.html (Zugriff am 09.01.2011).

Arndt, Markus 2010: Schluss mit Stütze nach 36 Jahren. In: Bild.de vom 6.11. URL: http://www.bild.de/news/2010/news/nach-36-jahren-schluss-mit-stuetze-14553482.bild.html (Zugriff am 09.01.2011).

Arndt, Markus 2010: Jetzt bettelt Arno Dübel wieder um Stütze. In: Bild.de vom 8.11. URL: http://www.bild.de/regional/hamburg/hamburg-regional/jetzt-bettelt-arno-duebel-auf-dem-amt-wieder-um-stuetze-14578152.bild.html (Zugriff am 09.01.2011).

Arndt, Markus 2010: Arno Dübel fliegt aus seiner Wohnung. In: Bild.de vom 24.11. URL: http://www.bild.de/regional/hamburg/hamburg-regional/wegen-mietschulden-aus-seiner-wohnung-14774184.bild.html (Zugriff am 09.01.2011).

Arndt, Markus 2010: Arno Dübel auf Mallorca angegriffen. In: Bild.de vom 09.12. URL: http://www.bild.de/regional/hamburg/hamburg-regional/auf-mallorca-von-rentnerin-angegriffen-worden-14996180.bild.html (Zugriff am 09.01.2011).

Axeli-Knapp, Gudrun 2008: Verhältnisbestimmungen: Geschlecht, Klasse, Ethnizität in gesellschaftstheoretischer Perspektive. In: Cornelia Klinger; Gudrun Axeli-Knapp (Hg.): ÜberKreuzungen. Fremdheit, Ungleichheit, Differenz. Münster. S. 138-170.

Axel Springer 2009: Geschäftsbericht 09. URL:: http://www.axelspringer.de/publikationen/cw_publikation_de_1224444.html (Zugriff am 5.2.2011).

Balibar, Etienne; Immanuel Wallerstein 1990: Rasse Klasse Nation. Ambivalente Identitäten. Hamburg/Berlin.

Baron, Christian 2010: Vom Ende der Solidarität. Sozialdemokratische Strategien gegen

Jugendarbeitslosigkeit in Großbritannien und Deutschland. Marburg.

Barone, Chuck o. J.: Extending Our Analysis of Class Oppression: Bringing Classism More Fully into Picture. URL: http://users.dickinson.edu/~barone/ExtendClassRGC.PDF (Zugriff am 25.01.2011).

Barrett, Michèle 1983: Das unterstellte Geschlecht. Umrisse eines materialistischen Feminismus. Hamburg.

Bax, Daniel 2011: Gefahr von rechts bleibt. Der Soziologe Wilhelm Heitmeyer zieht Bilanz seiner Langzeitstudie „Deutsche Zustände". Fakt ist, das[sic!] mit der Krise auch der Hass wächst. Dafür gibt es weniger Sexismus. In: Tageszeitung (taz) Online vom 12.12. URL: http://taz.de/10-Jahres-Studie-ueber-Deutsche-Zustaende-/!83590/ (Zugriff am 13.12.2011).

Beck, Dorothee; Hartmut Meine 2007: Armut im Überfluss. Nachrichten aus einer gespaltenen Gesellschaft. Göttingen.

Beck, Ulrich 1986: Risikogesellschaft. Auf dem Weg in eine andere Moderne. Frankfurt am Main.

Beck, Ulrich 2000: Wohin führt der Weg, der mit dem Ende der Vollbeschäftigungsgesellschaft beginnt? In: Ulrich Beck (Hg.): Die Zukunft von Arbeit und Demokratie. Frankfurt am Main. S. 7-66.

Bernau, Patrick 2011: Sieben Gründe, warum Arme früher sterben. Sie essen das Falsche, bewegen sich nicht und haben wenige Freunde. Das verkürzt die Lebenserwartung. In: Frankfurter Allgemeine Sonntagszeitung, Nr. 50. S. 50.

Berth, Felix; Malte Conradi 2011: „Explosive Situation als Dauerzustand." In: Süddeutsche Zeitung Online vom 12.12.2011. URL: http://www.sueddeutsche.de/politik/ausgrenzung-von-minderheiten-explosive-situation-als-dauerzustand-1.1233203 (Zugriff am 13.12.2011).

Bewernitz, Torsten 2009: Die Klasse in der Krise. Klassismus, Habitus oder Proletariat? Vortrag auf dem Kongress „Was tun mit dem Erbe? Die Kombination soziologischer Diagnose und politischen Engagements im Werk Pierre Bourdieus" am 02.10.2010 in Bielefeld. URL: http://www.marx-engels-gesellschaft.de/download/pdf/MEG_Bewernitz.pdf (Zugriff am 12.12.2011).

Bewernitz, Torsten 2010: Klassismus oder Klassenkampf? In: Grundrisse. Zeitschrift für linke Theorie & Debatte, Nr. 33. S. 58-60.

BILD.de 2007: Mit BILD.de in die digitale Zukunft. URL: http://www.bild.de/BILD/corporate-site/ueber-bild-de/artikel-ueber-bild-de.html (Zugriff am 05.02.2011).

BILD.de o.J.: Redaktionelles Konzept. URL: http://www.axelspringer-mediapilot.de/por trait/BILD.de-BILD.de_673454.html (Zugriff am 05.2.2011).

Bildblog 2011: Die Auflagen von „Bild" und „Bild am Sonntag". In: Bildblog vom 09.11. URL: http://www.bildblog.de/auflage.php (Zugriff am 21.12.2011).

Bischoff, Joachim; Sebastian Herkommer; Hasko Hüning 2002: Unsere Klassengesellschaft. Verdeckte und offene Strukturen sozialer Ungleichheit. Hamburg.

Bluhm, Claudia; Dirk Deissler; Joachim Scharloth; Anja Stukenbrock 2000: Linguistische

Diskursanalyse: Überblick, Probleme, Perspektiven. In: Sprache und Literatur in Wissenschaft und Unterricht, Nr. 88. S. 3-19.

Boltanski, Luc 2007: Leben als Projekt. Prekarität in der schönen neuen Netzwerkwelt. In: Polar. Politik – Theorie – Alltag, Heft 2. S. 7-13.

Bonfadelli, Heinz 2002: Medieninhaltsforschung. Grundlagen, Methoden, Anwendungen. Konstanz.

Boshammer, Susanne 2005: Was heißt gerecht verteilen? In: Detlef Horster (Hg.): Sozialstaat und Gerechtigkeit. Weilerswist. S.44-60.

Brauck, Markus; Markus Feldenkirchen; Ullrich Fichtner; Isabell Hülsen; Dirk Kurbjuweit; Martin U. Müller; Takis Würger 2011: Im Namen des Volkes. In: Der Spiegel, Nr. 9. S. 132-141.

Brecht, Bertolt 2004; zuerst 1934: Alfabet. In: Robert Gernhardt; Klaus Cäsar Zehrer (Hg.): Hell und schnell. 555 komische Gedichte aus 5 Jahrhunderten. Frankfurt am Main. S. 386-388.

Bundesministerium für Wirtschaft und Arbeit (BMWA) 2004: Hartz IV. Menschen in Arbeit bringen. Berlin.

Bundesministerium für Wirtschaft und Arbeit (BMWA) 2005: Vorrang für die Anständigen – Gegen Missbrauch, „Abzocke" und Selbstbedienung im Sozialstaat. Berlin.

Bude, Heinz 2008: Die Ausgeschlossenen. Das Ende vom Traum einer gerechten Gesellschaft. München.

Buhr, Petra 2003: Wege aus der Armut durch Wege in eine neue Armutspolitik? In: Antonia Gohr; Martin Seeleib-Kaiser (Hg.): Sozial- und Wirtschaftspolitik unter Rot-Grün. Wiesbaden. S. 147-166.

Buß, Eugen 1985: Lehrbuch der Wirtschaftssoziologie. Berlin/New York.

Bäcker, Gerhard; Gerhard Naegele; Reinhard Bispinck; Klaus Hofemann; Jennifer Neubauer 2008: Sozialpolitik und soziale Lage in Deutschland. Band 1: Grundlagen, Arbeit, Einkommen und Finanzierung. 4., grundlegend überarbeitete und erweiterte Neuauflage. Wiesbaden.

Chassé, Karl August 2010: Unterschichten in Deutschland. Materialien zu einer kritischen Debatte. Wiesbaden.

Crouch, Colin 2008: Postdemokratie. Bonn.

Dahrendorf, Ralf 1982: Wenn der Arbeitsgesellschaft die Arbeit ausgeht. In: Matthes, Joachim (Hg.): Krise der Arbeitsgesellschaft? Verhandlungen des 21. Deutschen Soziologentages in Bamberg 1982, Frankfurt am Main/New York. S. 25-37.

Dath, Dietmar 2008: Maschinenwinter. Wissen, Technik, Sozialismus. Eine Streitschrift. Frankfurt am Main.

Degele, Nina; Gabriele Winker 2011: „Leistung muss sich wieder lohnen". Zur intersektionalen Analyse kultureller Symbole. In: Katharina Knüttel; Martin Seeliger (Hg.): Intersektionalität und Kulturindustrie. Zum Verhältnis sozialer Kategorien und kultureller Repräsentationen. Bielefeld. S. 25-52.

Diaz-Bone, Rainer 2006: Kritische Diskursanalyse: Zur Ausarbeitung einer problembezogenen Diskursanalyse im Anschluss an Foucault. Siegfried Jäger im Gespräch mit Rainer Diaz-Bone. In: Forum: Qualitative Sozialforschung, Vol. 7, No. 3, Art. 21. URL: http://www.qualitative-research.net/index.php/fqs/article/view/148/326 (Zugriff am 21.03.2011).

Dingeldey, Irene 2007: Wohlfahrtsstaatlicher Wandel zwischen „Arbeitszwang" und „Befähigung". Eine vergleichende Analyse aktivierender Arbeitsmarktpolitik in Deutschland, Dänemark und Großbritannien. In: Berliner Journal für Soziologie, Jg. 17, Heft 2. S. 189-209.

Dribbusch, Barbara 2010: Nur fünf Euro mehr Hartz IV: Mineralwasser statt Bier. In: Die Tageszeitung Online vom 26.09. URL: http://www.taz.de/!58898/ (Zugriff am 19. November 2011).

Dutschke, Gretchen 1996: Wir hatten ein barbarisches, schönes Leben. Rudi Dutschke: Eine Biographie. 4. Auflage. Köln.

Dörre, Klaus; Stephan Lessenich; Hartmut Rosa 2009: Landnahme – Beschleunigung – Aktivierung: Eine Zwischenbetrachtung im Prozess der gesellschaftlichen Transformation. In: Klaus Dörre; Stephan Lessenich; Hartmut Rosa: Soziologie – Kapitalismus – Kritik. Eine Debatte. Frankfurt am Main. S. 295-303.

Enzensberger, Hans Magnus 1983: Der Triumph der Bild-Zeitung oder Die Katastrophe der Pressefreiheit. In: Merkur. Deutsche Zeitschrift für europäisches Denken, Nr. 6. S. 651-659.

Fichtner, Ulrich 2002: »Ich warte immer noch auf meinen Zug«. Vom Umgang mit Obdachlosen in den Berliner Palästen des Reisens. In: Wilhelm Heitmeyer (Hg.): Deutsche Zustände. Folge 1. Frankfurt am Main. S. 219-228.

Fink, Ulf 1994: Arbeit ist mehr als Broterwerb. In: Hilmar Hoffmann/Dieter Kramer (Hg.): Arbeit ohne Sinn? Sinn ohne Arbeit? Weinheim. S. 102-108.

Flassbeck, Heiner 2000: Wirtschaftspolitische Herausforderungen für Deutschland und Europa. In: Eckhard Hein; Achim Truger (Hg.): Perspektiven sozialdemokratischer Wirtschaftspolitik in Europa. Marburg. S. 161-204.

Foroutan, Naika et. al. 2010: Sarrazins Thesen auf dem Prüfstand. Ein empirischer Gegenentwurf zu Thilo Sarrazins Thesen zu Muslimen in Deutschland. Forschungsprojekt HEYMAT an der Humboldt-Universität Berlin.

Foucault, Michel 1978: Dispositive der Macht. Berlin.

Foucault, Michel 1983: Der Wille zum Wissen. Sexualität und Wahrheit 1. Frankfurt am Main.

Frese, Michael 2008: Arbeitslosigkeit: Was wir aus psychologischer Perspektive wissen und was wir tun können. In: Aus Politik und Zeitgeschichte 40-41/2008. S. 22-25.

Friedrich, Sebastian (2011): Antiklassistische Perspektiven. In: Kritisch Lesen, Nr. 10 (Oktober). URL: http://www.kritisch-lesen.de/2011/10/antiklassistische-perspektiven/ (Zugriff am 13.02.2012).

Gammelin, Cerstin; Götz Hamann 2005: Die Strippenzieher. Manager, Minister, Medien – Wie Deutschland regiert wird. 4., aktualisierte Auflage. Berlin.

Ganßmann, Heiner 1996: Geld und Arbeit. Wirtschaftssoziologische Grundlagen einer Theorie der modernen Gesellschaft. Frankfurt am Main/New York.

Gerster, Florian 2003: Arbeit ist für alle da. Neue Wege in die Vollbeschäftigung. München.

Goldthorpe, John 2004: The Economic Basis of Social Class. London.

Gramsci, Antonio 1986; zuerst 1930/32: Die Herausbildung der Intellektuellen. In: Antonio Gramsci: Zur Politik, Geschichte und Kultur. Ausgewählte Schriften. 2. Auflage, Frankfurt am Main. S. 222-230.

Grill, Markus 2003: Revolution von oben. Sie treiben Rot-Grün vor sich her: Mit mehr als hundert Millionen Euro finanziert das Arbeitgeberlager Anzeigenkampagnen für einen radikalen Sozialabbau. Die jetzigen Reformen sind für sie erst der Anfang. Eine Reise zu den Propagandatrupps und ihren Hintermännern. In: Der Stern vom 17.12.

Groß, Martin 2008: Klassen, Schichten, Mobilität. Eine Einführung. Wiesbaden.

Habermas, Jürgen 1973: Legitimationsprobleme im Spätkapitalismus. Frankfurt am Main.

Hartmann, Michael 2002: Der Mythos von den Leistungseliten. Spitzenkarrieren und soziale Herkunft in Wirtschaft, Politik, Justiz und Wissenschaft. Frankfurt am Main.

Hartmann, Michael 2010: Klassenkampf von oben. Die gezielte soziale Desintegration. In: Wilhelm Heitmeyer (Hg.): Deutsche Zustände. Folge 9. Berlin. S. 267-277.

Harvey, David 2007: Kleine Geschichte des Neoliberalismus. Zürich.

Hatzius, Martin 2011: Dietmar Dath. Alles fragen, nichts fürchten. Berlin.

Heitmeyer, Wilhelm 2002: Gruppenbezogene Menschenfeindlichkeit. Die theoretische Konzeption und erste empirische Ergebnisse. In: Wilhelm Heitmeyer (Hg.): Deutsche Zustände. Folge 1. Frankfurt am Main. S. 15-34.

Heitmeyer, Wilhelm 2008: Die Ideologie der Ungleichwertigkeit. Der Kern der *Gruppenbezogenen Menschenfeindlichkeit*. In: Wilhelm Heitmeyer (Hg.): Deutsche Zustände. Folge 6. Frankfurt am Main. S. 36-44.

Heitmeyer, Wilhelm 2012: *Gruppenbezogene Menschenfeindlichkeit* (GMF) in einem entsicherten Jahrzehnt. In: Wilhelm Heitmeyer (Hg.): Deutsche Zustände. Folge 10. Berlin. S. 15-41.

Heitmeyer, Wilhelm; Jürgen Mansel 2008: Gesellschaftliche Entwicklung und *Gruppenbezogene Menschenfeindlichkeit*: Unübersichtliche Perspektiven. In: Wilhelm Heitmeyer (Hg.): Deutsche Zustände. Folge 6. Frankfurt am Main. S. 13-35.

Herrmann, Ulrike 2010: Hurra, wie dürfen zahlen! Der Selbstbetrug der Mittelschicht. Frankfurt am Main.

Hild, Thorsten 2011: Deutsche Missstände: Zu ihrer Entstehung und Überwindung - Einblicke in Ursachen, Theorie und Praxis. In: Der Spiegelfechter vom 13.12. URL: http://www.spiegelfechter.com/wordpress/7542/deutsche-missstande-zu-ihrer-entstehung-und-uberwindung-%E2%80%93-einblicke-in-ursachen-theorie-und-praxis (Zugriff am 13.12.2011).

Hirsch-Kreinsen, Hartmut 2008: Lohnarbeit. In: Andrea Maurer (Hg.): Handbuch der Wirtschaftssoziologie. Wiesbaden.

Hitzler, Ronald; Michaela Pfadenhauer 2000: Die Lage ist hoffnungslos, aber nicht ernst! (Erwerbs-) Probleme junger Leute heute und die anderen Welten von Jugendlichen. In: Robert Hettlage; Ludgera Vogt (Hg.): Identität in der moderne Welt. Wiesbaden.

S. 361-380.

Hofmann, Gunter 2011: Ist unsere Gesellschaft vergiftet? Ellenbogenkapitalismus, ausländerfeindliche Ressentiments, neue Protestbewegungen: Gibt es eigentlich noch eine Gesellschaft? Der Soziologe Wilhelm Heitmeyer stellt die dringenden Fragen über seinen Forschungsgegenstand. In: Cicero Online vom 12.12. URL: http://www.cicero.de/berliner-republik/soziologie-heitmeyer-rechtsradikalismus-gesellschaft-vergiftet/47600 (Zugriff am 13.12.2011).

Hofmann, Gunter 2012: Das Soziale und der Zeitgeist. Eine Einlassung auf das letzte Jahrzehnt. In: Wilhelm Heitmeyer (Hg.): Deutsche Zustände. Folge 10. Berlin. S. 42-60.

Holofernes, Judith 2011: Die Anfrage. In: Homepage der Band *Wir sind Helden.* URL: http://www.wirsindhelden.de/2011/02/1069/ (Zugriff am 13.12.2011).

Hombach, Bodo 1998: Aufbruch. Die Politik der Neuen Mitte. 2. Auflage. München.

Honneth, Axel 2003: Kampf um Anerkennung. Zur moralischen Grammatik sozialer Konflikte. Frankfurt am Main.

Horkheimer, Max 1988; zuerst 1939: Die Juden und Europa. In: Max Horkheimer: Gesammelte Werke, Band 4. Frankfurt am Main.

Hradil, Stefan 2001: Soziale Ungleichheit in Deutschland. 8. Auflage. Opladen.

Hormel, Ulrike; Albert Scherr 2010: Diskriminierung. Grundlagen und Forschungsergebnisse. Wiesbaden.

Huisken, Freerk 2003: Der Sozialstaat: Nichts als kapitalistische Mangelverwaltung. URL: http://www.fhuisken.de/sozialab.htm (Zugriff am 12.12.2011).

Ibrügger, Angelika 2008: Die unfreiwillige Selbstbespiegelung einer *lernenden Demokratie.* Heinrich Böll als Intellektueller zu Beginn der Terrorismusdiskussion. In: Nicole Colin; Beatrice de Graaf; Jacco Pekelder; Joachim Umlauf (Hg.): Der »Deutsche Herbst« und die RAF in Politik, Medien und Kunst. Nationale und internationale Perspektiven. Bielefeld. S. 156-169.

Institut für Staatspolitik (IfS) 2004: Kritik als Ideologie. Die „Kritische Diskursanalyse" des Duisburger Instituts für Sprach- und Sozialforschung (DISS). Wissenschaftliche Reihe des Instituts für Staatspolitik, Heft 7. Arbeitsgruppe 2: Politische Kultur. Albersroda.

Jaschensky, W. 2010: Dekadenzalarm: Westerwelle wild wie nie. In: Süddeutsche Zeitung Online vom 11.02. URL: http://www.sueddeutsche.de/politik/fdp-chef-dekadenzalarm-westerwelle-wild-wie-nie-1.66714 (Zugriff am 25.01.2011).

Jäckel, Michael 2008: Medienwirkungen. Ein Studienbuch zur Einführung. Wiesbaden.

Jäger, Margarete/Siegfried Jäger 2007: Deutungskämpfe. Theorie und Praxis Kritischer Diskursanalyse. Wiesbaden.

Jäger, Siegfried 1992: BrandSätze. Rassismus im Alltag. 2., durchgesehene Auflage. Duisburg.

Jäger, Siegfried 1993: Der Groß-Regulator. Analyse der BILD-Berichterstattung über den rassistisch motivierten Terror und die Fahndung nach der RAF im Sommer 1993. Duisburg.

Jäger, Siegfried 2000: Theoretische und methodische Aspekte einer Kritischen Diskurs-

und Dispositivanalyse. URL: http://www.diss-duisburg.de/Internetbibliothek/Artikel/Aspekte_einer_Kritischen_Diskursanalyse.htm#_ftn1 (Zugriff am 24.01.2011).

Jäger, Siegfried 1999; zuerst 1993: Kritische Diskursanalyse. Eine Einführung. 5. Gegenüber der 2., überarbeiteten und erweiterten (1999), unveränderte Auflage. Münster.

Katz, Michael 1989: The Undeserving Poor. From the War on Poverty to the War on Welfare. New York.

Kaufmann, Franz-Xaver 2006: „Verantwortung" im Sozialstaatsdiskurs. In: Ludger Heidbrink; Alfred Hirsch (Hg.): Verantwortung in der Zivilgesellschaft. Zur Konjunktur eines widersprüchlichen Prinzips. Frankfurt am Main. S. 39-60.

Keller, Reiner 2005: Michel Foucault (1926-1984). In: Dirk Kaesler (Hg.): Aktuelle Theorien der Soziologie – Von Shmuel N. Eisenstadt bis zur Postmoderne. München. S. 104-126.

Keller, Rainer 2007: Diskursforschung. Eine Einführung für SozialwissenschaftlerInnen. 3., aktualisierte Auflage. Wiesbaden.

Keller, Rainer 2010: Wissenssoziologische Diskursanalyse – Der Müll der Gesellschaft. In: Reiner Keller/Andreas Hirseland/Werner Schneider/Willy Viehöver (Hg.): Handbuch sozialwissenschaftliche Diskursanalyse. Band 2: Forschungspraxis. 4.Auflage. Wiesbaden. S. 197-232.

Kemper, Andreas; Heike Weinbach 2009: Klassismus. Eine Einführung. Münster.

Kemper, Andreas 2011: Klassenkörper. In: Arranca. Zeitschrift für eine linke Strömung, Nr. 44. URL: http://arranca.org/ausgabe/44/klassenkoerper (Zugriff am 23.10.2011).

Koch, Claus 2007: Erziehung im Nationalsozialismus, 1968 und der erneute Ruf nach Disziplin und Unterordnung. In: Micha Brumlik (Hg.): Vom Missbrauch der Disziplin. Antworten der Wissenschaft auf Bernhard Bueb. 4. Auflage. Weinheim/Basel. S. 100-133.

Kosiol, Erich 1962: Leistungsgerechte Entlohnung. 2., überarbeitete und erweiterte Auflage. Wiesbaden.

Krehan, Günter 1978: Arbeitslosigkeit als Stigma – zu einer vernachlässigten Dimension personaler Auswirkungen der Arbeitslosigkeit. In: Thomas Kutsch/Günter Wiswede (Hg.): Arbeitslosigkeit 2. Psychosoziale Belastungen. Bodenheim. S.149-170.

Kutsch, Thomas/Günter Wiswede 1978: Arbeitslosigkeit im Spiegel der Sozialwissenschaften II. Arbeitslosigkeit als soziales Problem. In: Thomas Kutsch/Günter Wiswede (Hg.): Arbeitslosigkeit II – Psychosoziale Belastungen. Bodenheim. S. 1-13.

Kümmel, Peter; Sabine Rückert 2011: „Man schreibt Böses, um Gutes zu bewirken". In seinen Liedern ließ er Tauben vergiften, Kinder zertrampeln und Atomkraftwerke explodieren – ein Interview mit dem Kabarettisten und Anarchisten Georg Kreisler in seinem 90. Lebensjahr. In: Die Zeit, Nr. 31. S. 13-15.

Lachmann, Günther 2011: Unter den Wohlhabenden wächst der Hass. Islamfeindlichkeit und Sozialdarwinismus nähmen zu, warnen Forscher. Sie sprechen von „verrohtem Bürgertum". In: Welt Online vom 04.12. URL: http://www.welt.de/politik/deutschland/article11389451/Unter-den-Wohlhabenden-waechst-der-Hass.html (Zugriff am 13.12.2011).

Legnaro, Aldo 2008: Arbeit, Strafe und der Freiraum der Subjekte. In: Berliner Journal für Soziologie, Jg. 18, Heft 1. S. 52-72.

Legnaro, Aldo; Almut Birenheide 2008: Regieren mittels Unsicherheit. Regime von Arbeit in der späten Moderne. Konstanz.

Lenz, Folkert 2003: Chancen auf dem Arbeitsmarkt. Können türkischstämmige Studierende Karriere machen? In: Deutschlandfunk – Campus und Karriere. URL: http://www.dradio.de/dlf/sendungen/campus/219932/ (Zugriff am 28.05.2011).

Lessenich, Stephan 1999: Vorwärts – und nichts vergessen. Die neue deutsche Sozialstaatsdebatte und die Dialektik sozialpolitischer Intervention. In: Prokla. Zeitschrift für kritische Sozialwissenschaft, Jg. 29, Heft 3. S. 411-430.

Lessenich, Stephan 2008: Die Neuerfindung des Sozialen. Der Sozialstaat im flexiblen Kapitalismus. Bielefeld.

Lessenich, Stephan 2009: Mobilität und Kontrolle. Zur Dialektik der Aktivgesellschaft. In: Klaus Dörre; Stephan Lessenich; Hartmut Rosa: Soziologie – Kapitalismus – Kritik. Eine Debatte. Frankfurt am Main. S. 126-177.

Link, Jürgen 1982: Kollektivsymbolik und Mediendiskurse. In: kultuRRevolution, Nr. 1. S. 6-21.

Link, Jürgen 1983: Was ist und was bringt Diskurstaktik. In: kultuRRevolution 2, Ausländer in Deutschland. S.60-66.

Link, Jürgen 1997: Versuch über den Normalismus. Wie Normalität produziert wird. Opladen.

Lucke, Albrecht von 2009: Propaganda der Ungleichheit. Sarrazin, Sloterdijk und die neue „bürgerliche Koalition". In: Blätter für deutsche und internationale Politik, Nr. 12. S. 55-63.

Ludwig-Mayerhofer, Wolfgang; Olaf Behrend; Ariadne Sondermann 2009: Auf der Suche nach der verlorenen Arbeit. Arbeitslose und Arbeitsvermittler im neuen Arbeitsmarktregime. Konstanz.

Lutz, Burkhart 1984: Der kurze Traum immerwährender Prosperität. Eine Neuinterpretation der industriell-kapitalistischen Entwicklung im Europa des 20. Jahrhunderts. Frankfurt am Main; New York.

Lutz, Ronald 2003: Jugendarbeitslosigkeit. In: Sabine Andresen; Karin Bock; Micha Brumlik; Hans-Uwe Otto; Matthias Schmidt; Dietmar Sturzbecher (Hg.): Vereintes Deutschland – geteilte Jugend. Ein politisches Handbuch. Opladen. S. 413-428.

Lutz, Helma; Maria Teresa Herrera Vivar; Linda Supik 2010: Fokus Intersektionalität – eine Einführung. In: Helma Lutz; Teresa Herrera Vivar; Linda Supik (Hg.): Fokus Intersektionalität. Bewegungen und Verortungen eines vielschichtigen Konzepts. Wiesbaden. S. 9-30.

Löffler, Bernd/Jochen Mariß 1977: ...arbeitslos. Berichte, Hintergründe, Perspektiven. Hamburg.

Marshall, Thomas H. 1992: Staatsbürgerrechte und soziale Klassen. In: Thomas H. Marshall: Bürgerrechte und soziale Klassen. Zur Soziologie des Wohlfahrtsstaates. Frankfurt am Main; New York. S. 33-94.

Marx, Karl; Friedrich Engels 1956ff.: Werke (MEW). Berlin.

Marx, Karl; Friedrich Engels 2005; zuerst 1848: Manifest der Kommunistischen Partei. Mit einem Vorwort von Iring Fetscher. Frankfurt am Main.

Meyer, Philipp 2010: Wie ich meine Herkunft verriet – für Geld. In: Literaturen. Das Magazin für Leser, Nr. 5. S. 18-23.

Morgenroth, Christine 2003: Arbeitsidentität und Arbeitslosigkeit – ein depressiver Zirkel. In: Aus Politik und Zeitgeschichte, B 6-7/2003. S. 17-24.

Morris, Jenny 1989: Able Lives: Women's Experience of Paralysis. London.

Murray, Charles 1984: Losing Ground. American Social Policy 1950-1980. New York.

Müller, Albrecht 2004: Die Reformlüge. 40 Denkfehler, Mythen und Legenden, mit denen Politik und Wirtschaft Deutschland ruinieren. München.

Müller, Albrecht 2006: Machtwahn. Wie eine mittelmäßige Führungselite uns zugrunde richtet. München.

Müller, Hans Dieter 1968: Ich werde Deutschland wiedervereinigen, ob Sie es glauben oder nicht. Geschichte und Analyse des Springer-Konzerns. 22.01. In: Der Spiegel, Nr. 4. URL: http://www.spiegel.de/spiegel/print/d-45465298.html (Zugriff am 22.3.2011).

Müller, Ulrich 2004: »Reform«initiativen. In: Ulrich Müller; Sven Giegold; Malte Arhelger (Hg.): Gesteuerte Demokratie? Wie neoliberale Eliten Politik und Öffentlichkeit beeinflussen. Hamburg. S. 41-51.

Neugebauer, Gero 2007: Politische Milieus in Deutschland. Die Studie der Friedrich-Ebert-Stiftung. Bonn.

Nietzsche, Friedrich 2000; zuerst 1878: Menschliches, Allzumenschliches. Ein Buch für freie Geister. Mit einem Vorwort von Ralph-Rainer Wuthenow. Frankfurt am Main.

Nolte, Paul 2001: Unsere Klassengesellschaft. Wie könnten die Deutschen angemessen über ihr Gemeinwesen sprechen? Ein unzeitgemäßer Vorschlag. In: Die Zeit, Nr. 2. S. 7.

Nowak, Peter 2011: Klassismus. Konzept zur Gesellschaftsveränderung oder zur Mittelstandsförderung? URL: http://peter-nowak-journalist.de/2011/05/31/klassismus/ (Zugriff am 13.12.2011).

Offe, Claus 2001: Wessen Wohl ist das Gemeinwohl? In: Lutz Wingert; Klaus Günther (Hg.): Die Öffentlichkeit der Vernunft und die Vernunft der Öffentlichkeit. Festschrift für Jürgen Habermas. Frankfurt am Main. S. 459-488.

o. V. (2009): Die INSM. Die Initiative Neue Soziale Marktwirtschaft arbeitet seit dem Jahr 2000 für marktwirtschaftliche Reformen in Deutschland. URL: http://www.insm.de/insm/ueber-die-insm.html (Zugriff am 11.12.2011).

Parsons, Talcott/Edward Shills 1951: Toward a General Theory of Action. Cambridge. S. 3-29.

Pates, Rebecca; Daniel Schmidt; Susanne Karawanskij 2010: Antidikriminierungspädagogik. Konzepte und Methoden für die Bildungsarbeit mit Jugendlichen. Wiesbaden.

Paulus (o.J.): 2. Brief Paulus an die Thessalonicher. URL: http://www.bibel-online.net/text/elberfelder_1905/2_thessalonicher/3 (Zugriff am 5.4.2011).

Pilz, Frank 2004: Der Sozialstaat. Ausbau – Umbau – Kontroversen. Unter Mitarbeit von

Bernadette Weike. Bonn.

Portal liberal (o.J.): Der Sozialstaat muss jedem eine Perspektive bieten. URL: http://www.liberale.de/Der-Sozialstaat-muss-jedem-eine-Perspektive-bieten/4779c 868 9i3p112/index.html (Zugriff am 22.05.2011).

Prantl, Heribert 2010: Elite, Dekadenz und Demokratie. In: Wilhelm Heitmeyer (Hg.): Deutsche Zustände. Folge 9. Berlin. S. 243-256.

Ptak, Ralf 2004: Vom Ordoliberalismus zur sozialen Marktwirtschaft. Stationen des Neoliberalismus in Deutschland. Opladen.

Pürer, Heinz; Johannes Raabe 1996: Medien in Deutschland. Band 1: Presse. 2., korrigierte Auflage. Konstanz.

Ritsert, Jürgen 1998: Soziale Klassen. Münster.

Ritter, Gerhard A. 1991: Der Sozialstaat. Entstehung und Entwicklung im internationalen Vergleich. 2., überarbeitete und erheblich erweiterte Auflage. München.

Rosa, Hartmut/David Strecker/Andrea Kottmann 2007: Soziologische Theorien. Konstanz.

Rossum, Walter von 2004: Meine Sonntage mit »Sabine Christiansen«. Wie das Palaver uns regiert. 4. Auflage. Köln.

Sachße, Christoph; Florian Tennstedt 1980: Geschichte der Armenfürsorge in Deutschland. Band 1: Vom Spätmittelalter bis zum Ersten Weltkrieg. Stuttgart.

Sachweh, Patrick 2009: Deutungsmuster sozialer Ungleichheit. Wahrnehmung und Legitimation gesellschaftlicher Privilegierung und Benachteiligung. Bremen.

Sarrazin, Thilo 2010: Deutschland schafft sich ab. Wie wir unser Land aufs Spiel setzen. 12., durchgesehene Auflage. München.

Schatz, Holger 2002: „Manche muss man halt zu ihrem Glück zwingen." Arbeitszwang im aktivierenden Staat. In: Kai Eicker-Wolf; Holger Kindler; Ingo Schäfer; Melanie Wehrheim; Dorothee Wolf (Hg.): „Deutschland auf den Weg gebracht." Rot-grüne Wirtschafts- und Sozialpolitik zwischen Anspruch und Wirklichkeit. Marburg. S. 157-186.

Schelsky, Helmut 1963: Die Bedeutung des Klassenbegriffs für die Analyse unserer Gesellschaft. In: Helmut Schelsky: Auf der Suche nach Wirklichkeit. Gesammelte Aufsätze. Düsseldorf/Köln. S. 352-388.

Schimank, Uwe/Ute Volkmann 2008: Ökonomisierung der Gesellschaft. In: Andrea Maurer (Hg.): Handbuch der Wirtschaftssoziologie. Wiesbaden. S. 382-393.

Schnellinger, Franz 1969: Leistungslohn im Handel. Betriebswirtschaftliche Schriften. Heft 33. Berlin.

Schröder, Gerhard 2005: Mut zum Frieden und Mut zur Veränderung. Regierungserklärung von Bundeskanzler Gerhard Schröder vor dem Deutschen Bundestag am 14. März 2005 in Berlin. In: Presse- und Informationsamt der Bundesregierung (Hg.): Bundeskanzler Gerhard Schröder. Reden Januar 2003-Dezember 2004. Berlin. S. 22-55.

Schröder, Jens 2011: Die IVW-Jahresbilanz der News-Websites. Zeit, Bild und taz Top-Aufsteiger, Handelsblatt verliert. In: Meedia – Deutschlands Medien-Portal vom

12.01. URL: http://meedia.de/nc/details-topstory/article/die-ivw-jahresbilanz-der-news-websites_100032580.html (Zugriff: 02.02.2011).

Schuler, Katharina 2006: Arbeiten fürs Essen. In: Zeit-Online vom 10.05. URL: http://www.zeit.de/online/2006/20/Schreiner (Zugriff am 16.03.2011).

Schulz, Claudia 2007: Ausgegrenzt und abgefunden? Innenansichten der Armut. Eine empirische Studie. Berlin.

Schulze, Gerhard 1992: Die Erlebnisgesellschaft. Kultursoziologie der Gegenwart. Frankfurt am Main.

Selke, Stefan 2009: Fast ganz unten. Wie man in Deutschland durch die Hilfe von Lebensmitteltafeln satt wird. Münster.

Simmel, Georg 1890: Über sociale Differenzierung. Soziologische und psychologische Untersuchungen. Leipzig.

Sinn, Hans-Werner 2003: Ist Deutschland noch zu retten? 4., korrigierte Auflage. Berlin.

Sinn, Hans-Werner; Christian Holzner; Wolfgang Meister; Wolgang Ochel; Martin Werding 2002: Aktivierende Sozialhilfe. Ein Weg zu mehr Beschäftigung und Wachstum. In: Ifo-Schnelldienst, Jg. 55, Heft 9. S. 3-52.

Sloterdijk, Peter 2009a: Die Revolution der gebenden Hand. In: Frankfurter Allgemeine Zeitung vom 10.06. S. 29.

Sloterdijk, Peter 2009b: Aufbruch der Leistungsträger. In: Cicero. Magazin für politische Kultur, Nr. 11 vom 22.10. S. 97.

Sloterdijk, Peter 2010: Warum ich doch recht habe. In: Die Zeit, Nr. 49. S. 51-52.

Speth, Rudolf 2004: Die politischen Strategien der *Initiative Neue Soziale Marktwirtschaft*. Studie im Auftrag der Hans-Böckler-Stiftung.

Straßner, Erich 2002: „Text-Bild-Kommunikation, Bild-Text-Kommunikation". Tübingen.

Streeck, Wolfgang 1998: Einleitung: Internationale Wirtschaft, nationale Demokratie? In: Wolfgang Streeck (Hg.): Internationale Wirtschaft, nationale Demokratie. Herausforderungen für die Demokratietheorie. Frankfurt am Main; New York. S. 11-58.

Streeck, Wolfgang; Rolf Heinze 1999: An Arbeit fehlt es nicht. Die bisherige Beschäftigungspolitik ist gescheitert, eine radikale Wende unumgänglich: Im Dienstleistungssektor könnten Millionen neuer Arbeitsplätze entstehen. In: Der Spiegel, Nr. 19. S. 38-45.

Strünck, Christoph 2005: Ist auch gut, was gerecht ist? Gerechtigkeitspolitik im Vergleich. In: Hubertus Heil; Juliane Seifert (Hg.): Soziales Deutschland. Für eine neue Gerechtigkeitspolitik. Wiesbaden. S. 37-61.

Sturm, Daniel Friedrich 2009: Wohin geht die SPD? München.

Stumberger, Rudolf 2005: Mitten im Mainstream. Die Initiative Neue Soziale Marktwirtschaft platziert ihre Botschaften geschickt in den Medien. In: Journalist. Das deutsche Medienmagazin, Jg. 55, Heft 3. S. 30-32.

Süddeutsche Zeitung 2007: Köhler mahnt Reformen an. In: Süddeutsche Zeitung Online vom 1.10. URL: http://www.sueddeutsche.de/politik/berliner-rede-koehler-mahnt-reformen-an-1.79 0785 (Zugriff am 10.05.2011).

Süselbeck, Jan 2003: Ali im Rosenholz. Die Frage sollte nicht lauten: Spitzelte Günter Wallraff für die Stasi? Sondern: Warum ist das nicht völlig gleichgültig? In: Jungle World, Nr. 38.

Titscher, Stefan/Ruth Wodak/Michael Meyer 1998: Methoden der Textanalyse. Leitfaden und Überblick. Opladen.

Tucholsky, Kurt 1995; zuerst 1931: Der Mensch. In: Mary Gerold-Tucholsky (Hg.): Zwischen gestern und morgen. Eine Auswahl aus seinen Schriften und Gedichten. Reinbek bei Hamburg. S. 129.

Tugendhat, Ernst 1984: Probleme der Ethik. Stuttgart.

Tutt, Cordula/Margarete van Ackeren 2010: Die Hartz IV-Falle. In: FOCUS Magazin, Nr.6 vom 8.2. URL: http://www.focus.de/politik/ deutschland/deutschland-die-hartz-iv-falle_aid_477732.html (Zugriff am 15.5.2011).

Ullrich, Peter 2008: Diskursanalyse, Diskursforschung, Diskurstheorie. Ein- und Überblick. In: Ulrike Freikamp; Matthias Leanza; Janne Mende; Stefan Müller; Peter Ullrich; Heinz-Jürgen Voß (Hg.): Kritik mit Methode? Forschungsmethoden und Gesellschaftskritik. Reihe Texte der Rosa-Luxemburg-Stiftung; Band 42. Berlin. S. 19-32.

Uske, Hans 1995: Das Fest der Faulenzer. Die öffentliche Entsorgung der Arbeitslosigkeit. Duisburg.

Volkmann, Ute 2006: Legitime Ungleichheiten. Journalistische Deutungen vom „sozialdemokratischen Konsensus“ zum „Neoliberalismus“. Wiesbaden.

Wacquant, Loïc 2009: Bestrafen der Armen. Zur neoliberalen Regierung der sozialen Unsicherheit. Opladen/Farmington Hills.

Wallraff, Günter 1977: Der Aufmacher. Der Mann, der bei Bild Hans Esser war. Köln.

Weinbach, Heike 2006: Social Justice statt Kultur der Kälte. Alternativen zur Diskriminierungspolitik der Bundesrepublik Deutschland. Reihe Manuskripte der Rosa-Luxemburg-Stiftung; Band 63. Berlin.

Wernicke, Jens 2010: Vom Rassismus und Sexismus zum Klassismus. Der Soziologe Andreas Kemper über Klassismus und die Alltäglichkeit von Diskriminierung und Exklusion. In: Telepolis Online vom 11.10. URL: http://www.heise.de/tp/artikel/33/33452/1.html (zugriff am 21.06.2011).

Wolf, Kurt 2007: Jung, unabhängig, realistisch. Das Institut für Staatspolitik nimmt seine Arbeit im August mit der Veranstaltung einer Sommerakademie auf. In: Junge Freiheit, Nr. 28. URL: http://www.jf-archiv.de/online-archiv/file.asp?Folder=00&File=280yy39.htm (Zugriff am 16.11.2011).

Wright, Erik Olin 1979: Class, Crisis and the State. London.

Wright, Erik Olin 1989: The Debate on Classes. London.

Wright, Erik Olin 1994: Interrogating Inequality. Essays on Class Analysis, Socialism and Marxism. London.

Ziegelmayer, Veronika 2001: Sozialstaat in Deutschland: Ein Systemwechsel? In: Katrin Kraus; Thomas Geisen (Hg.): Sozialstaat in Europa. Geschichte, Entwicklung, Perspektiven. Wiesbaden. S. 63-88.

Zafón, Carlos Ruiz 2008; zuerst 2001: Der Schatten des Windes. Frankfurt am Main.

Zilian, Hans Georg 2000: „Aktivierung und workfare". Arbeitsmarktpolitische Herrschaftsinstrumente in der flexibilisierten Wirtschaft. In: Prokla. Zeitschrift für kritische Sozialwissenschaft, Jg. 30, Heft 4. S. 567-584.